上图 / 青年时代的梁晋才

下图 / 1960年，梁晋才留苏期间在公园留影

上图 / 1978年，梁晋才在某型号研讨会上发言

下图 / 1978年，8201总体设计研究所成立时，三位技术领导——蒋通（左）、彭望泽（中）和梁晋才（右）合影

上图 / 1980年，梁晋才随八机部访问团出访英国

中图 / 1986年，梁晋才（右）和同事讨论问题

下图 / 1986年12月，在葫芦岛靶试成功后，梁晋才在舰艇上留影

上图 /1994年，梁晋才（右一）等接待巴基斯坦访问团

下图 / 2000年2月，梁晋才（右）在八院工作会上领取责任令

上图 / 1957年，前往苏联留学前夕

下图 / 2005年，梁晋才与贾玉桂在

上图 / 2001年，梁晋才在建党80周年庆祝会上指挥并领唱

下图 / 2004年，梁晋才勉励“小航天人”

上图 / 梁晋才（右二）与昔日“红旗

下图 / 2005年10月12日，梁晋才（

梁晋才院士传记
Academician Liang Jincai's Biography

上图 / 梁晋才和贾玉桂合影

下图 / 梁晋才与家人合影

梁晋才院士传记

Academician Liang Jincai's Biography

《中国航天院士传记丛书》总编委会 组织编写

张慧燕 著

中国宇航出版社

·北京·

图书在版编目(CIP)数据

梁晋才院士传记 / 张慧燕著 ;《中国航天院士传记丛书》总编委会组织编写. --北京 : 中国宇航出版社, 2015.9

(中国航天院士传记丛书)
ISBN 978-7-5159-0991-2

Ⅰ. ①梁… Ⅱ. ①张… ②中… Ⅲ. ①梁晋才一传记 Ⅳ. ①K826.16

中国版本图书馆 CIP 数据核字(2015)第 225266 号

责任编辑　牟宁宁
责任校对　刘　凯　　　**装帧设计**　文道思

出版发行　中国宇航出版社

社　址　北京市阜成路 8 号　**邮　编**　100830
(010)60286808　(010)68768548
网　址　www.caphbook.com
经　销　新华书店
发行部　(010)60286888　(010)68371900
(010)60286887　(010)60286804(传真)
零售店　读者服务部
(010)68371105
承　印　三河市君旺印务有限公司

版　次　2015 年 9 月第 1 版
2015 年 9 月第 1 次印刷
规　格　787×960
开　本　1/16
印　张　20　**彩　插**　8 面
字　数　261 千字
书　号　ISBN 978-7-5159-0991-2
定　价　68.00 元

《中国航天院士传记丛书》
总编委会名单

《梁晋才院士传记》编委会名单

序　一
Preface I

中国航天事业自1956年创建以来，已经走过50多年的发展历程。在党中央、国务院、中央军委的亲切关怀和英明领导下，中国航天人团结一心、顽强拼搏、勇于创新、无私奉献，不仅取得了以“两弹一星”、载人航天工程和月球探测工程为代表的辉煌成就，孕育形成了航天传统精神、“两弹一星”精神和载人航天精神，也造就了一支技术精湛、作风优良的航天人才队伍。

航天系统的中国科学院院士和中国工程院院士就是这支队伍的杰出代表。中国航天科技集团公司和中国航天科工集团公司先后有50多位科学家和航天工程专家当选为两院院士。其中，有7位院士获得过“两弹一星”功勋奖章，2位院士获得过国家最高科学技术奖。他们不仅是航天成就的主要创造者，也是航天精神的重要孕育者和忠实践行者。

中国航天事业是在新中国成立不久，工业实力、科技实力、综合国力都很薄弱，帝国主义严密封锁，苏联撕毁协定、撤走专家的情况下发展起来的。以航天院士为代表的中国航天人，自力更生，艰苦奋斗，奋发图强，顽强拼搏，在一穷二白的基础上，独立自主地创建起了中国的航天事业。

航天型号研制是复杂的系统工程，涉及很多领域，需要众人参与，必须大力协同、集智攻关才能完成。以航天院士为代表的中国航天人，在航天工程研制实践中，齐心协力，密切配合，实现了一次又一次技术突破，铸造了一项又一项辉煌成就。他们为祖国的航天事业作出了巨大贡献，却淡泊名利，不计得失，将个人利益置之度外。

航天事业属于尖端技术领域，难度大、风险高、技术复杂，在发展历程中碰到过很多难题，经历过各种坎坷，甚至遭受过重大失利。以航天院士为代表的中国航天人，在困难和失败面前不动摇、不退缩，树立百折不挠、锲而不舍、脚踏实地、严谨务实的工作作风，不断攻坚克难、勇攀高峰，取得了一个又一个胜利，树立了一座又一座丰碑。

今天，在由航天大国向航天强国迈进的征程中，航天院士的科学思想、创新意识、坚定信念和爱国情怀是全体航天人宝贵的精神财富。中国航天科技集团公司和中国航天科工集团公司决定出版《中国航天院士传记丛书》，不仅是为了宣传航天院士的科研成就，总结航天院士的成长规律，更是为了传承航天院士的宝贵精神，使之生生不息、薪火相传，为“续航天梦、筑强军梦、圆中国梦”的伟大实践提供精神动力和思想源泉。

2014 年 1 月

序 二
Preface Ⅱ

中国航天事业创建半个多世纪以来，培养和塑造了一大批功勋卓著、德高望重的中国科学院院士和中国工程院院士。他们具有坚定的理想信念和强烈的爱国情怀，理论功底深厚，技术水平高超，善于引领科学发展和技术创新，在中国航天事业发展的关键时期发挥了重要作用，为中国航天事业取得辉煌成就、孕育航天精神作出了突出贡献。

为了全面、系统地总结航天院士的成长规律，把航天院士的科学思想和创新方法记录下来、传承下去，为中国航天事业积累精神财富，为航天强国建设提供有益借鉴，中国航天科技集团公司和中国航天科工集团公司研究决定，组织编写一套《中国航天院士传记丛书》（以下简称《丛书》）。

党的十八大描绘了坚持中国特色社会主义道路、全面建成小康社会、实现中华民族伟大复兴的宏伟蓝图，同时也为加强国防和军队现代化建设、推进我国由航天大国向航天强国迈进指明了方向。在中国航天事业“续航天梦、筑强军梦、圆中国梦”的新形势下，出版这套《丛书》，具有重大的现实意义和深远的历史意义。

记载航天历史。航天院士是中国航天事业的宝贵财富，他们的成长历程反映了航天事业的发展轨迹。这套《丛书》不仅是航天院士个人的传记，也从不同侧面记载了中国航天从技术到管理、从思想到精神的真实历史。

弘扬航天文化。宣传航天院士，就是站在科学的高度，向社会各界全面宣传航天事业，弘扬航天文化，使其成为中华民族文化宝库的重要组成部分，增强中华民族的自信心、自豪感和凝聚力，提升国家的软实力。

传承航天精神。航天精神是包括航天院士在内的几代航天人，在中国航天事业发展历程中，不断积累、提炼、传承而逐渐形成的，是民族精神、时代精神与航天实践相结合的产物，是中国航天事业之魂。《丛书》全面反映了航天院士的学术成就、科学作风和思想品格，有助于航天精神薪火相传。

培育航天人才。中国航天事业已经完成了新老交替，一代航天新人正在茁壮成长。《丛书》是泽被后世的人才工程，对于培育航天人才、发展航天事业、铸造新的辉煌将产生积极的促进作用。

总之，《丛书》是一套具有航天特色的爱国主义教材，是不可多得的精神食粮。相信这套《丛书》的出版发行，必将吸引更多的年轻人热爱航天、投身航天、奉献航天，以饱满的热情和昂扬的斗志再攀高峰，使中国航天事业后继有人，蓬勃发展，续写辉煌。

2014 年 1 月

目　录
Contents

第四章　红旗飞扬鹰翱翔

第一章

梁家小儿初长成

信念：一粒沙子在变成一颗珍珠之前，一定经历过黑暗、磨砺和沉寂。所以，如果你还年少，请不要惧怕生活中的苦痛，要坚信，那是为了淬炼出未来更精彩的人生……

我是一个不折不扣的“草根”。

我出生在20世纪20年代，那是一个极其动荡的年代。我出生的时候恰逢父亲失业，家庭生活困难，几个哥哥不得不弃学工作，来维持一家的生活。母亲则非常虔诚地信奉佛教，她的信念就是一生要做好事，不做损人利己的事，更不能做坏事。她坚信善有善报，恶有恶报。

在家庭的影响下，少年时期的我告诉自己：在这样的社会里，背后没有靠山，就只能靠自己，所以一定要安分守己，发奋读书，好好学习，才能为将来谋得一个好的出路。

那时的我只看到自己家庭那个小天地，很少关心外面的事情，视线狭隘，思想保守，想得最多的是要找到一份好工作，为家庭减轻负担。

——梁晋才

1.“扫把星”降临

1927年，冬天。

飕飕的冷风毫无顾忌地肆虐着北京这座古都，寒风卷起的尘土很容易让人迷了眼。在这种天气里，路上的行人自然少了许多，即使有，也大都笼着袖、佝偻着背、低着头、步履匆匆地走过，仿佛有着重重的心事不能介怀。事实也的确如此，随着国共两党关系的破裂，整个中国的社会局势骤然紧张起来，这份紧张不安犹如这扑面而来的刺骨寒风，掠过每一寸土地，把原本热闹的市井吹萧条了，把老百姓的心也吹得凉飕飕的。眼看老百姓的日子过得一天不如一天，腰带勒得和忐忑的心一样，紧绷绷的。

这一年的12月17日，天寒地冻。在北京西城区西四牌楼帝王庙夹道兴隆里7号的一间屋子里，一个可爱的婴儿呱呱坠地，那嗷嗷的哭声嘹亮得很，仿佛在向所有人宣告着自己的到来。这是一个健壮有力且有着一副好嗓子的男娃娃。如果是在和平时期，家里添丁可是件大喜事，而且孩子的哭声越大，父母就越是开心。可是，在这个兵荒马乱的年代，大家的生活都被搅乱了，心绪也被搅得沉甸甸的，即使是新生命的诞生，也未见得就意味着喜事临门，也未见得让人忘忧开怀。所以，这个男婴可谓是生不逢时，他的出生不仅没有给父母带来应有的喜悦，反而使这个家庭不得不面临雪上加霜的困窘局面。

刚刚失业的父亲叹着气发愁：世道这么不景气，自己的工作还没有着落，偏偏这个时候又多了一张吃饭的嘴，这日子可怎么过哟？父亲皱着眉头看着这个尚不知疾苦是何滋味、只顾扯着大嗓门哭喊的娃娃，既焦灼不安，又一筹莫展。儿子中气十足的哭声让他愈发烦躁起来，不由得把这种种不如意都归咎到这个刚出生的娃娃身上，一个突兀而强烈的想法油然而生：这说不定是个“扫把星”，否则为什么他一出生，家里的好运气就没有了，连生计都成问题了呢？

“扫把星！”他心里想着，不知不觉脱口而出。

这个什么都不知道就无辜带上“扫把星”帽子的娃娃，就是本书的主人公——梁晋才。

不过，即使梁晋才出生的时候世道还好，估计也不会得到更多的宠爱，因为他是梁家的第八个孩子，他有五个哥哥和两个姐姐。梁晋才出生前，梁父一直在铁路局的包头铁路段工作，兢兢业业地熬了些年头后，终于当上了段长，也算是个小头头了，收入也多了不少。尽管家境还远谈不上大富大贵，但夫妻俩精打细算地维持生活，倒也没有什么问题。因为孩子多，妻子彭佩玉一个人实在忙不过来，所以，夫妻俩还专门从祖籍广东南海县请了位老乡当保姆。因为是老乡，夫妻俩对她很亲切，一口一个“好姐”地叫着。好姐是一个极其敦厚朴实的女人，手脚利索，非常贴心，她帮着彭佩玉照顾孩子，料理家务，把小日子打理得井井有条。梁父是个本分人，对这样的日子很满足，一天天过着，从来没想过这种平静会在瞬间被打破。

经济形势每况愈下，失业的人越来越多。梁父想着自己好歹是个段长，平时工作努力，既没出过什么差错，也没得罪过什么人，心里还是笃定的。这个老实人怎么也没料到，自己会被解职，成为失业大军中的一分子。

无缘无故就丢了饭碗，这对梁父来说，是个很大很突然的打击，打击得他脑袋发懵心发慌。还没等他从失业的噩耗中缓过神儿，梁晋才又毫不识趣地扯着嗓子，哭着喊着出生了，自然就成了父亲眼中的“扫把星”。

眼看着一大家子大大小小十几张嘴要吃饭，再艰难也还得熬下去啊。梁父找不到工作，只能到处打零工，挣一点是一点。没有了稳定的经济来源，以前的积蓄也慢慢耗尽，日子变得拮据起来。梁父要拉扯这么多孩子，心力交瘁，所以每每在外面碰壁，积了一肚子的不如意，回来就忍不住埋怨两句“扫把星”出气。

“扫把星”梁晋才就这样在父亲的埋怨中逐渐长大，一开始还懵懵懂懂的，可自从懂得“扫把星”的含义后，就突然变得懂事起来。他不想当父亲眼中的“扫把星”，所以总想处处表现得更好一些，让父亲满意。

父亲埋怨的时候，年幼的梁晋才显得很平静，从来不顶嘴。在父亲的唠叨中，聪慧的他真切地体会到了这个男人的不容易。特别是父亲发泄完情绪后，眼神中流露出的那种愧疚和无奈，反而让梁晋才更加心疼和难受。作为家里最小的儿子，在原本最该受到宠爱、最能任性撒娇的年纪，梁晋才却像个小大人似的，谨言慎行，处处留心帮家里做些力所能及的事。与其他同龄的孩子比起来，小小年纪的梁晋才为人处世显得异常成熟。在别的孩子还在闹着吃、闹着玩的时候，梁晋才脑子里已有了一个清晰的念头，且越来越强烈，那就是：自己要快点长大，不要再给家里增加负担，不要让父亲母亲这么受累了。

随着时间的推移，梁晋才渐渐地长大，父亲的抱怨也逐渐减少，或许是他不得不接受这种窘迫的生活，或许是真的不忍心让这个孝顺懂事的幺儿再背着“扫把星”的“黑锅”。再后来，母亲又生了个小妹妹，虽然日子过得愈发艰辛，但父亲却彻底停止了抱怨，他终于明白抱怨改变不了现状。为了谋生，父亲到处奔波，四处找活。为了维持一家的生计，他什么活都干。现实逼得他已经没有时间再抱怨了。至此，梁晋才终于彻底卸下了“扫把星”的“头衔”。殊不知，在这“头衔”下，梁晋才潜移默化炼就的波澜不惊的个性伴随了他的一生。

2.“阿弥陀佛”

在这个家庭里，梁晋才对母亲有着更为特殊的感情，甚至可以说是有着一份深深的敬仰。母亲的娘家家境很不错，但她没有大户人家小姐傲娇张扬的脾气。在家庭的熏陶下，她深信佛理，性子极为平和，可以说是一位温良恭俭的女子。

母亲嫁到梁家后，随着父亲从广东南海搬迁到了北京，一直尽着相夫教子的本分。在母亲的操持下，梁家的日子虽然算不上富裕，却始终过得井井有条。即使后来家道中落，生活困窘，母亲依旧尽心维持着这个家。

母亲一生谦和，与世无争，但也有着一份不可动摇的坚持，那就是供佛念经。梁家历经多次搬迁，但每次一落脚，无论屋大屋小，母亲都会收拾出一个空间摆上一张供桌，供上一尊佛。母亲每天都会在佛前念上一段经，从不间断。诵经时，母亲静寂沉稳的背影在梁晋才眼里如佛一般的庄严，一声声低喃着的“阿弥陀佛”传入耳中，竟也有了让梁晋才那一颗好动的童心安静下来的力量。

每逢初一、十五，母亲还会给孩子们讲一讲做人的道理，要孩子们与人为善、知恩图报……长年累月，反反复复，孩子们的耳朵似乎都听出了茧子。母亲的教诲就这样逐渐被固化在了孩子们的心田里，刻进了孩子们的脑海里。孩子们但凡对人对事起了烦躁的念头，这些话就会自动地从脑子里蹦出来，开始在耳边萦绕。

父亲的抱怨和母亲的恬淡形成了鲜明的对比，

梁晋才更愿意和母亲亲近。在他幼小的心中，母亲才是这个家里真正的中流砥柱。感觉只要像母亲一样，就没有什么熬不住的苦，更没有什么跨不过去的坎。所以，母亲的细语叮咛对梁晋才来说，像永无止歇的流水，潺潺流淌在心中，流淌在骨子里，流淌在血液里，流淌在他这一辈子的人生里。

保姆好姐是一位极有义气的本分人，她应该是被梁母的恬静与亲和感染了。自从到梁家后，她一直帮着梁母操持家务。梁家逐渐落魄时，好姐也没有动过另择良木而栖的念头。即使在后来的流离搬迁中，好姐始终不离不弃地跟着。童年梁晋才正是长身体的时候，可家里穷，没什么好吃的。看着乖巧的梁晋才瘦弱的小身板，好姐很心疼，为了让孩子多吃一点，吃好一点，她动足了脑筋，把有限的食材翻着花样地做出不同的口味来。花了心思，味道就会不一样，好姐把一碗简简单单的“片儿汤”（北方的一种面食，把面片儿放在汤里煮熟）做得那个鲜美啊，让梁晋才吃得眉开眼笑，心满意足。

其实，在这样的年代、这样的经济形势下，大家连生存都成问题，梁晋才他们根本就没条件挑食，能吃上顿饱饭已经很不容易了。因此，真正让梁晋才感动的，实际上是好姐对他发自内心的那份真情，懂事的梁晋才能够感受到，好姐对他们的亲近之情是由衷的。在他心目中，好姐不是保姆，更不是外人，而是家庭成员之一，是自己的亲人。所以，后来好姐年龄大了，身体情况大不如前，到最后已经无法帮忙做事了，梁家也从未有过辞退她的想法。

3. 辗转入学

梁晋才 7 岁时，求知的欲望不可遏制地、蓬蓬勃勃地萌动起来。社会动荡不安，对普通人家来说，上学读书已经是件很奢侈的事了，更何况是勉强维持生计的梁家。由于家境不好，梁晋才的几个哥哥姐姐已经相继辍学，打工挣点小钱来贴补家用。看到哥哥姐姐们为了这个家，丧失了学习的机会，特别是学习成绩一向优异的三哥梁晋文也不得不放弃学业，成了一家棉纺厂的小工，每天紧锁着眉头却一声不吭地辛苦劳作，懂事的梁晋才就一直努力地压抑着自己想上学的念头。自己还没有能力赚钱为家里分忧，就不要再奢望着念书这种花钱的事了，梁晋才一遍遍地提醒自己，也尽可能地不把这种心思表露出来。

可当父母的又怎会不知道自己的孩子在想什么呢？而且，父母也盘算着，梁家这一大家子人，总得出个知书达理的人啊。几个大一点的孩子中途辍学，已经很可惜了，又因为学历不高，所以只能找一些体力活，最好的也只不过当了个文书。看着梁晋才这个小儿子平日里虽然沉默寡言的，却透着股聪明乖巧的劲儿，记性极好，悟性又高，大人对他说的话一遍就能记住，做事情也有模有样的，看起来倒是块读书的料。况且他现在年纪小，还不能出去打工，不如想法子送他去念书，说不定还真能念出点名堂，能有一条好一点的出路。

反复权衡之后，父母终于下定决心：无论怎样，要让这个最小的儿子念上书！只是，上学读书的学费从何而来呢？这个简单而又现实的问题摆在眼前，让父母头痛不已。

梁父以前在铁路局工作，知道铁路局在系统内部办了个扶轮小学，凡属于系统内职工的子女可以申请免费上学。为了让梁晋才能够有上学的机会，梁父费尽心思地打点起来，千方百计托关系、找门路，后来终于找到了一个还在铁路上工作的朋友。梁父怀着丁点儿希望，惴惴不安地求上门去请他帮忙。好在这个朋友讲义气，答应梁父去试试看，尽力而为。巧的是，这位朋友也姓梁，他跑到学校去，说梁晋才是自己的孩子，现在已经到了上学的年龄，所以想申请到扶轮小学上学。幸运的是，这个时候的审核制度不太严格，在经过简单手续后，那个朋友最后成功申请到了一个免费上学的名额。

就这样，梁晋才获得了宝贵的求学机会。之前，父母背地里的商议，以及为这件事的四处奔波，梁晋才是知道的。他听在耳里，看在眼里，既充满期待，又不敢抱太大希望，所以一直很忐忑。当这个渺茫的希望突然之间变成现实时，他喜出望外。因为梁晋才知道，对自己来说，这个机会简直像是天上掉下来的馅饼一样稀罕和珍贵。梁晋才的心被兴奋和幸福充斥着，还有着抑制不住的浓浓的感恩之情。他特别感谢父母为他做出的各种努力，也特别感激另一位“梁爸爸”冒着风险为他争取来的机会。所以，他下定决心，一定要好好学习，要把这来之不易的“馅饼”牢牢地抱在怀里，绝不能有一丝一毫的浪费，更不能丢失。

1934 年，梁晋才终于如愿以偿地背上书包，高高兴兴地踏进了扶轮小学的大门，成为了一名小学生。

4. 打弹珠的高手

能够上学，梁晋才已经非常满足了。他知道，要想长久拥有这样的幸运，只有努力让自己成为一名好学生。

懂事的梁晋才很自律，每天清晨不用父母催促，就早早地起床，美美地喝上一碗好姐做的“片儿汤”，满怀喜悦地去上学。在课堂上，他认认真真地听老师讲课，课后仔仔细细地做作业，做完作业又开开心心地回家，从来不需要父母为他的学业操什么心。

即使家境窘迫，父母也总想竭尽所能为孩子提供更好的生活，因此有时候还会给他点零用钱。虽然这些钱少得可怜，但梁晋才平日里是万万舍不得用的，他会一点一点积攒起来。

冬天的早上，对上学的孩子们来说是残酷的。天还没亮透就要起床，上学路上，冰冷尖利的风吹在脸上，就像刀子割、针尖刺似的，让人皮肤发紧，隐隐生疼。也只有在这种冷得让人直打哆嗦的天气里，梁晋才才会用自己悄悄积攒起来的零用钱，在路边小贩处买一个热乎乎的烤红薯。

烤红薯其实很便宜，但对梁晋才来说，已经是大手笔了，所以他舍不得马上吃掉，而是要捧在手里，带到学校去。这样，一路上既能闻着烤红薯那香喷喷的味儿，让自己提提神；又能借着烤红薯刚出炉的那股子热乎劲儿，暖暖脸、捂捂手、驱逐寒气；最让他开心的是，这红薯还能当一顿美味的饭来吃。真可谓是一举多得。因此，梁晋才不仅没有抱怨生活的困窘，反倒觉得所有的过程都充满了乐趣。他的每一天都过得十分快乐和充实，整个人比以前开朗了许多，脸上的笑容也多了起来。想来，梁晋才苦中作乐的乐观态度和精打细算的勤俭习惯就是在这个时候养成的。

对聪明的梁晋才来说，小学的课程并不难，加上他上课时听得非常认真，又爱琢磨，所以知识点掌握得很快。而且，从小做起事来就有板有眼的梁晋才，做作业时也很专心细致。他好像有洁癖一样，不喜欢作业本上有涂涂改改的痕迹，他感觉那样没有条理，也很邋遢，让人不舒服。梁晋才认为，作业本是自己学习成果的具体体现，应该又准确又干净。所以，他的作业本有个特点，那就是字迹端正，页面整洁，正确率高。梁晋才发现，专心做作业不仅可以保持作业的正确率以及页面的整洁，而且压根不会影响完成作业的速度，反而比那些一心多用、边做作业边玩儿，或粗心大意、做错了又改正的同学做得更快些。

良好的学习习惯让梁晋才尝到了甜头，他的各科成绩一直名列前茅，老师很喜欢这个勤奋认真的学生。他虽然不声不响，但那股聪明机灵的劲儿可是掩盖不住的。

因为学习效率高，梁晋才每天上完课做完作业后，还有足够多的闲暇时间玩耍。毕竟，梁晋才再懂事，终究还只是个孩子，还没想过利用业余时间没日没夜地学习。小孩子没有不爱玩儿的，这是天性。即便世道不好，但是几个娃娃凑在一起，就能寻到乐子。

这年头，在男孩子中最流行的游戏就是打弹珠了。孩子们趴在地上，用拇指把食指扣着的玻璃珠弹出去，只要碰到另一颗玻璃珠就算赢。梁晋才喜欢跟胡同里的男孩儿们一起打弹珠。赢了，就可以得到透明的玻璃珠，运气好的话，还能赢到彩色的玻璃珠。透过这些玻璃珠看太阳，能看到不一样的景象。

梁晋才一开始是没有准头的，谁也没把他当回事。可这不声不响的孩子就是不服输，总想着为什么别人能打准，自己要怎样才能打着喜欢的那颗弹珠呢。梁晋才开始偷师学艺，仔细观察别人是怎么打的，自己脑子里再细细琢磨着打弹珠的姿势、手势、瞄准方法、用力方式，等等，慢慢摸索出了一套“梁式”打法。很快，这个不显山不露水的瘦弱男孩竟变成了弹珠高手，看上哪颗就能打到哪颗，用一个字形容，那就是：准！

但是作为高手，也是要付出代价的。毕竟，玻璃珠是小孩子们的稀罕物，输多了谁也不舍得，所以再后来，谁都不愿意和弹珠高手玩儿啦！于是，弹珠高手梁晋才尝到了“曲高和寡”的滋味，大多数时候只能在旁边看着。但是，就算只能过过眼瘾，梁晋才也觉得这种日子很有趣、很快乐！

5. 投奔天津

梁晋才清苦但快乐的小学时光仅仅过了两年多，就被隆隆的炮声终结了。

1937 年 7 月 7 日，这本应该是个平常的日子，却成为无数中国人的噩梦。这一天，早有侵华野心的日本终于不再掩饰贪婪凶残的丑恶嘴脸，以一个莫名其妙的“士兵失踪”为借口，发动了“卢沟桥事变”，点燃了一场旷日持久的对华侵略战争。随着战争的全面爆发，整个北平[①]沦为一个巨大的战场，战火蔓延，硝烟四起，枪炮声不断，北平的百姓们整天生活在恐惧不安中。梁家所在的西四牌楼附近，时不时地有荷枪实弹的日本兵出没，这让居住在这里的老百姓天天心惊肉跳，出个门也怕再也回不了家了。梁父在北平也没有一份相对固定的工作，考虑到一大家子的安全，梁父梁母终于做出一项重大决定：举家迁移天津！

① 1928 年，北京更名为北平。

迁移天津，是因为梁母彭佩玉一族的亲戚朋友大多在天津。其实，天津已经沦陷了，也没安全到哪里去，只不过各国列强在天津城划分的租界内还相对太平一些，而梁晋才的外公外婆、几个舅舅和姨妈恰巧都住在英租界内。此时，投奔天津的彭家，就成了生活在战火笼罩下的梁家唯一的出路。

梁晋才的父母下定了决心，放弃了在北平的一切，拖家带口到了天津。梁晋才的外公在天津招商轮行跑船，家里条件比较好，在天津有一套住宅，是个四合大院，院子边上还有一栋两层的楼房。梁晋才三姨一家住在二楼，梁家的十多口人就被暂时安顿在了一楼。有了一个相对安全的栖身之地，梁家人提在嗓子眼的心终于可以落地，缓一缓一直惶惶不安紧绷着的神经了。

初到天津，一切又得重新开始，生活愈发艰辛。但是对梁晋才来说，苦日子已经过惯了，没什么大不了的。特别是刚到天津时，孩子们还可以到外公家蹭饭。外公有钱，也舍得花钱，专门请了个大厨掌勺，饭菜的色香味好得让正在长身体的孩子们吃得眉开眼笑。梁晋才最开心的事情就是，早上能在外公家吃上黄油面包，在面包上抹上一层细细的黄油，那个美啊！一口咬上去，那个香啊！吃着黄油面包的时候，梁晋才觉得这就是自己目前过的最好的日子了。

外公对孩子们是慈祥的，只不过，即便有外公纵容着，孩子们也并不敢由着性子来。外公要跑船，经常外出，所以真正管家的是外婆。看到外婆，孩子们心里都有些发憷，言行都会下意识地收敛很多，不敢撒欢。因为外婆是个完美主义者，治家极严，吃饭做事都要讲规矩，哪怕谁不小心打破个碗，也会被外婆严厉地责备一番。

有一次，孩子们扎堆在胡同里玩儿球，玩儿得兴起时，不知道是谁一脚踢失了准头，球越过墙飞到了院子里，正好砸中了一扇窗，窗玻璃哗啦啦地碎了一地，弄出了很大的动静，把外婆给惊动了。“罪魁祸首”自然是不敢主动坦白的，其他孩子也都懵了，闹闹哄哄地却搞不清楚到底是谁踢的这一脚。既然没人承认，外婆就实行“株连”制，把所有的孩子都叫到一起，板着脸狠狠训斥了半天。孩子们吓得半死，觉得自己简直犯下了不可饶恕的“罪行”，一个个被数落得冷汗涔涔。低着头挨训的梁晋才在心里牢牢记下了一个道理：任何时候都不能得意忘形，忘记规矩。

6. 破灭的“洋行梦”

让梁晋才意想不到的是，到了天津后，父母并没有放弃对这个小儿子的教育，联系了胡同里的一所名为“志达小学”的学校，让他继续上学。原本处于避难中的梁晋才，对自己上学的事不再抱有想法，如今重获希望，他备觉珍惜，对父母的感激之情更是化作了强大的动力。小小年纪的他愈发沉稳，也更加认真刻苦地学习。他知道，在这个阶段，唯有好好学习，才是对父母最好的报答。

由于良好的学习习惯已经养成，聪慧又勤奋的插班生梁晋才很快就赶上了新学校新课程的学习进度，各科成绩都保持优良，这让父母觉得小儿子着实是块读书的好料，辛苦供他继续求学是非常正确的决定。

1940 年，梁晋才顺利考入天津新学中学。这是一所开设在法租界内的教会学校，特色是英语教学。毫无英语基础的梁晋才之所以报考这所学校，是有原因的。梁晋才虽然只有 13 岁，话也不多，却很有想法和主见。彭家有很多亲戚在天津各洋行里工作，收入不错，日子过得都比梁家强很多。梁晋才看在眼里，很是羡慕，心里产生了一个小小的念头：利用中学六年的时间好好学习英语，争取能够说一口流利的英语，毕业后也到洋行里工作，那样就可以为家里挣一份稳定的收入，报答父母以及哥哥姐姐们为他的付出，让梁家的日子好过起来。因此，“去洋行工作”成了他悄悄给自己设定的第一个人生目标。

考进新学中学，梁晋才感到自己未来的人生之门打开了一条缝隙，透出了一丝光亮。虽然梁晋才的英语基础十分薄弱，几乎是零起点，但有“洋行梦”

这个诱人的目标牵引着他，加上他一贯保持着从小养成的认真劲儿，所以，在英语学习上的进展简直称得上是神速，不仅没有掉队，还很快成为了班里的佼佼者。

教会学校有自己的特点，每天十点钟，学校召集所有的师生到教堂做礼拜，要求大家跟着神父念上一章《约翰福音》。每每此时，梁晋才都会在悠扬的风琴声中很小声很认真地念着，他认为多熟悉一个单词，多会说一句祝福，都意味着自己正朝着“洋行梦”一小步一小步地迈近。

可是，在残酷的现实中，这个少年的小小梦想却如同肥皂泡一样，在阳光下流光溢彩地维持了一瞬间，就破灭了。1941 年 12 月 7 日，日本偷袭美国珍珠港，轰炸机炸毁了美国海军停驻在夏威夷的太平洋舰队的同时，也打破了梁晋才对未来人生的第一个设想。

12 月 8 日，星期一，梁晋才像往常一样背着书包，从英租界向法租界的新学中学走去。突然间，他看见戴着瓜皮帽穿着土黄色军服的日本兵背着枪，成群结队地在马路上奔跑，一阵阵急促的脚步声让他的心都慌了。这一幕是多么熟悉！四年前，也是因为日本兵在北平大街小巷这样横行，他们才不得不搬家。噩梦重现！梁晋才脑子里的弦瞬时就绷紧了，心中警铃大作。他虽然不知道发生了什么事情，却本能地转身，一口气跑回了家。

之后的几天，街上动静大得很，老百姓都躲在家里，不敢上街。再后来，在街坊邻居的口耳相传中，梁晋才才似懂非懂地知道了日本惹了美国，美日已正式宣战，所以日本正在从中国战场调遣兵力投入到太平洋战场上去。局势的严峻、兵力的减少，使得日本对占领区的管制变本加厉，连新学中学也被日本人管制了，更名为天津市市立第三中学，甚至把英语教程都改成了日语教程。

梁晋才如此认真地学习英语，是因为在他眼里，英语是一把开启自己"洋行之梦"的钥匙。如今这把钥匙还没打造成型，就被硬生生地折断了。对少年梁晋才来说，英语课程的戛然而止意味着第一个人生梦想的破灭，眼前那道原本透着光亮的门又被重重地关上了。无奈的他心中充满了对战争的厌恶，对日本人的痛恨。

日本人还在英法租界的交界处设了关卡，过往的人必须出示所谓的"良民证"，接受日本人的盘查。之后的日子里，梁晋才上学、放学，必须经过这个关卡。在北平时，年幼的梁晋才看到日本兵，最大的感觉是恐惧。现在，少年梁晋才感受更深的不再是害怕，而是深深的耻辱和仇恨。

在这个关卡，他亲眼看到了日本兵欺凌中国老百姓的场面。被日本兵捶上几拳头，推搡几把，都算小事。有一次，日本兵为了取乐，让一个人双手高举着一辆脚踏车，还必须笔直地站在那里当人肉桩子，稍微动一动就是一顿揍，而日本兵却在那边哈哈大笑。面对荷枪实弹的日本兵，手无寸铁的老百姓敢怒不敢言。这一幕幕场景让梁晋才感到无比愤怒，也明白了在弱肉强食的环境里，落后是要挨打的，是要成为“亡国奴”的。梁晋才胸中涌动着激昂的情绪，不甘心这样被欺负，也不应该这样屈辱地活下去，甚至有暗暗握紧拳头冲上去理论一番的冲动。但他不知道自己要怎样奋斗才能摆脱落后，要怎样反抗才能丢掉“亡国奴”的帽子，要怎样发愤图强才能洗清祖国和人民的耻辱。

7. 越学越差的日语

庆幸的是，动荡的时局让梁晋才没有享受过安逸的生活，却磨砺出了他坚韧的性子。15 岁的梁晋才经历过许多事情，开始学会了思考，也学会了在陷入困境时开导自己。受母亲的影响，他总是告诉自己，每个人都不会有一帆风顺的人生，或许这些困难就是自己必须经历的，是命运在考验自己。同时他也相信，即使到了山穷水尽的时候，只要自己能够坚持下去，就一定会出现柳暗花明的转机，就一定会出现新的希望。由于有这样的信念支撑着他，梁晋才并没有因“洋行梦”的幻灭而一蹶不振。他不知道在这种混乱的形势下，自己除了上学读书，还能再干些什么，所以他没有辍学，继续忍受着每天关卡上的盘查，坚持念着中学。好在当时学校的主要课程除英语改成日语外，其他的没什么改变，老师还是原来的老师，书本还是原来的书本。既然不能再学习自己喜爱的英语，梁晋才就把注意力放在了几何、代数、物理、化学等课程上面。随着学习的投入和深入，他对数理化着迷起来，这些知识让他接触到一个既充满规律又充满趣味的世界。当他沉浸在这个世界时，就能做到心无旁骛，暂时忘却周遭的环境。他对数理化的领悟力和掌握程度也让老师们惊奇。

梁晋才是一名公认的优等生，文理各科成绩都是拔尖的。但梁晋才也有“软肋”，他的“软肋”就是日语。不是梁晋才的语言学习能力欠缺，而是从心底里抑制不住对日本人的厌恶感，让他实在难以接受日语。更让他痛恨的是，这门课程不仅排挤掉了他喜爱的英语课程，破灭了他的第一个人生目标，更时时刻刻地提醒着他是一个“亡国奴”，让他蒙受深深的耻辱。所以，日语成了他唯一一门没有认真学习且没有得到优秀的课程。

初二时，学校的日语课本很厚，内容很多，可大多数学生都和梁晋才一样，有着深深的反感。而且教日语的是个日本人，脾气特别大，动辄就会打骂学生，所以上课时，大家都很消极。日本人教得很累，成效却不明显，于是就开始改进日语教材，降低难度。到后来，日语课本变得很薄，内容很少、很简单，即便如此，大家对日语依旧提不起什么兴趣，依旧越学越差。班里有个同学日语学得很认真，口语讲得不错，却被其他同学当成“汉奸”给孤立了。梁晋才本来话就不多，自然就更不愿意主动和这个同学说话了。

随着年龄的增长，中学课程也渐渐接近尾声，梁晋才不得不又一次考虑起了自己的未来。刚考上中学时的他简单、热情，一心想着中学毕业后能到洋行做一份稳定的工作，为家里分忧解难。在这个目标破灭后，梁晋才迫使自己投入学习，不要多想什么。而如今，再一次设定新的目标时，他却感觉很迷茫，不知道自己想干什么，又能干什么。

这期间，三哥梁晋文做出了一个让全家都震惊的举动。之前，因为家庭经济条件受限，学习成绩优异的三哥没有念完中学就辍了学，到东亚毛纺织厂当了一名小工，靠打工挣钱养家，可他心里却始终没有放弃继续求学的念头。后来，三哥实在压抑不住上学的想法，也不愿意忍辱负重再在日本人的厂子里干活，同时想着反正也挣不了多少钱，帮不上父母多大忙，就只身一人跑到了昆明，考取了国立西南联合大学，成了一名大学生。三哥义无反顾的“壮举”打破了梁家原有的安静，梁晋才在震惊之余，发现自己的思路也一下子开阔起来。眼前的迷雾被拨开了：对呀，好好念书，向三哥学习，上大学，学更多的知识，才能有更好的出路！

8. 神奇的“大米”事件

时局非常不好，外公家也渐渐衰落了。先是大厨被辞退了，菜品减少了，后来黄油面包也没有了，再后来，日子也开始紧巴起来。梁家不好意思一大家子继续在外公家搭伙蹭饭，就在住处另起炉灶，每天自己生火做饭。只是这样，就意味着家里又增加了一大笔开销。开销就是负担，这让原本就紧巴巴的日子更加捉襟见肘了。

因为家里没钱，日子过得实在困难。但即便是有钱，又到哪里去买呢？别说猪肉鸡蛋，就是想要吃上一顿大米饭，也是很难的。日本人设立了米谷统治委员会，对粮食进行管制，大米是要供应给日本军队的，天津有所谓“良民证”的老百姓每天只能吃些“混合面”，也就是棒子面、小米混合在一起的杂粮，想换换口味吃顿大米或白面，非常困难。梁晋才和他的兄弟姐妹还都在长身体，有时候馋得慌，却没东西吃。梁母看在眼里，疼在心里。于是，想尽办法托了层层关系，终于千辛万苦地搞到些大米。那些大米神奇地通过日本人的关卡送到了他们家。

有一天晚上，一个车夫拉着一辆黄包车偷偷摸摸地来到梁家，父母赶紧把他迎进家里，然后立即关上了大门。母亲找了个空盆放在桌上，父亲则轻声又郑重地叮嘱孩子们不要出声，即使看到什么也不要说出去。孩子们点点头，心中充满疑惑。车夫身上那件灰扑扑的不起眼的坎肩，被脱下放在了桌上，才显得有点不一样，感觉沉甸甸的，很厚实。车夫仔细地拆着坎肩下摆里面缝得密密实实的夹层，父母的眼里隐隐透着喜悦，而孩子们却面面相觑，不知道这个奇怪的车夫到底在干什么。夹层被拆开了一个口子，车夫一只手捏紧了这个口子，并把口子对准了空盆，另一只手把坎肩提了起来。捏着口子的手指一松，就像变戏法一样，口子里竟"哗啦啦——"地倒出了一堆大米。孩子们顿时兴奋起来，个个咧着嘴，窃喜不已，又很有默契地不敢发出响动。直到母亲把大米收好，大家才松了一口气。全家人把"黄包车夫"围坐在中间，津津有味地听他讲述怎样把大米藏在坎肩的夹层里，怎样装扮成黄包车夫的模样，又是怎样骗过日本人的搜查顺利通过关卡的。梁晋才像看英雄一样地看着这个貌似普通的"黄包车夫"，心中充满了钦佩。从此时起，梁晋才就再也不敢小瞧任何一个看似普通的人了，因为普通人也会做出特别神奇的事情来。

这一天，孩子们不仅吃了一顿难忘的香喷喷的大米饭，还听到了一个中国百姓与日本兵斗智斗勇的传奇故事。让人感觉既兴奋又刺激的“大米”事件，给梁晋才留下了极其深刻的印象，也成为了梁家的孩子们津津乐道的一件事。孩子们叽叽喳喳地议论后，得出的结论是：既然今天能吃上一顿大米饭，那以后也一定能吃上第二顿、第三顿……很多很多顿。虽然这个想法有些简单又显得很天真，但使他们对未来的生活有了盼头，也更坚定了苦日子终究能熬过去的信念。

“大米”事件的发起者——母亲彭佩玉也成了孩子们眼中的顶梁柱。母亲个头不高，在孩子们心中的位置却是不可动摇的。无论生活多么艰辛，母亲始终是一如既往的淡定。母亲信佛，信佛者大多信念坚定，而坚定的信念所产生的力量是强大的。

梁家十多口人，住在这样一套不大的屋子里，空间十分有限。为此，母亲动足了脑筋，添置了折叠式的床，晚上睡觉时一张张铺开，可以一直铺到走道里，早上起床后再一张张收起来，堆放在角落里。收拾好的被褥则一层层往上叠，一直快摞到房顶了，这样可以腾出活动的地方来。空间如此狭小，母亲却依旧保持着供佛的习惯，在家里设了一个佛坛，一进家门就能看到。母亲每天都会上炷香，她始终坚信“人生在世，心存善念，多行善举，必有善报”。母亲经常挂在嘴边的这句话虽然简单，道理却很深刻，让梁晋才记了一辈子。这是母亲的信念，就是这种信念，让母亲能够始终无怨无悔地操持着这个家。

母亲的坚忍对梁家的影响很大，梁家的日子虽然拮据艰苦，但家庭成员却不显慌乱和不安，老老少少都有几分安之若素的淡定。母亲看似纤弱实则坚强的性格，也无声无息地传递给了自己的孩子们，让梁晋才他们受益匪浅。

梁晋才虽然还是个半大的孩子，但是在他瘦弱的身躯里，却蕴藏着让人想不到的耐力和韧性。“人要认命”，这是梁晋才常说的一句话，这句看似“宿命论”的话，却总能让他在逆境或心烦意乱时，快速冷静下来，认清现实，接受现实，不会情绪失控，更不会冲动行事。

9.“妈妈，我没有借到钱”

随着年龄的增长，梁晋才的几个哥哥都在外面找到了一些零散的杂活干，有时候会买些面粉回家，让家人改善一下伙食。但由于时局太乱，经济萧条，加之哥哥们也没有什么过硬的专长，因此挣的都是辛苦钱，并不算多。家里经济还是很困难，只能勉强糊口。

等到家里揭不开锅的时候，母亲就会回娘家向几个舅舅借钱。大舅是开打字机行的，二舅在香港马克公司任职，四舅是医生，自己开了个诊所，工作生活都还算不错，所以一开始母亲还能借到钱。母亲借到钱后，回家第一件事，就是把这些账一笔笔记在本子上，并告诉孩子们：欠的不仅仅是钱，还有人情，一定要记得还上。就这样天天精打细算地过日子，等到手头稍微宽松一些就赶紧还钱。即便如此，日子还是越来越拮据，借钱的次数越来越多，还钱的时间越拖越长。实际上因为战乱，舅舅们的生活也不易，到后来，等母亲再去找舅舅们帮忙时，也很难借到钱了。母亲空手回来后，往往会沉默一阵，然后就再让几个哥哥姐姐去借，哥哥姐姐都很听话，但一个个上门碰了几次壁后，就怎么也抹不开面子，说是宁可饿着肚子，也不愿去看人家的脸色了。这回轮到最小的儿子梁晋才出马了。

能为母亲分忧，梁晋才自然是乐意的。但是，是不是能借到钱呢？梁晋才心里可没底。短期内有借无还，大舅家已经让母亲借怕了，估计是再也借不到了，母亲只好让梁晋才去四舅家试试。

四舅是个内科大夫，医术不错，经常给人做手术，收入颇丰，所以置办了一处房产，独门独院，楼上楼下，诊所就开在家里。即使在整个彭氏家族，四舅的家境也算是比较好的。

这一天，肩负借钱使命的梁晋才揣着一颗忐忑的心去了四舅家，鼓起勇气按响了门铃。门铃响了，四舅母在阳台上探头，看到是他就喊道:“是晋才来啦，进来吧！”梁晋才进屋后，才知道四舅不在家，只有四舅母在。梁晋才兄弟姐妹，每次看到四舅母，都会情不自禁地产生敬而远之的念头，因为四舅母是大家眼中的“厉害”人，性格泼辣，说话做事干练直爽。四舅母平时并不太爱搭理梁家这门穷亲戚，唯独对这个读书郎梁晋才还客气些。这大概也是几个哥哥姐姐不愿意来此借钱的缘故吧!

看到梁晋才来，四舅母开始倒还热情，招呼着外甥坐下，又抓了一把瓜子给他。但是等到梁晋才硬着头皮嗫嚅着说明来意时，四舅母的脸立即像刮了浆一样地板了起来，声音高亢且非常干脆地说:“你四舅舅家里是开诊所的，又不是印钱的，哪来这么多钱借给你们！”之后就没有第二句话了。这么快就碰了一鼻子灰，梁晋才也不知道再说些什么好，四舅母也不再搭理他，自顾自地做着事。气氛实在太沉闷、太尴尬了，梁晋才有点招架不住四舅母的这种架势，他放下手里的瓜子，站了起来，走到门口又停了下来。他沉默地站在那里，心里却像翻江倒海一般，他很想由着性子，硬气地冲四舅母板着的脸喊一句:“不借就不借！”但转念间，脑海里浮现出母亲劳心劳力的身影，于是又想着是否应该再放低些姿态，就算被看成没骨气，也要好好恳求四舅母一番，能借到一点是一点啊。他怔怔地站了好一会儿，没有选择“硬气”，也实在干不出“没骨气”的事，最终只是对着四舅母的背影说了声：“四舅母，你忙吧，我走了。”四舅母头也没回地“嗯”了一声。

忐忑而去，失望而归。回家后，梁晋才低着头对母亲说：“妈妈，我……我没有借到钱……”他觉得自己不能为家、为母亲分忧解难，心中难受极了。母亲仿佛早就料到了这个结果，倒也没怎么责备，反而安慰了梁晋才几句。

不知道后来母亲又想了什么法子，这一段艰难的日子总算熬过去了。但是，这件事却让梁晋才意识到自己的无能为力，他多想早点独立啊，哪怕能为父母减轻一点点负担也是好的。

10. 胜利了！

1945年，日本宣布无条件投降，中国人民持续八年的抗日战争终于结束了。在这个国家命运发生重大转折的时刻，苦难深重的中国人民终于甩掉了背负多年的亡国奴枷锁，个个激动不已，他们奔走相告，喜气洋洋地倾吐着自己的兴奋之情。

当然，这还远远不够，他们更需要一场痛快的宣泄，宣泄压抑了许久的对日本人的仇恨。于是，在国民党正式接收之前，大街上、胡同里，只要看到日本人，就有人热血沸腾地冲上去，吓得日本人仓皇逃窜。有时会看到一个日本人在前面没命地跑，后面一群人追着喊着，老的小的，男的女的，群情激奋。这时候的日本人终于知道什么叫做惶恐不安了，他们上街的时候打扮成中国老百姓的模样，但还是战战兢兢，生怕言行露出马脚被老百姓认出来，那就会像过街老鼠一样，遭到围追堵截。

梁晋才有一个朋友，因为长得矮小，上街时被误认为是日本人，立马被一群人追着跑。他抱着头边跑边用天津话喊："别打，别打！我是中国人，我是中国人！"这才免去了一顿殴打。

抗日战争胜利后的几天，整个天津城都是这样的局面，亢奋着、混乱着。

梁晋才没有加入这种混乱的队伍，再强烈的情绪，他也不喜欢以极端的方式来宣泄和表现，这和他平和知足的性子有关。在成长的过程中，梁晋才从来没有享受过衣食无忧的日子，相反，小小年纪的他也算完整经历了这场艰苦卓绝的抗日战争，看到了在战争中百姓的颠沛流离，甚至家破人亡，自己也一直和家人艰难度日，过着朝不保夕的动荡生活。但是即便如此，梁晋才依旧觉得自己是十分幸运的，因为一家人能够始终在一起，自己可以享受父母的呵护，享受兄弟姐妹的友爱，享受好姐的怜惜和关心，虽贫困却温馨。特别是在困难的情况下，在全家人的支持下，他一直能上学念书，梁晋才大多数时候是知足的。

所以，抗战胜利后，梁晋才和他的同学们用了另外一种行动来表达心中难以言表的喜悦。他们兴高采烈地用木壳刻着国民党的青天白日旗，一心等着国民党接收大员的到来。

接收大员终于来了，所有官兵穿着新式军服，挎着美式装备，非常神气。很快，他们对日本人进行了集中管制，天津城内的治安情况变好了些，但国民党并没有给广大穷苦百姓带来生活上的改善。

11．“北平，我回来了！”

三哥来信了！如果说三哥的壮举让梁晋才对未来有了新的理想，那么三哥在信中所描写的大学生活和各种新鲜的思想则让梁晋才无限憧憬，也使得这份理想变得更加美好和坚定。他下定决心要像三哥一样好好学习，考上大学，然后再开启一段全新的人生。

时间在新的憧憬中过得飞快，这个关键时刻终于到来了。1946 年 8 月，他勇敢地做出了一个十分重要的决定：离开家，尝试自主生活。

于是，在经过慎重的考虑和筛选后，梁晋才报考了北洋大学。之所以报考北洋大学，最主要的原因是北洋大学不仅免学费，而且还可以提供食宿。如果考上了，就意味着他不仅能继续念书，还能节约家里的粮食，给父母减轻负担。还有一个梁晋才隐藏在心底的原因，他出生在北平（北京），童年大部分时间在北平度过，对他来说，北平才是故乡，天津总让他有种寄人篱下的疏离感。他不知道这算不算乡情，是不是应了“故土难离”这句话，他就是想找机会回北平去。如今，北洋大学在北平西城端王府夹道设立了分部，一旦考上，就有了回北平上学的可能性。所以，梁晋才的目标就是到北洋大学北平分部念书。况且，19 岁的梁晋才觉得自己已经是一个成年人了，再不是在父母翅膀下被庇护着的乳臭未干的小鸟了，羽翅长成就不该再依赖家里。一颗年轻跳跃的心也让他向往着更加独立、自主的生活，他希望像三哥梁晋文一样，能够自己安排人生，展翅高飞。

功夫不负有心人，梁晋才以优异的成绩被北洋大学录取了，也如愿以偿地进入了北平分部。家里出了第二个大学生，梁家上下都很高兴，虽然拿不出钱，但是满怀憧憬的梁晋才毫不在意，穿着一袭灰色的长衫，仅带了一些随身衣物，只身到了北平。对他来说，梦想才是最重要的行李。

“北平，我回来了！”

离开北平近十年的梁晋才，揣着一颗既紧张又兴奋的心，开始了独立求学的生活。从小在父母身边长大，突然孤身一人面对陌生的环境，梁晋才一开始有些不习惯。但是，因为年轻，所以陌生感并没有让他产生恐惧，反而激发了他对新环境新生活的好奇；因为年轻，所以种种不适应并没有让他退缩，反而让他坚定了迎接新挑战的决心。

12．“沈崇事件”

梁晋才兴高采烈地开始了自己的大学生活，也开始为自己谋划未来。由于一直过着动荡的生活，他不想再经历战争，不想再整天提心吊胆。单纯的他对未来新生活最大的愿望，仅仅就是“图个安稳”：安安稳稳地念书，毕业后再找份安安稳稳的工作，有一份安安稳稳的收入，过上安安稳稳的日子。可随之爆发的“沈崇事件”，却在这个简朴的目标上泼了一盆冷水，让他无法安稳。

沈崇，北京大学先修班的一名女生，是清代名臣沈葆桢的曾孙女，林则徐的外玄孙女，是一位真正的世家之女，大家闺秀。可是，显赫的家世并没有让她享有幸福的人生。

1946 年 12 月 24 日是所谓的平安夜，但是一场飞来横祸却让这个夜晚成了沈崇一生的噩梦。晚上8点左右，她去看电影途经东长安街时，突然被美国海军陆战队伍长威廉斯·皮尔逊和下士普利查德绑架至东单广场强奸。这时候正好有人经过此地，两次救助失败后，就立即到警察局报了案，警员在现场抓获了美国大兵。

北大女生被美军强奸的消息震惊了社会，在全国引起了巨大反响，也激起了人们的强烈愤怒。北平率先出现了抗议美军暴行的大规模的学生示威游行。接着，天津、上海乃至全国各地大学纷纷响应，爆发了数十万学生参加的声势浩大的抗议游行活动。随着社会舆论的介入，游行活动也愈演愈烈，人们群情激奋地抗议美军暴行，要求美军撤出中国，废除《中美商约》，等等，势态的发展大大超出国民党政府的想象。国民党政府为了换取美国援助进行内战，开始遏制群众的反美浪潮。先是极力歪曲事件真相，力图把美军暴行说成是单纯个人犯法事件；之后更是对参加游行的爱国学生施加暴力，开始了重拳镇压。残酷的镇压没有让人们害怕，反而如火上浇油，激发了全国人民对国民党政府的不满和愤怒。于是“沈崇事件”成为了燎原的导火索，引发了全社会“反饥饿、反内战、反迫害”的联合请愿大游行运动。

年轻的梁晋才刚刚离家独立，就面临了这种意想不到的局面，即使他的性子再沉稳，也不禁陷入了彷徨，种种变故令他无暇冷静思考。自己又该何去何从呢？是事不关己高高挂起、继续图安稳地埋头读书，还是为民主、为独立、为正义积极参与抗议活动？从学校的氛围来看，已经不可能有真正的安稳了，没有什么世外桃源可以让他安心读书。而且，正义感和青年人固有的血性也不断地刺激着他，他经常会冒出一些念头，想要参加游行，想要大声抗议，想要直面斗争。

1947年，北洋大学北平分部被并入国立北京大学工学院。梁晋才随之成为北京大学的一名学子。北京大学是中国近代第一个以“大学”身份建立的学校，既继承了中国古代最高学府之正统，又开创了中国近代高等教育之先河，可谓“上承太学正统，下立大学祖庭”。因此，自建校以来，北大一直享有崇高的名声和地位，北大的学生运动也向来是全国学潮的风向标。更何况，此时北大的校长是赫赫有名的新文化运动领袖胡适，他就“沈崇事件”多次急电美国驻华大使司徒雷登，并不断与国民党教育部进行交涉。胡适毕生宣扬自由主义，崇尚民主，因此北大校园里是不禁言论的，老师、学生都可以自由论辩，学校里充斥着各种各样的观点和声音。工学院这个本应该纯净的小环境自然也不例外，犹如一个小小的混乱的社会，既有进步势力，也有反动势力。而反动势力坚持认为“沈崇事件”完全是一场政治阴谋，“沈崇是延安派来的女共产党员，是故意逗引美国大兵引发事端，制造事件”。这两种势力上演着各种冲突和争议，且愈演愈烈，时刻冲击着梁晋才的思想。

说实话，身在北平，同为学生，梁晋才特别深切地感受到了同样的耻辱。北大民主墙上贴满了誓雪耻辱的壁报，梁晋才每次经过，都会驻足细读上面的每一份壁报，经常会被触动。特别是同年入校的一名新生，北大物理系的胡启立贴出的每一张大字报，读起来都是那么铿锵有力、慷慨激昂，有时如同一支火炬，悄悄点燃了梁晋才内心深处的激情。身边很多同学都参加了游行，他们带回来的各种消息，总让梁晋才发出各种感慨。

随着事态的扩大，学生的反抗情绪更加高涨，学生运动迅猛发展。当梁晋才听到其他院校学生被迫害致死的消息时，不仅震惊万分，更是感同身受，悲痛万分。斗志在震惊中萌生，在悲痛中增长。特别是在校园里，看到挂出来的遭受国民党特务迫害的同学的血衣，触目惊心之余，梁晋才深为自己的“置身事外”而羞愧，并渐渐地怀疑起自己之前一直坚持的“明哲保身，与世无争”的生活态度。

内疚、羞愧、悲恸、愤怒等矛盾情绪的反复交织，终于让梁晋才的激情熊熊燃烧起来，他的处世天平渐渐倾斜，忘记了自己追求“安稳”的目标。不行，绝不能置身事外！反暴力！要正义！梁晋才满腔的怒火和一身的热血在瘦弱的身躯里碰撞着，一向沉稳安静的他，再也按捺不住内心的澎湃，终于高昂着头，大步迈出校园，参加了他人生中的第一次游行，和许许多多人一起，用力挥举着手臂，高呼着口号，大声抗议着帝国主义的暴行和国民党政府的倒行逆施。

13. 冷静之后

游行回来的梁晋才没有像其他同学一样，积极商议筹备着新一轮的游行活动。跟随内心的感觉，释放了年轻的激情后，梁晋才终于冷静下来，开始梳理思绪，找寻自己真正的想法。他为自己有勇气改变“两耳不闻窗外事，一心只读圣贤书”的状态感到欣慰，也为自己洋溢的正义感感到骄傲，但是更深的却是痛楚。因为，在游行中，梁晋才体会到了广大民众的愤慨，这种愤慨不仅来自于对美帝国主义的痛恨，更多的是来自于对国民党政府腐败、无能和软弱的不满。美国大兵肆无忌惮地在中国的土地上侮辱中国同胞，践踏中国人民的尊严，这和残暴的日本人有什么本质区别？而国民党政府却不敢有所表示！八年抗战，全国人民奋力反抗，付出了高昂的代价，牺牲了千千万万宝贵的生命。然而在日本投降之后，在民众以为能够扬眉吐气的时候，却依旧遭受着美帝国主义的污辱和欺凌，这让中国人情何以堪？梁晋才想知道，作为一名中国人，何时才能得到真正的自由？是不是只有国家足够强大，才能免受外辱，人民才能真正当家做主，过上自己想要的生活？对，一定是这样的，国强才能民安，国强才能民富。

20岁，一个美好的年龄，这个年龄的青年可以有很多不着边际的梦想。而生于这个纷乱的年代，经历过残酷战争、参加过各种游行、目睹过各种事件的梁晋才，在20岁时却开始思考如何才能让国家强大，什么才是真正的为国效力。

梁晋才认为，作为一个学生，可以参加游行展现自己的斗志，可以高喊口号表达自己的观点，甚至可以牺牲年轻的生命与全副武装的国民党军警进行直接对抗，但是要付出的这种代价实在太残酷，而发挥的力量和作用却很有限。手无寸铁的学生毕竟不是战场上的战士，他们拥有的武器就是知识。梁晋才逐步意识到，越是报国心切，就越应该认真学习，掌握更多的知识，把学到的知识全部运用于国家和社会的建设上，让国家强盛，以破灭外寇的觊觎和侵略，让百姓远离战争，过上安稳日子，这才是知识分子报国的真正途径。

想清楚后，梁晋才豁然开朗，之后，他减少了参加游行的次数，更加坚定地把心思用在学习上。

表面上，梁晋才又恢复了以往埋头读书的状态，但是内在的变化只有自己知道。他不再为自己这种“明哲保身”的状态感到焦灼不安，也不再为与身边同学比较起来显得很“落后”的行为感到羞愧。他学习得异常刻苦，因为这不仅仅是在为他自己学习，更强大的学习动力来自于他的知识报国、科学报国之梦。

学习之余，梁晋才还参加了歌咏团，也喜欢上了唱歌。因为他觉得，越是艰难的时候越应该大声唱歌，只要唱得出来，就说明还没到绝望的程度。在歌咏团，梁晋才最擅长唱的是革命歌曲，例如《跌倒算什么》《茶馆小调》《团结就是力量》《为什么一百元的钞票没人要》……这些歌曲中洋溢着革命乐观主义精神，每当唱起这些歌，梁晋才就觉得整个人的精气神都起来了，浑身充满了力量。他经常情不自禁地哼唱着：“为什么一百元的钞票没人要，只因钞票印得多，越多就越没人要；柴米油盐天天涨呦，涨得比天还要高，穷人活不了，富人哈哈笑，这样的日子怎么过呦，大家快把世界来改造！”唱着唱着，梁晋才就会笑，觉得自己心情开朗了很多，浑身上下充满了力量。

14. 真正的解放

在抗日战争刚胜利的时候，梁晋才还是个中学生，不懂也并不关心政治，只知道日本人投降了，终于不打仗了，可以过上太平日子了，可以抬头挺胸走路了。因此，他对未来的新生活充满了期盼，还和同学们一起欢天喜地地迎接国民党接收大员，觉得他们是开创美好新生活的救世主。但是，内战的爆发很快让老百姓破灭了对国民党政府的希望，重新跌回到水深火热的生活中。国民党政府变本加厉地搜刮人民，物价一天比一天涨得高，辛辛苦苦赚到的钞票，转眼间就几乎成了废纸。少年时期的梁晋才看不明白时局，也不懂得如何才能改变世界。

上了北大，梁晋才受校风的影响，开始关注时局，对局势的判断和反应也变得敏锐起来。但是越关注，就对国民党政府的腐败和无能看得越真切，也越来越失望。北大为了应对物价一天天的上涨，开设了“实物银行”。这个“银行”里存的不是钱，而是一袋一袋的面粉。同学们手头有钱可以按当天的牌价折合成面粉存进去，有面粉的同学也可以把面粉存进去。每个账户上的“金额”也不是以金钱为单位，而是以多少斤面粉计算。需要面粉的时候，可以直接到“银行”取面粉，需要现金的时候，也可以按当天的牌价将存着的面粉折合成现金取出来。北大采取这样的方式，防止师生手里的现金随着物价的不断上涨而过快贬值。

1948 年年底，中国人民解放军兵临北平城下。北平再一次响起隆隆的炮声，有的炮弹落在了北海已经冰冻的水面上，炸开一个大口子，飞溅起冲天的水花。虽然，战事就在身边，但是，这一次梁晋才不再感到恐慌，因为他知道国共两党的胶着状态就像北海的冰面一样很快就会被打破，国民党溃败之势已经显现，北平将迎来真正的解放。但也因为即将撤退，国民党军队上演了最后的疯狂。装满士兵的卡车在街头巡逻，士兵们个个荷枪实弹，有的甚至还扛着刀，明晃晃地闪着，看到谁长得像“可疑分子”就会抓谁，车上还挂着“就地正法”的牌子，吓得人们心惊胆战。为了防止国民党撤退前来破坏，梁晋才和同学们自发地组织起了护校行动，大家搬进了校园，每个教室里住着十几位同学，围坐在火炉旁兴奋地议论着战局，畅谈着理想。实在累了，就直接躺在地板上。条件虽然艰苦，但是大家情绪都很高昂。这些日子，沉稳的梁晋才和大家挤在一起，有说有笑的，多年的压抑一点点舒缓开来，让他有点喜不自禁。他甚至还跑出去和同学一起打了条野狗回来，在火炉上烤肉吃。护校行动中，大家听着炮声越来越近，就越来越紧张，这种紧张不是因为害怕，而是亢奋，因为这预示着真正解放的日子越来越近了，预示着改天换地的新时代即将到来。后来，共产党和傅作义将军进行了谈判，最终和平解放北平。

在解放军接收北平城的那一天，梁晋才怀着兴奋又好奇的心情，一早就骑着自行车，来到西直门，看解放军战士和国民党士兵的交接岗仪式。这是梁晋才第一次看到中国人民解放军。在抗日战争胜利的时候，国民党军队进驻天津，梁晋才看到的是一批官老爷，穿着神气的美式制服，个个趾高气扬，盛气凌人，令人望而却步，不敢靠近，那时的梁晋才以为军队就是这个样子的。现在看到的解放军战士，穿着朴实的旧军服，精神抖擞，满脸笑容地挥着手，和老百姓亲切地打招呼，给人一种全然不同的充满活力和亲和力的感觉。梁晋才这才真正体会到了什么叫做“人民的军队”，因为这支军队看上去就是来自于人民，队伍中的官兵看上去和普普通通的老百姓没啥两样。

为了铭记这个伟大的日子，学校里开始组织铺天盖地的庆祝活动，梁晋才也暂时抛下了书本，投身到这个热潮中。他发挥自己的长项，参加了腰鼓队和歌咏队。和队友们一起，乘坐一辆敞篷大卡车，卡车上装着九个高音喇叭，他们开着车，一路扯着嗓子大声唱着歌，当真是兴奋至极。那种高亢的情绪也感染了街上的民众。大家在街道上自在行走，脚步轻快，到处都是载歌载舞的景象。梁晋才还跑到北京的中小学，给学生们做宣传。

1949 年 10 月，北平更名为北京，迎来了新生。

梁晋才明白，这一次他们迎来了真正的解放，大家的心都是敞亮而自由的！

15. 重塑梦想

新中国成立后，梁晋才的大学生涯终于变成了他理想中的模样：博学敦厚的老师，热情友爱的同学，宁静美丽的校园里洋溢着务实严谨的学风。他能在课堂里聆听教授们的传道授业解惑，能和同学们探讨甚至争论一个问题，也能整日耗在图书馆里潜心研究自己所喜爱的专业。20 岁出头的梁晋才在经历了 20 年动荡的生活后，终于回归到他为自己设定的人生坐标上，入学时那个朴实的梦想又浮上脑海：找一份安稳的职业，用自己学到的知识好好工作，为国家出力；过一种安稳的日子，用自己平和的心态好好生活，做个与世无争的平凡人。

1950 年，梁晋才即将毕业，和入学伊始那个初出茅庐的青涩少年比起来，在四年的大学生活中，他经历了许多波折起伏，学会了独立学习和冷静思考，学会了直面困难和承担道义。四年的磨砺不仅让这个年轻人快速成熟起来，更给他镀上了一种特殊的气质：豪迈，但更多的是内敛；热情，但更多的是冷静。

梁晋才

梁晋才院士传记

Academician Liang Jincai's Biography

第二章

精雕细琢始成器

成长：岁月是个神奇的魔术师，不停地表演着各种各样的戏法。我不想去看它的千变万化，只想守着一颗简单而纯粹的心，在我最青春的时候，不断学习，不断前行……

踏上社会之后，我开始进一步思考：我究竟应该怎样活着。我反复问自己：能不能真正做到把自己的一切交给党？能不能真正做到大公无私、听从党的安排？能不能真正做到个人服从组织、摒弃个人的考虑？能不能始终坚持艰苦奋斗，不图享乐安逸的生活？这些极为严肃的问题让我一度处于焦虑状态，我始终下不了决心抛弃自幼年就形成的一套人生哲学，内心的矛盾无时无刻不在折磨着我。

1956年1月，周总理《关于知识分子问题的报告》发表了。这个报告在知识分子当中引起了巨大的反响，也让我感触极深。党对我们知识分子充分信任，而我却因为自己的患得患失，总和党组织保持着一定的距离。回想这几年思想上的进步，工作上的成就，不都是党的培养和教育的结果吗？离开了组织的培养，我个人的力量是微不足道的，为什么我不能把自己交给党来安排呢？对照自己平时所想的，再读一读周总理代表党向我们发出的号召，我越想越觉得惭愧，越想越觉得对不起党。我要改变自己！

当正确的思想战胜了旧的思想后，我的心情轻松了很多，犹如放下了一副重担。我下定决心，积极响应党的号召，要为建设新中国而奋斗。

——梁晋才

1. 名师指点

梁晋才向来很尊重老师，觉得老师是一份神圣的职业，每一个教过他的老师，他都记得。当然，除了中学里那个教日文的日本老师。

梁晋才念的是北京大学工学院电机系电讯专业，工学院的首任院长是中国著名的物理学家马大猷。马大猷可是梁晋才眼中“偶像”级的传奇人物。他出生于 1915 年，1932 年中学毕业后，清华和北大两所大学同时向他伸出了橄榄枝。由于家境贫寒，他最终放弃了学费昂贵的清华大学机械系，而选择了当时的“穷北大”物理系，由此与北大结下缘分。1936 年，他从北大毕业，1937 年前往美国继续深造，1939 年、1940 年分别拿下了哈佛大学的硕士学位和博士学位，成为哈佛校史上第一个用两年时间就获得博士学位的传奇人物。“学霸”马大猷回国后，先是在西南联大任教。1945 年年末北大新设工学院，马大猷被北大聘任，成为北大工学院首任院长，也是迄今为止北大历史上最年轻的工学院院长。

马大猷是中国现代声学事业的开创者和奠基者，梁晋才非常钦佩他的为人和学识，他讲授的每一堂课，梁晋才都听得异常认真。马大猷讲授的是“电磁学理论”课程，电磁学作为物理学的一个分支，主要研究电性和磁性的交互关系，十分复杂。但马大猷把电磁场论的四个基本方程推导得特别清楚，梁晋才大受启迪，同时也对这门课程产生了浓厚的兴趣。有名师的传授，加之自己的努力钻研，梁晋才的电磁传播专业理论基础非常扎实。

马大猷虽然在学术界享有崇高威望，但他并没有妄自尊大，也没有故步自封，反而虚怀若谷，经常和其他学校的老师进行学术交流，还经常和学生们就一些难题进行讨论，以此增进学生们对一些基本物理概念的理解。马大猷不仅和北京大学的老师、同学建立起了深厚的感情，和清华大学的教授们也尤为熟稔。这也间接地给学生们带来了不少好处，因为他经常邀请清华大学的教授们来工学院给学生们上课，以此开拓学生们的思路和视野。

梁晋才大二时的“应用力学”“材料力学”等课程，得到了清华大学一名年轻教授的指导。没有想到，这名老师后来竟和梁晋才成了同事。他就是中国导弹与航天事业的开创者之一——屠守锷。屠守锷是美国麻省理工学院航空工程系的硕士毕业生，1945年回国后，先后在西南联大和清华大学任教。当时刚刚三十岁出头的屠守锷意气风发，经常骑着一辆自行车一路飞驰，穿梭于清华和北大之间。“应用力学”和“材料力学”是两门比较难讲的课，但经过他的讲解演绎，这种艰涩的课程变得相当活泼，一点儿都不枯燥，这也让梁晋才不仅对学好这两门课程充满了信心，同时也对这位老师充满了好感。

梁晋才的“工程学”“水力学”两门课程则是由清华大学夏震寰老师讲授的。夏震寰是中国水利工程学的泰斗，是英国曼彻斯特大学的硕士、美国衣阿华大学的博士，1947年回国后出任清华大学教授。在马大猷的邀请下，夏震寰也经常到北大工学院讲课，让梁晋才受益匪浅。

每个时代的年轻人都会有自己崇拜的偶像，梁晋才的偶像就是这些在科学技术领域叱咤风云的大师们。

2. 从仰慕到追随

真正的偶像不是用来单纯膜拜的，而是用来仰慕和追随的。

梁晋才从来没有奢望过自己能成为像马大猷先生一样重量级的大师，只不过他对大师们的仰慕之情是由衷的，而这种仰慕变成了精神的追随，使他对自己的学习要求变得极高，甚至可以用“苛刻”两字来形容。不要说主要的学业，就连写工程字、绘制工程图这种在其他学生看来不是特别紧要的细节上，梁晋才也非常严肃地对待，不允许自己有一丝一毫的松懈。

工程字其实就是长仿宋体字，因为是工程制图时规定使用的，因此通称为工程字。工程字必须写在比例为3:2的方框里，要求笔画清晰、字体端正、排列整齐，不可以写连笔字，也不能随意涂改，就连标点符号也要清楚正确。这些要求看起来虽然不难，但如果不勤加练习，也是做不好的。梁晋才从小书写的功底就不错，在写工程字时优势很明显，笔画挺直、粗细一致、结构匀称，简直就像印刷出来的一样。

而工程图要保持印刷品般的水准，难度就大多了。此时的绘图最常用的工具是绘图板、绘图铅笔和鸭嘴笔，以及三角尺、丁字尺、圆规等。一般先用铅笔绘制工程图草图，然后再用硫酸纸覆在草图上，靠人工一笔一画地用鸭嘴笔绘制成工程图。绘图时线条的粗细、虚实都是有名堂的，讲究规范和标准，有的需要画得粗些，有的则需要画得细些。而鸭嘴笔必须边蘸着墨水边绘制，因此每一笔都要很专注才行。一旦发生流墨，不小心污了一点，则整张图都会前功尽弃。梁晋才坚持认为“字如其人”“画如其人”，绘制工程图的质量是学习态度的证明，是“讲究”还是“将就”，全在自己一念间。所以，他从来不给自己得过且过的理由，有时候落笔稍重或不小心蹭到了，或者自己看着不满意了，就会重新再来一遍。这可不是一个轻松的决定，意味着前面的努力都付诸东流，一切又要从零开始。韧劲十足的梁晋才经常会为一张工程图熬夜，画到半夜一两点，一直画到自己满意为止。

有名师指导，加上自己刻苦勤奋，即使大学期间一直动荡不安，梁晋才的学业也没有落下，各门功课都非常优秀。而且就是在这种对自己几近苛刻的严格要求下，梁晋才养成了一丝不苟、精益求精的求学态度。他认真对待每门学科，对每道题都力求做到解题思路清晰，求证方法简洁，交出去的每一份作业、每一张图纸都完美无缺，没有一丝涂改的痕迹，所以他的作品经常被老师作为优秀范本张贴于教室的公示栏内，梁晋才也因此成为同学们效仿的典型。

3．“老师”，仅仅是个梦吗？

或许因为梁晋才把“老师”放在很高的地位，所以心存敬畏。这个受人敬仰的“老师”称号，对梁晋才而言，美好而遥远。但机缘巧合，1950 年，刚刚毕业的梁晋才成为了一名大学老师。

说是机缘巧合，其实也可以说是“命中注定”。梁晋才虽然不太爱说话，但他严谨的学习态度、出众的学习能力、优异的学习成绩得到了师生们的一致公认。

由于梁晋才在校期间的出色表现，大学四年级时，在学校的推荐下，他得到了一个当临时助教的机会，成为北京铁道学院的一名临时助教，尝到了当“老师”的滋味。虽然自己的学业不能松懈，助教的活也并不轻松，但两头跑的梁晋才压根就没觉得这是种负担，反而做得不亦乐乎。

在北京铁道学院的安排下，他负责协助一名教“交流电路”课程的讲师。虽然没有上讲台讲课的机会，做的大多是“刻蜡板”（印刷试卷前的一道工序，即将蜡纸垫在钢板上，将出好的试题用特殊的金属笔在蜡纸上誊写一遍，蜡纸上就会留下刻痕。再将刻好的蜡纸作为模板进行油墨印刷，就可以复制试卷）、印试卷这一类的累差事，以及批改学生作业和试卷这种吃力不讨好的苦差事。但梁晋才凭着他一贯缜密细致的态度，把这累差事做得漂漂亮亮的：“蜡板”刻得极有水平，一张张试卷印出来工工整整。凭着扎实的专业功底，梁晋才把苦差事也当成了“美差”，做得有模有样，让学生们心服口服。在学生们眼中，这位年轻的实习助教批改作业时的那股子认真劲儿，比起讲师来有过之而无不及：学生做错了，他要退回去，指点一番后要求学生重做；就算做对了，只要字迹潦草，他也会把学生找来教育一下，要求重新誊写清楚。

梁晋才是打心眼里喜欢当助教的。或许，成为一名真正的“老师”只是一个梦想，这个身份能让他站在另一个角度和学生进行接触，能让他真真切切、实实在在地过把“老师”瘾，能让他感觉到与心中仰慕的大师似乎更亲近了一些。更何况当助教还可以获得一定的报酬，虽然不多，但至少可以向父母证明自己能自食其力了。

1950 年，梁晋才面临毕业。在同学们工作还没有着落的时候，北京铁道学院向这位年轻有为、认真负责、专业且敬业的助教伸出了橄榄枝。梁晋才在担任助教期间的表现，给教“交流电路”的老师留下了极好的印象，这位老师向学校极力举荐了梁晋才。去北京铁道学院当一名真正的老师？这意味着他也有机会像他的偶像马大猷、屠守锷、夏震寰一样教书育人，梁晋才简直不敢相信！他毫不犹豫地接受了这个职位，根本没想过凭着一块北大毕业生的金字招牌、凭着自己一身过硬的专业技能、凭着自己一贯出色的素质表现、凭着自己一向良好的人缘和口碑，完全可能会获得更好的机会，选择更好的工作。

北京铁道学院为了吸引这名北大优秀毕业生，还给了梁晋才一个特殊的优惠政策，可以接受他推荐的“那个人”一同就业。谁都懂“那个人”是有特定指向的，可惜，梁晋才在学校里是个只知道钻研功课的“工科男”，根本没有经历过什么花前月下的浪漫，甚至连风花雪月谈恋爱的念头都没有动过。不过最后，梁晋才也没有浪费这个优惠政策，同学兼好友的王文煊成了“那个人”。毕业后，两个人径直到北京铁道学院报了到。安定下来后，他没有忘记把自己在北京的情况告知父母，父母听后自然很是欣慰，支持他留在北京工作。

能到高等院校教书育人当老师，是梁晋才就读北大以后一直梦寐以求的安稳职业和安稳生活。当从北大校门跨出，就直接跨进北京铁道学院大门的这一刻，他真真切切地感受到了什么叫做“梦想成真”。现在的一切和自己努力追求的、也一直在脑海中想象的未来出奇地吻合，竟使得梁晋才有些不敢相信梦想就这样变成了现实。这种似真似幻般的滋味是如此美好，也让梁晋才之前所经历过的种种苦难，所付出的种种心血都变得极其有意义。鲜花怒放在荆棘丛中，才显得更加艳丽而珍贵啊！

于是，在心满意足中，梁晋才开始了他崭新的教师生涯。

4. 严厉的梁助教

学校自有学校的一套模式，新来的老师都要先当三年助教，再当三年讲师，然后才有晋升副教授的机会，熬完四年的副教授才有可能晋升为教授。这样一算，要成为教授，至少得花上十年的时间，还必须表现超级好才行。梁晋才性格最突出的特点就是沉得住气，他知道要当好一位传道授业解惑的老师是不容易的，要在自己喜爱的专业领域钻研出个名堂来，也是不容易的。从小到大跌宕起伏的生活经历已经告诉他，梦想的实现充满坎坷，从来不会一蹴而就。所以，当他从梁同学变成梁老师时，就已经下定决心在这个岗位上安安心心、踏踏实实做一辈子了。他坚信，付出自然会有回报，急是急不出结果的。

这段时光完全可以用“宁静”两字来形容。梁晋才几乎不用考虑工作以外的任何事情，食宿问题校方已经解决。虽然23岁的梁晋才是北京铁道学院年纪最轻、资历最浅的老师，但学校并没有怠慢他。报到后就安排了住处，离学校不远，还是一个大四合院。一进门就有一个影壁，影壁墙后是一个院子，正房住着铁道学院运输系很有名的金教授，两边是东西厢房，西厢房住着一名运输系老教授。梁晋才被安排住在东厢房的外间，里间住着一位机械系的讲师。正房后面还有个院子，院子里也有几间屋，住着两三个人，都是北京铁道学院的老师。

梁晋才喜欢这个院子，喜欢这个院子里的每一个人。这和学校的集体宿舍不同，由于这个大院里有老有少，让他有种回了家的感觉。为了让老师们能够把精力集中在工作上，学校考虑得很周全，专门请了一位厨师为老师们做饭。所以，一到吃晚饭时间，大院里就特别热闹，一院子的老师都围坐在一张大圆桌旁，如同一家人，聊天吃饭，嘻嘻哈哈地特别开心。

因为专业对口，梁晋才被分配到了北京铁道学院电讯系。系里的老师并不多，也不分教研室。系主任、教授、讲师、助教以及秘书都在一个办公室办公，主任和教授也没有什么架子，加上梁晋才沉稳有礼的性格，大家很快就喜欢上了这个初来乍到的小伙子，与他相处得很融洽。

梁晋才的第一份正式工作是做“电磁原理”课程的助教。怎么当好一名助教，对梁晋才来说已经不算什么新课题了。教“电磁原理”的黄老师其实只比梁晋才大三四岁，年龄虽然不算大，但在无线电专业领域却很有名气，是个典型的技术型人才。比起教学，黄老师更热衷于钻研他的无线电专业，在他看来，能在专业上取得突破，比上好课要重要。系里让梁晋才当黄老师的助教，也是为了弥补黄老师在教学方面的不足。事实证明，校方为黄老师找到了一位极其负责的助教。黄老师讲完课，就全神贯注地在无线电领域钻研，再也不用分心其他事务了。因为，课后所有的事情，不声不响的助教梁晋才都可以帮他搞定。

怎样才能成为一名好助教，梁晋才也是动了脑筋的。学院采用的是欧美教育方式，所有的课程都是英文版的，这让从小喜欢英语的梁晋才有了一个继续学习的机会。借着出习题的机会，梁晋才搜集了不少英文原版的专业书籍，每天回家细细研读，连《电工原理》这种枯燥无味的英文大厚本也读得津津有味。等自己琢磨透了，他再摘录里面的经典习题，让学生们做。学生们做完后，再交上来让梁晋才批改。

班上的学生不怕黄老师，就怕梁助教，因为梁助教实在太认真、太严格了，很多学生的作业本上都被梁助教批过红色的“Repeat”（重做）。被批“Repeat”的原因有很多，如没有体现出清晰的解题思路，或者计算错误，对不起，“Repeat”！甚至是字迹潦草、格式不对等细节问题，也会得到一个无情的“Repeat”。学生们不得不在严格的梁助教指导下，一次次地修正自己的不足。时间一长，学生们发现，在梁助教的“压迫”下，竟也逐渐养成了“锱铢必较”的习惯，变得特别注重细节，不仅作业的质量有了保证，每次考试，这门课程的成绩也提高了不少。

梁助教对学业要求非常苛刻，为人却十分亲和，对谁都一视同仁。只要有不懂的，梁助教总能耐心解答，而且解答得逻辑严密、思路清晰，经常让学生们迸发出一种“原来如此”的感悟，思路由此豁然开朗起来。

5. 被“洗脑”了

1951 年，北京铁道学院在西直门建了个新校区，梁晋才也搬到了新校区任教。新校区比较大，还有了操场，大家把这个操场叫做“红果园”广场。梁晋才还记得自己和一群老教授在“红果园”广场上跳舞的场景。

解放之初，随着国民党退居台湾，一直援助国民党的美国势力也不得不撤离大陆。但在撤离之际，美国国务卿艾奇逊在《中美关系白皮书》中声称：“其固有之深邃文化和民主个人主义，终将重新发挥其力量，而将其外部桎梏扫荡无余。”面对挑衅，毛泽东主席毫不客气地将“民主个人主义”打上“分子”或“拥护者”的字样，决心全面清除美国文化在中国的影响。

1950年10月，抗美援朝战争开始了，中美关系的恶化进一步坚定了毛主席在中国清除美国文化的决心。全社会开始批判起“崇美”“恐美”思想，开始了一场名为“洗脑”“搓澡”的思想改造运动，即对所有知识分子进行思想教育。所有高等学校的老师都被列入了名单，梁助教也未能幸免。承担“洗脑”“搓澡”任务的是学生们，学生自发地分成了几个组，每个组负责“洗干净”一名老师，帮助老师解剖分析和清除在旧社会受到的旧思想影响。梁晋才也被“洗”了，他按照改造要求，分析了旧社会给予自己的影响，检查了自己的立场，对自己存在的“明哲保身”“个人奋斗”“单纯业务观点”“不愿多过问政治”等问题进行了自我批评和剖析。梁晋才毕竟年轻，被旧社会旧思想“侵蚀”得不深，更何况和学生们关系处得不错，所以也没怎么被过分“洗”“搓”，就顺利过关了。尽管是在搞运动，但不是很激烈，老师们还有心情开玩笑，把“洗干净”“过了关”叫做“下楼”，互相见面之后就会打招呼，问一声：“你下楼了吗？”“下楼”的老师也可以从“被洗”的行列转入帮助别人“洗脑”的队伍中。梁晋才自己过关后没有袖手旁观，而是加入了“洗脑”队伍，明里暗里指导各个“被洗脑”的老教师如何才能“快速通关”。在他的帮助下，很多老师都得到了“通关锦囊”，顺利“下楼”了。

在“洗脑”运动中，梁晋才和学生们有了更多的交流和接触，与各院系的老师们也建立起了更加紧密的沟通和联系，无论是稚气未脱的学生，还是两鬓斑白的老教授，都对这个有主见却不顽固、有思路却不张扬、有办法却依旧保持着真诚谦和态度的年轻助教产生了更深的好感。校党委也注意到了这个外貌并不起眼、能力却很出众的年轻人。电讯系的张绍诚老师代表组织和梁晋才谈心，梁晋才感觉到了组织的召唤，提交了入团申请。

1952 年 7 月 1 日，是一个特殊的日子。这一天，梁晋才作为进步青年加入了中国新民主主义青年团，并在团旗下进行了庄严的宣誓。7 月 1 日，还是个值得庆贺的日子，这一天，随着最后一名老师的“下楼”，铁道学院旧思想改造运动圆满终结。所以，学院里热闹非凡，所有的师生都跑到“红果园”广场上庆祝。年轻热情的学生们自是不用说了，就连一贯矜持稳重的老教授都很兴奋，仿佛年轻了很多，手拉着手，围成一圈，唱着歌跳着舞。虽然舞姿各异，也根本不具观赏性，但在高涨的情绪下，谁都不会在意。梁晋才的好人缘使他成了最抢手的“舞伴”，无论是学生还是老教授，都愿意和他一起跳，一起 High。

被“洗干净”后的梁晋才不仅入了团，还破格晋升为讲师，可以从幕后转到台前，站在三尺讲台上给学生们讲课了，梁晋才非常开心。他讲的第一

青年时代的梁晋才

堂课就是“交流电路”。尽管上课前做了极为充分的准备，但当真的直接面对一个班级的学生时，梁晋才的心却如初恋一般，怦怦地加快了跳动的节奏。好在越是重要的场合，他越能沉得住气，虽然内心翻腾亢奋，但表面上依旧是波澜不惊，一堂课讲得稳稳当当，极有条理。

6. 北迁哈尔滨

“洗脑”运动过后，美国模式的“博雅教育”终结。取代美国模式的，自然是苏联模式。在二战中胜利、正在不断发展的苏联老大哥俨然是社会主义工业大国的领袖，给中国呈现了一幅美妙的崛起道路——在国家的强制力量下，在计划经济的指令管理下，人们像机器上的螺丝钉各司其职，很快就能实现社会化大生产，见证社会主义工业神奇的力量。

为此，国家需要大量的工科技术人才，教育的重心放在与经济建设直接相关的高等教育，尤其是工程和科学技术教育上。教育计划与国民经济建设计划紧密相连，按产业部门、行业甚至产品的类别设立学院、系科和专业，确定招生和分配计划。简而言之，这是一种培养“专家”的教育体制。

1952 年的秋天，高校改革就像一场带着凉意的秋雨，就这样毫无征兆地下了下来。在高等学校教师思想改造的基础上，国家大规模调整了全国高等学校的院系设置，把民国时代遗留下来的现代高等院校系统改造成“苏联模式”的高等教育体系。经过全盘调整后，全国原有的211所高等学校被分拆、合并，经历了几乎面目全非的结构改造后，减少至183所。而调整中的高校人才流动比例在世界科学史、教育史上也是绝无仅有的。

北京铁道学院自然也在调整之列，整个电讯专业整体北迁，并入了哈尔滨铁道学院。于是，梁晋才宁静的教师生活又起了波澜。作为电讯系的一名讲师，他必须离开他熟悉的北京城，远离天津的家人，随系一起迁往哈尔滨铁道学院，否则就意味着离开老师这个岗位。不过，面对这次选择，梁晋才没有过多犹豫，他的事业之梦才刚刚开始，三尺讲台就是他钟爱的事业舞台，他是万万不舍得放弃老师这个职业的。就这样，简单收拾后，梁晋才随迁来到了哈尔滨。

虽然远离京津，远离故土，远离家人，虽然又是一个全然陌生的环境，但是如今的梁晋才已经不再是当初那个刚刚离家、懵懂青涩的19岁少年了。25岁的他已经学会如何适应新的环境，如何珍惜新的生活，如何把握每一个吸收新知识、开阔新视野的机会。

7. 结一段特殊的师生情谊

哈尔滨是一个充满了俄罗斯风情的城市，20世纪50年代，在哈尔滨就意味着离苏联老大哥更近了一步，对很多人来说，反而是件值得骄傲的事情。梁晋才初来乍到，对哈尔滨雄壮的俄式建筑、独特的人文风情充满了新鲜感，一有空就到处跑，领略和品位这些不一样的风土人情。

哈尔滨铁道学院坐落于南岗大直街，建筑以俄式风格为主。梁晋才好像有随遇而安的本能，一来就喜欢上了这所院校，他又一次做好了“扎根”的准备。

由于哈尔滨受苏联影响极深，在这里，所有高等学校的外语都指定为俄语。

而且，哈尔滨很多商店、餐厅也聘请了俄罗斯姑娘当服务员，俄语自然变成了很重要的沟通工具。而这批北迁的老师从来没有接触过俄语，这可怎么办？

为了让新来的老师掌握一定的俄语交流技能，哈尔滨铁道学院专门从外文系俄语专业的学生中挑选了一批功底深厚的尖子生，为北京来的老师开设了为期两个月的“一对一”封闭式强化培训。在这两个月里，学生化身“老师”，老师变成了“学生”，培训的主要目的只有一个：俄语扫盲！通过集中培训，要让这群老师至少能看得懂俄语。于是，在这场师生逆转的关系中，梁晋才认识了他的“专属老师”——贾玉桂，一个美丽聪慧的俄语专业女学生。

年轻人与年轻人在一起，很快就熟稔了起来。但即便熟悉了，梁晋才也没有忘了规矩，他可是尊师重教的君子典范。尽管贾玉桂还是个学生，但梁晋才却是一口一个“贾老师”叫得极为自然，让这位姑娘对这个年轻的彬彬有礼的电讯专业老师产生了好感。而梁晋才这个“学生”超强的学习能力更是让“贾老师”由衷地佩服。梁晋才的俄语从零基础到流利表达，只用了短短的几个月时间。在学业上、在工作上梁晋才向来是个较真的人，要么不学，要学就要学透，浅尝辄止、三天打鱼两天晒网的事情他是不会做的。所以，在封闭学习的两个月里，梁晋才简直被俄语附体了，从早晨一睁眼到晚上睡觉前，就没有停止过学习。吃饭的时候拿着单词本看；走路的时候背单词；在教室认真听“贾老师”上课，做好记录；吃完晚饭后，一本俄语书仍然不离手。

在封闭学习时，校方是不允许“学生们”分心的，他们被禁止写信，禁止外出，禁止和外界进行各种联系。有些老师受不了这种严格的规定，忍不住会抱怨几句。而梁晋才却沉浸在俄语的海洋里，像走火入魔一般，毫不在意那些看似毫无“人道”的规定，因为他对自己的要求比这些规定还要苛刻。事实证明，沉溺式的学习方式对梁晋才来说是极为有效的。两个月后，梁晋才不仅扫了盲，还能和“贾老师”进行流利的俄语对话，甚至能读懂俄文版的专业书。

封闭式培训结束后，梁晋才还经常向“贾老师”讨教俄语方面的问题。这个学习起来如痴如狂、拼命三郎般的“学生”用了几个月的时间，使自己的俄语能力硬生生地达到了别人学了几年的专业水平，仅凭这一点，就足以让“贾老师”刮目相看。或许，连贾玉桂自己也没有意识到，这几个月里，长着一副文弱书生模样的梁晋才已经在她的心里悄悄地留下了印记。

1952 年年底，梁晋才回天津探亲，在火车上又遇到了同样回北京过春节的贾玉桂。

“贾老师，好巧啊！”梁晋才遇到熟人，热情地打招呼。

“真的好巧啊，梁老师！”贾玉桂也大方地回应着。

“回老家啊？”两人同时问道。

“是啊……”又一次同时回答。

“梁老师”和“贾老师”都愣了一会儿，然后忍不住相视笑了起来。火车一路向南，这对特殊的师生有说有笑，仿佛有着说不尽的话题。在笑声中，两颗年轻的心越靠越近。

8．“贾老师”的真性情

贾玉桂成为梁晋才的“贾老师”时，只有 21 岁。她是个文静美丽的姑娘，平时总是带着浅浅的笑，说起话来慢条斯理，温婉中又透着一丝羞涩。但谁也不知道，这个女子犹如一株太阳花，看上去娇娇弱弱的外表下面，却包容着坚韧不拔的性情。

1931 年 9 月，贾玉桂在黑龙江的佳木斯出生。这个小生命的降生真是应了“生不逢时”四个字。就在这一年，就在这个月的 18 日夜里，盘踞在中国东北的日本关东军按照精心策划的阴谋，由铁道“守备队”炸毁了沈阳柳条湖附近日本修筑的南满铁路路轨，并栽赃嫁祸于中国军队。日军就以此为借口，开始炮轰沈阳北大营，制造了震惊中外的“九一八事变”。日军先是侵占沈阳，之后又陆续侵占了东北三省，建立了伪满洲国傀儡政权，开始了对东北人民长达十四年的奴役和殖民统治。数千万东北人民饱受亡国奴的痛苦滋味，千万个普通家庭从此陷入水深火热之中，贾玉桂家自然也未能幸免。

东北一沦陷，很多民族产业被日本人霸占了，日本人还禁止中国人在自己的土地上经营买卖。贾玉桂的父亲是做小生意的，做生意最讲究的就是和气生财，一旦这“和气”的环境没有了，“生财”也就无路了。贾家虽然不至于变得穷困潦倒，但也是饱受战乱之苦。贾玉桂上面有个姐姐，下面还有个妹妹，姐妹三个尚在幼年时，为了谋生，贾家就从佳木斯移居到了哈尔滨。因为从小就跟随父母过着颠沛流离的日子，姐妹三个很早就知道了生存不易、生活艰辛，所以也显得特别懂事。贾玉桂 7 岁那年，母亲的不幸离世让这个家庭雪上加霜，父亲一个大男人拉扯着三个未成年的女儿，生活愈发难熬起来。好在贾父并不是一个坐以待毙的人，为了维持这个家，他四处寻找着赚钱的机会，最后带着孩子们到了北京。1938 年的北京，形势也很混乱，但对贾父来说，好歹还能找到些机会做点小买卖，或者打点零工，混口饭吃。要在北京定居下来，自己还要出去找活干，三个女儿怎么办？贾父思前想后，最后娶了一个北京姑娘，又建立了新的家庭，在北京也算是有了个落脚的地方。

只是对贾家三姐妹来说，突然多了个 28 岁的继母，心情是相当复杂的。母亲走后，父亲的操劳她们是看在眼里的，现在有个人能够接替母亲来照顾父亲，她们也为父亲感到高兴。但是，另一方面，与这位沉默寡言的年轻继母相处，却让她们有种忐忑的感觉。继母为人不坏，但喜欢安静，好像并不喜欢孩子，尤其在姐妹三个叽叽喳喳说话的时候，继母的表情就不太开心。懂事的孩子是聪明而敏感的，渐渐的，姐妹几个话就少了许多，即使说话也是轻声细语，怕惊扰了继母，惹继母不高兴。继母的身体也不是很好，孩子们很自觉，几乎分担了所有的家务活，小小年纪的她们，洗衣服、做饭、收拾屋子……每件事都做得井井有条，像模像样，姐妹几个倒没觉得辛苦，反而觉得这锻炼了她们的生活自理能力。

贾父对孩子们还是尽心的。女儿们还小，除了家务活还不能出去打工赚钱，与其在家荒废时间，不如送她们上学。所以，在贾父的坚持下，贾家三姐妹个个上了小学。可是，小学毕业的时候，在战争冲击下，父亲没有生意做，也找不到临时工作，家里的经济来源没有了，生活变得十分困难。

由于家庭的缘故，贾家姐妹从小就很乖巧，能够认清现实，接受现实。她们知道，父亲已经尽力了，如果再上中学，让父亲承担一大笔学费，几乎是不可能的事情。但姐妹几个向来学习很刻苦，成绩也十分优秀，如果就此弃学，小姑娘们是极不情愿的。从小就学会自己照顾自己的她们是坚强的，都不愿轻易放弃：办法总比困难多吧，不是没有钱交学费吗？我们就上那种不收钱的中学好了。

姐妹几个长了心思，留心着这样的学校，发现真有一些公立中学不收学费或者学费很低。只是要进这些学校并不容易，必须参加考试进行选拔。但这可难不住成绩优异的姐妹三个。经过努力，姐妹三人先后考入了公立中学，贾玉桂和姐姐还考进了同一所学校。更让她们兴奋的是，中学是寄宿制的，虽然生活中的一切都要靠自己，但她们已经习惯自理了，这压根就不是什么问题。学校还有生活费补助，但只能保障最基本的生活。孩子们在吃的方面比较艰苦，主食主要是白薯面，这种白薯面里掺杂着最低等的杂粮，吃起来硬硬的，吃出沙子、头发什么的都算是常事。菜就更简单了，桌上摆一个马口铁大盆，盛着白菜萝卜黄豆，一大桌十几个人一起吃。虽然难吃，但贾玉桂并不在乎，能够离开家住在学校，不用再顾虑继母的情绪，她觉得自在多了。少女原本活泼的个性不用再压抑，人也开朗起来。在校期间，她参加各种运动，谁也看不出来，这个秀气的女孩棒球打得好极了。

数年的中学生活让贾玉桂变得独立、成熟多了。中学毕业前，她在报纸上看到了哈尔滨铁道学院的招生启事，就毫不迟疑地报考了这个学校，最终如愿以偿地被录取了。哈尔滨对她来说是个特殊的地方，有她的童年回忆，特别是对生母的所有记忆都是在这片土地上产生的。1950 年，贾玉桂怀着浓浓的思念回到哈尔滨，却没有想到这个地方果真是特殊又神奇。一年多后，她在这里遇上了梁晋才，遇上了她一辈子的缘分。

9. 重逢，牵手

结识了贾玉桂，梁晋才有了位红粉知己。而且他专业精深、态度谦逊、执教认真，同事、学生都很快喜欢上了他。他在哈尔滨铁道学院如鱼得水，在教师这个岗位上做得有滋有味。

就在梁晋才做好了扎根哈尔滨的准备后，谁也没想到，戏剧化的事情再次发生了。1953 年，在全国院系大调整的收尾阶段，电讯系居然又被迁回了北京。而且，不仅原北京铁道学院的电讯系迁回，就连哈尔滨铁道学院的电讯系也一并迁至北京铁道学院。这下，北京来的这批老师一下子就精神起来了，整天兴高采烈地讨论回迁的事情。

梁晋才并没有像其他北京老师一样欢呼雀跃，能回到北京的确是件好事，可他心里却隐隐约约感到有些说不清道不明的东西让他舍不得、放不下。不过，在这个年代里，个人服从组织安排是铁一般不可违背的原则，梁晋才又是一个内敛稳重的小伙子，最终他也没有说出个人的感受，随着院系又回到了北京铁道学院，继续当他的“交流电路”专业课老师。

备课、上课、批作业、钻研业务……一切好像又回到了原点，但是毕竟有了点不一样。梁晋才回京后，心中的那一丝丝不舍不仅没有因为时间的流逝而消除，反而如涟漪般慢慢扩大，竟有些痛楚起来。梁晋才不知道该怎样排遣这种情绪，只有当他重新捧起俄语书后，才会觉得好些。卷着舌头读着俄语，他好像又回到了在哈尔滨学习俄语时的那个场景，因为场景里有“贾老师”的笑容，有着两个人的默契。所以，学习俄语变成了梁晋才的一种精神寄托。在外人看来，梁晋才学习俄语不仅没有消减劲头，反而越来越执着。当别人讶异于他对俄语的热衷时，梁晋才没有过多的解释，只是微微一笑，说：“反正一个人闲着也是闲着，多学一些总是好的。”

缘分真的是种非常奇妙的东西，当你觉得已经握住它了，它就悄悄地调皮地从你手中溜走，让你体会到什么叫做怅然若失。而当你就此认命，准备放弃时，它又“啪”的一声毫无征兆地跳到你眼前，让你更加深切地感受到什么叫作惊喜，什么应当珍惜。

缘分和梁晋才开了一个小玩笑，让他从怅然到惊喜走了一遭。26 岁的单身青年才俊，自然不乏热心人的关注，身边出现最多的便是一心要给他介绍好姑娘的媒人。梁晋才虽然“闲着也是闲着”，却并没有打算处对象，又不好意思态度强硬地拒绝热心人的好意。

正好，三哥梁晋文自西南联大毕业后成了家，带着三嫂一同回到了北京。梁晋文回北京后，在清华大学任教，在清华园里有处住所。梁晋才到了休息日，为了避开那些热心人，常跑到三哥那里看书学习，躲个清静。三哥自然是不介意的，三嫂是三哥的大学同学，为人热情，对梁晋才并不见外，经常好饭好菜地招待他，所以梁晋才也喜欢到三哥那里，不仅可以静心学习，还可以蹭上一顿饭，改善一下伙食。

这一天，又是一个星期天，天气还不错。梁晋才没有到三哥那里，却鬼使神差地跑到了天安门前的长安街上溜达。街道两边种着树，他一个人沿着人行道低着头，慢慢踱着步，阳光透过树叶的缝隙在地上投下斑斑驳驳晃动着的光点，思绪纷乱，脑海里又盘旋起去年年底在火车上遇到贾玉桂的情形来。

“梁老师？梁老师！真的是你！”一声清脆的叫声唤醒了沉思中的梁晋才。

梁晋才停下脚步，抬起头，定睛望去，眼前那笑颜如花的女子不就是自己正在思念着的贾玉桂吗？“怎么是你？！”梁晋才突然间有了种做梦般不真实的感觉。他深深吸了一口气，闭了闭眼睛，再睁开：是她，真的是她！就在眼前，近在咫尺！这一次巧遇让梁晋才在瞬间相信了“缘分”，看得出，贾玉桂也有同样的惊喜。于是，接下来的一切，就变得顺理成章了。久未见面的“梁老师”“贾老师”之间有着说不完的话，两人一同到天桥吃了鳝丝面，这天的鳝丝面特别好吃，味道鲜美极了。

最让梁晋才兴奋不已的是，他得到了一个对他来说意义十分重大的好消息：这一年贾玉桂毕业了，而且被分配在北京铁道部联运局，成为了一名俄语翻译。

贾玉桂在北京，这就意味着两人可以时常见面了。两个年轻人这一次都没有再错过缘分，劳动人民文化宫、北海公园……很多地方都留下了这对年轻人的脚印，走着走着，他们水到渠成，成功牵手了。

1955 年年初，梁晋才和贾玉桂有情人终成眷属，成了一家人。两个人由于参加工作不长时间，没有什么积蓄，但又都挺要强的，怕给家里增添负担，也没开口向家里要一分钱，所以连办一场像样的婚礼也很困难。

事实证明，有情有爱的人可以不计较一切外在的形式！

没有婚礼？没关系！对两个真心相爱的人来说，婚礼只不过是一个形式，能够厮守终生，就是对婚姻最好的诠释。

没有嫁妆？没关系！对梁晋才来说，贾玉桂能成为自己的妻子，就是上天赐给他最贵重最值得珍惜的礼物了。得妻如此，夫复何求？

没有婚房？没关系！迁回北京后，梁晋才仍然住在北京铁道学院安排的那个大四合院里，住在里间的老师已经搬了出去，腾出了一间完整的屋子，这不就是现成的婚房吗？贾玉桂丝毫没有介意，简单收拾了一下自己的行李，就搬了进来。

两个人把屋里的两张单人床拼在了一起，铺上了同系老师送的新床单。床单是大红色的，鲜亮鲜亮的红映衬着两个人年轻快乐的脸庞，甚是喜庆。

10.摇身一变，成了俄语翻译

1954 年，北京铁道学院请来了两名苏联专家讲课，其中一名专家负责为电讯系的老师们授课。学院特地成立了苏联专家办公室，给专家配备了生活翻译。由于苏联专家讲课只会用俄语，而生活翻译对电讯专业不熟，所以无法翻译苏联专家讲授的电讯课程。怎么办？又要懂专业，又要会俄语，这样的双料人才到哪里去找呢？电讯系的领导却没有多费心思，因为眼前就有一位现成的双料人才——梁晋才。这个小伙子专业功底很深厚，俄语说得也很流利，工作时那投入的态度大家是有目共睹的，还有谁比他更合适呢？系领导二话没说就拍了板，梁晋才立即被抽调到了苏联专家办公室，摇身一变，成为了一名电讯专业俄语翻译，主要任务是负责把苏联专家的课堂讲义翻译成中文。

梁晋才不是没有考虑过拒绝，这个“翻译”可不是那么好当的，因为是给老师上课，老师们掌握后还要教给学生，如果在翻译过程中出现了失误，那么这个失误就有可能从听课老师扩大到学生中去，那样将会造成极大的负面影响。但这个顾虑在梁晋才的脑海里只是稍稍转了一下，就被撇掉了。一方面这是组织的安排，自然是应该服从的。另一方面，干什么事情都是有风险的，关键还是要靠自己想办法去规避风险。所以，梁晋才没有太多犹豫，就痛快地接受了这个新差事。

为了不让自己担心的风险发生，梁晋才不允许自己在翻译过程中出现任何疏忽，即使再细微的也不行。就因为对自己的要求极高，梁晋才当“梁翻译”当得很累。每一次正式上课前，梁晋才都做了十足的功课，他会花很多时间细细解读苏联专家提供的俄语讲义，然后根据自己的理解翻译好。为了确保翻译得精准到位，他会认认真真地向苏联专家请教，把自己翻译的每一个细节、每一个汉字都进行反复推敲，直到确认无误为止。在翻译的过程中，他会查找很多资料，认真研读，要求自己一定要把相关知识掌握得更加全面，理解得更为透彻。就在这种较真到抠字眼的打磨中，梁晋才不仅出色地完成了翻译任务，而且自己的专业功底也得到了强化，有了极大的提升。

课堂上，苏联专家在讲台上讲，而讲台下老师们的眼睛盯着的却是在一旁翻译的梁晋才，因为梁晋才不仅把苏联专家的饶舌俄文翻译成了字正腔圆的普通话，而且相当有条理，逻辑关系讲解得十分清晰透彻，专业课的老师们听了频频点头，受益颇多。听完课后，老师们还会提出一些问题，梁晋才就在现场直接翻译成俄语向苏联专家进行咨询，得到答案后再马上反馈给老师们。

可以说，比起其他老师，梁晋才付出了更多的时间和心血。虽然拿的还是讲师的工资，但梁晋才从来没有觉得自己吃了亏，反而认为自己收获了很多。他认为，做翻译是一份很好的工作，可以借此机会好好练练俄语，提高自己的俄语水平，还可以让自己的专业知识得到进一步夯实，这些知识和技能都属于看不见的财富啊！所以，乐观的梁晋才觉得自己不仅没有吃亏，反而是占了极大的便宜。就这样，占了“大便宜”的梁晋才兢兢业业、一丝不苟地从事着“翻译”加“老师”的工作，一干就是两年多，一直到了 1956 年。

苏联专家对这位清瘦斯文又敬业勤奋的梁翻译也是充满了好感，给了很高的评价，大家成了无话不说的朋友。梁晋才新婚时，苏联专家还专门送了一对很时兴的气压热水瓶作为贺礼，颇让人羡慕。

11. 入党还是不入党，这是一个极其严肃的问题

1956 年 9 月，梁晋才加入了中国共产党。

在 20 世纪 50 年代，加入中国共产党几乎是每个有为青年的政治理想，为了这个崇高的红色理想，青年们在岗位上努力工作，通过行动向党组织展现自己对党的向往之心。梁晋才身边有许多要求进步的朋友、同事、学生，他们一次次向党组织递交入党申请书，一次次向党组织汇报思想动态，经过党组织考察被吸收入党的人，都会显得十分激动。宣誓时庄严而神圣的场面感染了梁晋才，他能感受到这些新党员的激动都是由衷的，这些让他的心也火热起来。

自从 1952 年入团以后，梁晋才就对党组织充满了向往，但他却克制着自己，没有向任何人表达过自己的愿望，更没有向党组织递交过入党申请书。因为在他的眼中，中国共产党是一个伟大、光荣、崇高的组织，加入党组织就自然变成了一件非常神圣的事情。中国共产党员应该是优秀的典型，人品方面、表现方面必须没有任何瑕疵，更应该优于普通人。人往往是这样的，心里越想亲近，言行上就越是谨慎。梁晋才对党组织越是尊崇，就越发生出一份敬畏之心。他总觉得自己存在这样那样的不足，想想自己参加工作，成家立业，真的过上了从小梦想过上的安稳日子后，就一直很满足于当下的幸福生活。梁晋才觉得自己没有太大的理想和抱负，大多的时候只是在认真地做着自己的工作，认真地过着自己的生活，无论是从思想方面，还是从能力、贡献方面，都没有什么突出的表现，更谈不上达到入党的标准。因为敬畏，梁晋才不敢动申请入党的念头，有时候这个想法不由自主地冒出来，他还警告自己不要奢想。

有一天，当系里的党员同志找到他，和他谈到入党问题时，梁晋才的内心反而忐忑不安起来。谈话的党员同志代表的不是个人，而是党组织，党组织向他发出了召唤！当他无法回避，必须面对入党这个问题时，他却纠结了。

理智上，梁晋才觉得自己是应该加入中国共产党的，更何况已经有党员同志主动找他，愿意介绍他入党。这分明是组织对他的高度认可和充分信任，这份认可和信任又怎能辜负呢？梁晋才明白，加入中国共产党，就要忠于党，就要全心全意为人民服务，为建设社会主义祖国尽心尽力做贡献，这些都是自己能够接受的，而且入党之后，还意味着可以向党组织靠拢，可以接受组织进一步的考察和培养，可以有更多的机会锻炼自己，可以让自己更快地进步。

但在情感上，梁晋才还是克服不了自己内心的矛盾，思想斗争得很厉害。梁晋才一直觉得自己的思想还不够纯粹，是没有资格加入中国共产党的。他十分喜欢并习惯于现在这种有规律的安定生活。他可以沉浸在自己的专业里，两耳不闻窗外事，一心一意做学问，可以不用参与到各种政治运动中。说实话，自新中国成立以来，除了思想改造运动，还有“三反”运动、“五反”运动，等等，从没有停止过的政治运动让梁晋才来不及思考，也不愿意做太多太深的思考。梁晋才不太理解这些政治运动的深层意义，所以并不热衷参与政治运动。更何况，就算在思想改造运动中，梁晋才作为知识分子，虽然没能独善其身，被卷进了这场运动，但也从来不认为自己和那些同样被“洗脑”的老师们犯了什么错误。自己政治思想上还存在这种“懵懂无知”，怎么会符合党员的要求呢？

梁晋才更担心的是，一旦加入中国共产党，是不是就不能只安心过自己的小日子、只潜心钻研自己的业务了？是不是就必须主动参与到自己并不太理解的政治运动或各种社会活动中去？是不是就意味着要摈弃个人的感受，思想自由、行动自由将会受到限制？这一连串的问题一度困扰着梁晋才，有时他也为自己有那么多的犹豫和担心感到羞愧。他觉得自己就算真的入党，动机也算不上纯正，这反而是对神圣的党组织的不敬。他暗暗安慰自己：自己的思想还不够纯粹，所以是不能入党的。对于党组织的信任，自己只要更加努力地工作、尽心尽力地做好自己能做的一切事情就行了。梁晋才为自己做了解脱。

可党员同志仍然会时不时地找他谈话，连领导也亲自找梁晋才进行思想交流，希望他能向组织交心。这种谈话逐渐让梁晋才感觉到了压力，开始坐立不安起来。向来沉静的梁晋才在入党这个关口上焦灼不安，这种状态一直持续到他学习了周恩来总理发表的《关于知识分子问题的报告》。

1956 年 1 月 14 日到 20 日，中共中央在中南海召开全国知识分子问题会议。这是新中国成立后第一次把知识分子问题、发展科学技术问题作为全党必须密切关注的重大工作郑重地提了出来。会上，周恩来总理做了《关于知识分子问题的报告》。

周恩来总理的讲话在广大知识分子当中引起了极大的反响。这次会议鼓舞了知识分子，激发了他们的政治热情和工作积极性。这个报告也仿佛一盏明灯，给一直处于焦灼状态的梁晋才指明了方向。梁晋才细细读着报告，逐字逐句，越读就越为自己之前的犹豫不决而惭愧。新中国的建设需要大家的同心同德，党中央向知识分子发出了号召，并充分考虑了知识分子的特殊性，采取了很多倾向性措施，以保护知识分子的积极性。

梁晋才开始了更深层次的思考。回想起自己从小到大的这些年，是谁把自己从颠沛流离中解脱出来，是谁让自己过上了梦想中的安定生活，是谁给了自己展现才能的舞台，是谁给了自己发展进步的机会……这一切不都是中国共产党的功劳？如果没有党的培养和教育，哪有现在的自己？党组织如此信任，自己却还在为个人所谓的“自由”患得患失？母亲一直说做人要学会感恩，从小就懂的道理，怎么长大了，反而就做不到了呢？梁晋才终于决定，抛开所有的私心杂念，把一切都献给党！

下定了决心的梁晋才，放下了之前一直背负着的沉重的思想包袱，整个人顿时轻松起来：伟大的党，我已经准备好了，我愿意为你奉献一生！梁晋才毅然决然地向党组织提出了入党申请。申请提交后，他很振奋，也很自豪，因为他的入党动机中已经没有了一丝一毫的杂质。他递交的这份申请书中，每个字每句话都出于真心，发自肺腑。

1956 年 9 月，由苏联专家办公室主任周云和翻译陈照华两位同志作为入党介绍人，并经党组织批准，梁晋才光荣地加入了中国共产党。宣誓前一天，梁晋才把自己平时不舍得穿的一身正装找了出来，让妻子贾玉桂帮着熨烫平整。第二天，梁晋才一大早就起来了，对着镜子把自己收拾得干干净净，头发梳得极其服帖，一丝不乱，衣服熨得很挺括，穿上后整个人显得特别精神。宣誓的时候，他强抑着自己激动的心情，面对着鲜红的党旗，站得笔直，举起右拳，表情凝重地向党组织庄严地许下了自己的誓言，一字一句，铿锵有力。他知道，自己真的已经突破了思想障碍，做好了奉献终生的准备。从此刻起，他将用毕生来实践他的诺言！

1957 年 9 月，梁晋才转为中国共产党正式党员。

12. 天上掉下个好大的馅饼

梁晋才一直觉得周恩来总理的那篇报告至关重要，因为这份报告不仅改变了他的思想观念，甚至还改变了他的生活轨迹，改变了一大批知识分子的命运。

周总理在报告中提到“为着适应国家建设的急速发展的需要，我们的知识分子队伍必须在数量上加以扩大，在业务水平上加以提高……凡是我国科学上需要向苏联学习的部门，都应有计划地派出比较成熟的科学人才向苏联学习……按照我们所最急需的门类，最迅速地派遣若干组专家、优秀的科学工作人员和优秀的大学毕业生到苏联和其他国家去作一年到两年的实习，或者当研究生……在今年四月底以前……需要马上调集的第一批科学力量（包括需要派遣出国的科学人员的名单……），并且尽一切可能，争取在今年六月底以前实现派遣和调动的计划。”

梁晋才做梦也没想到，自己居然上了周总理所说的这个派遣出国的科学人员名单。

在向现代科学进军的计划中，北京铁道学院分配到了一个名额，可以选派一名专业教师去苏联莫斯科鲍曼高等技术学校深造，攻读副博士学位。这是国家给学校的荣誉，必须要好好珍惜，因此校方给予了高度重视。可这个唯一的异常珍贵的名额，到底给谁合适呢？众多青年翘楚都开始心动起来。校方经过认真的筛选和慎重的考虑，最终决定把这个机会给梁晋才。校方认为，梁晋才这个年轻人虽然不声不响，但为人稳重可靠，做事踏实认真，专业基础扎实，业务能力突出，而且对工作充满了热情，遇事非常沉得住气，学习起来又拼劲十足，更何况还有一大优势，就是俄语很好，没有语言交流障碍。选派梁晋才出国，以他的责任心和学习能力，一定会达成目标，为祖国争光，为学校争光。梁晋才自然也是希望自己能够得到这个机会，只不过，当校领导告知他这件事的时候，他还是有些吃惊。因为在这个讲究出身的年代，他并没有红色背景，离“又红又专”还是有一定差距的，而学校有很多根红苗正的青年老师，所以梁晋才虽然暗自期盼，但这个愿望并不强烈。在他看来，自己不被选上是正常的，被选上反而属于小概率事件。所以当这个小概率事件真的发生了，当他希望成真时，他的第一反应是吃惊：这不是天上掉了个大馅饼，又正好砸到自己怀里了吗？接到“馅饼”的梁晋才非常感动：这分明是学校对他这个青年教师的最大认可，也是组织对他的充分信任。因为认可，所以才会把这么一个宝贵的机会给他；因为信任，所以才会把这份沉甸甸的责任托付给他。

梁晋才满心欢喜，回到家后，却不知道该怎样和妻子贾玉桂一起分享这个喜讯。因为此时的贾玉桂身怀六甲，正是需要家人陪在身边的时候。这个消息对妻子来说，意味着夫妻分离，未必真的就是“喜讯”。面对爱妻，梁晋才不禁有些踌躇了。贾玉桂很了解丈夫，看到梁晋才的表情，就知道有了让他为难的心事，这件事可能还和自己有关。贾玉桂问清之后，不禁笑了：“学校这么信任你，这不是好事吗？有什么为难的？你放心，我会照顾好自己和孩子，你只要安心出国，认真学习，学成归来后，好好工作，干出点成绩来，我们娘俩都有光彩啊！”一席善解人意的话彻底打消了梁晋才的顾虑，也更坚定了他的决心。

按照规定，所有留苏人员在出国前都要到北京俄语学院留苏预备部进行为期一年的系统学习，主攻俄语。1956 年暑假，梁晋才搬到了留苏预备部，参加封闭式集中学习。留苏预备部的学生主要分为两部分：一部分是像梁晋才一样，年纪稍长一些，是去苏联攻读研究生的；另一部分学生是一批只有十八九岁的年轻人，他们是去苏联上大学本科的。

梁晋才所在的学习班是五（三）班，因为梁晋才扎实的俄文基础，他毫无悬念地成了五（三）班的班长。在五（三）班，梁晋才仿佛又回到了学生时代。曾经为苏联专家当过翻译的梁晋才本来用不着再强化什么俄语，况且家里还有个现成的以俄语为专长的“贾老师”，但他丝毫没有托大，依旧谦虚、低调地参加了学习班，变成了一名刻苦学习的好学生。同时，作为班长，他认真履行职责，像个兄长一样关心照顾着班里的每一名同学。在他的带领和管理下，五(三)班的同学们心无旁骛地苦读俄语。

1956 年 11 月开始，中共八届二中全会提出要开展整风运动。1957 年中共中央发出了关于整风运动的指示，开展了一场以反对官僚主义、宗派主义和主观主义为内容的政治运动。全社会都积极响应党中央号召，对党和政府的工作以及党员干部的作风提出了许多有益的意见和建议，留苏预备部也不例外。这批十八九岁的年轻人成了整风运动的积极分子，除了学习之外，还经常参加各种活动，给大家提了各种批评意见。梁晋才他们这批大龄学生不为所动，依旧沉浸在学习中。于是，这批“老顽固”也成了年轻人重点批评的对象，一张张大字报贴到了五（三）班，大字报上罗列了梁晋才他们的“严重错误”：对党的号召响应不积极，未见行动，没有实际帮助党中央进行整风……梁晋才和他的同学们并没有理会这些大字报，也没有辩解。因为事实就是事实，无需多余的解释。自己能来到这里，本身就是服从党组织的安排，是响应周总理的讲话要求，是为了满足祖国现代化建设需要，所以老老实实上课、认认真真学习才是自己当前应该做的头等大事。因此“不反驳、不理睬”成了他们应对各种批评的原则，而揣着一颗热忱的心积极批判着“老顽固”们的年轻人浑然不觉得自己将被卷入另一场运动中。

随着整风运动的深入，1957 年 6 月 8 日，中共中央发出了《关于组织力量准备反击右派分子进攻的指示》，在全国又掀起一场铺天盖地的反右派斗争。留苏预备部的年轻人因为在整风运动中过于积极，发表过不少激进的言论，在这场斗争中，有些竟被打成了“右派分子”，遗憾地失去了留苏的机会。而梁晋才他们因为少言少语，没有被抓到言行上的把柄，才幸运地没有被戴上“右派分子”的帽子，得以留在留苏预备部继续学习。

13．“莫斯科，我来了！”

就在整风、反右的高峰期，学习班结束了。梁晋才和他的同学们正式启程，离开中国，前往苏联，踏上了留学之路。

此时，最让梁晋才放心不下的是妻子贾玉桂，还有一岁的女儿。女儿是1956年10月19日出生的，出生时梁晋才还在留苏预备部参加集中学习。因为封闭式学习的规定，梁晋才在妻子分娩的时候，没能回去陪伴在她身边，没能握住她的手给她力量，没能第一眼看到刚出生的孩子，没能在第一时间抱抱可爱的女儿，听一听她“哇哇”的哭声。作为丈夫、作为父亲，这些机会的错失让梁晋才心中很是内疚。好在贾玉桂是个深明大义又十分善解人意的妻子，作为一名知识女性，她和梁晋才一样，有着单纯而执着的爱国情结，总觉得国家的事、集体的事再小也是大事，自己的事再大也是小事。所以，贾玉桂一直很支持梁晋才的选择，鼓励他要珍惜机遇，好好学习，不要辜负组织的信任。正是由于妻子的理解和信任，梁晋才渐渐平复了这份内疚，并且把对妻女的歉意转化为强大的动力，静下心来学习。每次一到周日，梁晋才就会迫不及待地回去看看她们娘俩，帮着贾玉桂做点家务，抱一抱女儿，亲一亲她粉嫩的小脸蛋。

现在，女儿才满一岁，正在牙牙学语，才刚刚学会搂着梁晋才的脖子喊“爸爸”。女儿奶声奶气的稚语还在耳边，而他这个当父亲的却即将远去苏联留学，这一去就将是三年多。

1957年11月6日，坐在专列上的梁晋才转过头，留恋地看着车窗外。火

1957年，前往苏联留学前夕，梁晋才与贾玉桂合影

车开动了，窗外熟悉的景象向后移去，且越来越快，梁晋才心中再一次涌起浓浓的不舍：玉桂，再见！我一定会刻苦学习，绝不辜负你为成全我而独自承担的辛苦；宝贝，再见！等爸爸学成归来后，一定会好好疼你爱你，陪你一起玩耍，陪你长大……

好在火车上都是第一次背井离乡留苏的学生，大家有着相似的经历，自然也有着共同的话题，时间一长，就混熟了，聊开了，梁晋才也慢慢地从离愁中恢复过来，开始憧憬未来。特别是第二天，11月7日，列车上的广播里传来一则新闻，说这一天是苏联的革命纪念日，毛泽东、宋庆龄、陈伯达等组成的中国政府高级代表团正在莫斯科参加伟大的十月社会主义革命40周年的庆祝典礼。毛泽东主席也在莫斯科？梁晋才他们顿时振奋起来，仿佛是在和主席他们同行一般，很是激动。

专列一路向东，继而又转向北，沿途经过天津、沈阳、长春，最后从满洲里出境，开往苏联边境小城赤塔。经苏联边防海关检查后，又途经西伯利亚，奔向目的地莫斯科。驶入苏联境内后，餐车上的饭菜也统统变成了俄式西餐。由于烹调方法和饮食习惯不同，留学生们一进餐车，就能闻到一股奇特的膻味。好在大家之前大多没有吃过西餐，虽然感觉味道有些怪，但还是吃得津津有味，毕竟这是第一次“开洋荤”。

列车奔驰在西伯利亚的荒原上，这里人烟稀少，极少见到人影。每到一个大站，火车都会停留一段时间加水加煤。借这样的机会，留学生们就会走出车厢，到处看看，舒展一下筋骨，有时还会在月台上列队做操，以消除长途乘车的疲劳。在这里，梁晋才他们看到的一切都是新鲜的，同样，中国留学生们也引起了好奇的苏联老百姓的围观。这些苏联老百姓衣着朴实，言谈豪爽，对学生们很友善，也非常热情，有些还主动和留学生攀谈起来，当得知这群年轻的中国人是去莫斯科学习时，都竖起大拇指，连连夸留学生们是“马拉茄子（好样的）”。

专列开了整整八天，留学生们也在这个狭小的空间里度过了八天。但没有人抱怨，大家都处于亢奋状态，因此没觉得特别疲惫，更不觉得无聊。特别是到苏联境内后，列车员统统换成了年轻的苏联姑娘，之后五天的车厢生活就变得热闹起来。留学生们为了抓紧时间练习俄语口语，个个都愿意同列车员进行交谈，有时还会帮着她们干些活。这些苏联姑娘也很高兴能遇上这样热情的乘客，大家相处得非常愉快，等到了终点分手时，竟生出了几分依依不舍。

1957 年 11 月 14 日，梁晋才终于踏上了莫斯科的土地。

“莫斯科，我来了！”

梁晋才的心在大声地呼喊着，自己脚下的这片土地可是这个年代多少人心生向往的地方啊……

留学生们到达莫斯科以后，大使馆已经做好了准备，由前期已在各高校学习的中国“老”留学生领走新来的留学生。学校及专业的分配方案在出国前已经确定，梁晋才被分配在苏联莫斯科鲍曼高等技术学校研究生部攻读自动控制专业副博士学位。苏联的研究学位共分两种，一是博士，二是副博士。前者是很难的，后者要高于欧美国家的硕士，略低于苏联的博士。苏联本国学生的副博士研究生学制是三年，外国留学生则是三年半。这意味着梁晋才将要在莫斯科这个城市驻留整整三年半的时间。

苏联莫斯科鲍曼高等技术学校是一所拥有一百多年建校史的工科名校，在苏联工科学府中的地位相当于中国的清华大学，能够获得进入这里学习的机会，梁晋才一直有种如获至宝的感觉。踏进校门，他下意识地攥紧了拳头，暗暗告诉自己：在这里，我必须要努力，努力，再努力！勤奋，勤奋，再勤奋！

14. “世界是你们的”

1957年11月17日，是梁晋才来到异国他乡的第四天，更是一个让万千留苏学子铭记终生的日子。就在这一天，梁晋才幸运地见到了毛泽东主席。

就在前一天晚上，莫斯科各大学的中国留学生得到了通知，第二天上午全体同学在莫斯科大学大礼堂集合，由中宣部部长陆定一向大家做国内外形势的报告。另外，还有一个令人无比振奋的消息，如同长了翅膀，瞬时传遍所有学校：毛主席有可能会来看望大家！

大家都知道，毛主席率中国政府代表团参加了苏联十月革命40周年庆祝活动。自从毛主席踏上苏联国土，留苏学生就一直关注着代表团的活动，每天上课前第一件事情就是买上一张《真理报》，看看最新的消息，到学校后，大家还会兴高采烈地讨论代表团的动向，感觉就像过节一样，充满了精气神。

第二天是星期天，莫斯科刚刚下过一场大雪，空气清冽，整座城市被白雪覆盖着，在淡淡的阳光下显得格外素雅和宁静。

而坐落于列宁山上的莫斯科大学大礼堂里面却是十分热闹。全莫斯科的中国留学生就像赶早集一样，一大早就从四面八方赶了过来，很快把这个能容纳三千人的大礼堂给挤满了。礼堂内不仅座无虚席，连走道上都站满了学生。梁晋才去得比较早，占到了一个座位，一向沉静如水的他此时也是揣着激动的心情，期盼着毛主席的到来。十点钟，陆定一开始做报告。报告应该是精彩的，可梁晋才几乎没有听进去，因为他脑子里一直在想：毛主席会不会来呢？身边的同学也小声地热切议论着同样的话题，心早就飞走了。

会议开始不久，台下就开始写纸条、传纸条，很快，表达大家心情的小纸条像雪片一样飞到了主席台上。不一会儿，会议的主持人——驻苏联大使刘晓面前就堆了高高的一摞纸条。梁晋才相信，这叠纸条中大部分都是在询问毛主席什么时候来的。中间休息时，刘晓大使向留学生们做了解释，说毛主席昨晚工作了一夜，早上八点钟才刚刚就寝，所以非常疲惫，需要休息一会儿，请大家体谅并继续等候。

虽然不知道毛主席到底能不能来，但学生们依旧热情高涨。下午三点多钟，陆定一做完报告后，刘晓又告诉大家一个最新消息：毛主席正在克里姆林宫参加一个极其重要的国际会议，会后会过来，但现在还不知道这个会议开到什么时候，有可能比较晚。学生们听到毛主席是要来的，早就欢呼起来了，高喊着：“无论等到什么时候，我们都愿意！”

梁晋才也生怕错过这千载难逢的机会，就到学校的小卖部买了点面包，在礼堂里边吃边等待。由于大家讨论的热情很高，话题也很多，因此丝毫不觉得时间漫长。而且，随着时间的流逝，大礼堂里的人不仅没有减少，反而越来越多，简直可以用人山人海来形容。座位上坐满了人，最夸张的是有的一个座位上竟挤着三个瘦小的学生。两厢、廊柱之间站满了人，走道上也是人。到最后，连插脚的地方都没有了。为满足广大青年留学生的愿望，组织方将一部分学生安排在大礼堂旁边的学生俱乐部。在那里，虽然看不到现场，看不到毛主席，但是可以听到实况广播。

晚上六点钟，一群电工开始在场内拉电线，在主席台上安装拍电影用的强光水银灯，大厅里所有的灯也全都打开了，整个大厅被照耀得如同白昼，显得更加金碧辉煌。再后来，大家看到背着照相机的记者也开始在台上台下地跑来跑去，大家立即意识到，一定是毛主席马上要来了！毛主席马上要来了！整个会场里顿时热闹起来，充斥着嗡嗡嗡的快乐的议论声。

突然间，两个学生飞快地跑了进来，一边跑一边扯着嗓子大声喊着："毛主席来了，毛主席来了！"这喊声混在嘈杂的会场里其实很容易被湮没，但事实上，"毛主席来了"这五个字却像有神奇的魔力一般迅速传到了每一个角落，偌大的会场突然间就安静了下来。几千人不约而同地站起来，屏住呼吸，眼睛齐刷刷地盯着入口处。很快，入口处的人群自动向两边分开了，毛主席伟岸的身影出现了！

毛泽东可是这个年代全中国人民心目中最崇敬的人！当他的身影一出现在大家视线中，整个大礼堂里骤然响起了雷鸣般的掌声。"毛主席！""主席好！"……学生们激动的欢呼声此起彼伏，充斥在每一个角落。人群中的梁晋才也难以抑制激动的心情，眼眶里噙着幸福的泪花，和所有人一样使劲鼓着掌。

毛主席登上了大礼堂前的主席台，代表团其他人员鱼贯而上。

梁晋才看到毛主席身穿一件合体的灰色中山装，满面红光，慈祥可亲，从主席台的一端走到另一端，向所有的学生挥手致意。仿佛带有神奇的魔力，毛主席走到哪边，哪边的人群就如同涨潮般涌动起来，澎湃的激情无法用言语来形容。最后，毛主席回到主席台中央，大手一挥，场内顿时又安静下来，静得连一根针掉在地上的声音都能听得到。

“同志们！我向你们问好！”毛主席一句话刚刚说完，台下再次爆发出震耳欲聋的掌声和欢呼声。

“世界是你们的！也是我们的，但是归根结底是你们的！”毛主席的话带有浓重的湖南口音，却非常有力，“你们青年人朝气蓬勃，正在兴旺时期，好像早晨八九点钟的太阳。中国的前途是你们的，世界的前途是你们的，希望寄托在你们身上！”这时，全场立刻响起“毛主席万岁！中国共产党万岁！”的欢呼声，掌声如暴风雨般经久不息……

最后，毛主席在这次著名的讲演中向学生们提出了三点希望：“第一，青年人既要勇敢又要谦虚；第二，祝你们身体好、学习好、工作好；第三，和苏联朋友要亲密团结。”

梁晋才为自己能在莫斯科、能在现场亲耳聆听毛主席的讲话而充满了幸福感，一次次使劲的鼓掌使他的手掌都肿胀起来，可他竟不觉得疼痛。

毛主席一行离开莫斯科大学后，梁晋才和同学们依然聚集在大礼堂里不肯散去，沉浸在巨大幸福中的他们情不自禁地唱起了“东方红，太阳升，中国出了个毛泽东……”

梁晋才认为，毛泽东主席的话给予他们的精神动力是难以估量的，这不仅仅是毛主席的鼓励，也是祖国人民的重托。作为留苏学子，承担起这份嘱托的方式只有一个：刻苦学习，报效祖国！

15. 心无旁骛的留苏生涯

这一年，梁晋才三十岁。俗话说，“人过三十不学艺”。已经三十岁的梁晋才能够得到这个珍贵的留学机会，能够就读苏联名校的重点学科，能够再一次通过系统学习来提高自己的专业水平，他觉得自己是如此幸运；在这里，他亲眼见到了敬爱的毛主席，亲耳聆听了毛主席的讲话，梁晋才深切感受到自己肩头的责任是多么厚重；特别是想到贾玉桂和孩子还在国内的家中，一心等着他学成还乡，梁晋才更是觉得浑身上下充满了力量。

在莫斯科，新的环境、新的人群、新的风土人情，对第一次走出国门的梁晋才来说，一切都是新鲜而美好的，充满了诱人的吸引力。

苏联大学的学习制度与国内不同。在国内上学时，上午一个时段上课，中午吃饭，下午一个时段上课，都是规定好的。而在莫斯科，学校从早到晚全天都安排有课程，学生可以根据自己的习惯，自由选择某个时段去上课。对于研究生院的学生来说，自由度就更大了，老师很民主，学术氛围相当开放。中国留学生都很喜欢这样的学习环境，很多人有了如鱼得水的感觉。

梁晋才也很喜欢这种民主开放的校风，但是沉甸甸的责任感和使命感却让他实在不敢就此放松自己。好在他已经习惯了严格约束自己，所以，即使纪律再宽松，他仍然对自己要求很苛刻，为的就是让自己抑制住到处走一走、看一看的好奇心，沉静下来，把所有的心思都放在学业上。

梁晋才攻读的是仪器系自动控制专业，导师是自动控制专家彼得洛夫。彼得洛夫最擅长用相平面非线性理论解决控制领域的问题，除了当博士生导师，彼得洛夫还在一个研究所里任职，平时相当繁忙，并没有太多时间来指导学生。而梁晋才在国内大学以及工作期间并没有接触过自动控制方面的理论，专业基础比较薄弱。好在梁晋才俄语水平较高，能看得懂俄文版的专业书籍，和导师的交流也没有障碍，加上他异常刻苦，又拿出当初几个月“啃下”俄文这块“硬骨头”的学习劲头来，每天捧着本专业书，早也念、晚也读，一遇到不懂的就赶紧记录下来，然后问导师、问同学、查资料、找依据……

在苏联同学眼里，梁晋才这个瘦弱的中国留学生成了一个极其典型的“书呆子”，因为除了读书，他对其他一切好像都不感兴趣：除非到书店买专业书，否则他不会和同学一起上街；除非谈自动控制专业的话题，否则他不会主动加入到其他话题的谈论中去，更不会和同学一起去看场电影，调剂一下生活。

同学们都知道，在学校里要找到梁晋才很简单，基本上只有两个地方：不在教研室，那就一定在图书馆。

梁晋才真的非常喜欢那座图书馆，因为那是学校专门为教师与研究生所设的图书馆，很大的一间，却特别安静，梁晋才总能在那里找到自己需要的专业书，然后坐到图书馆的一角，静静地阅读，静静地思考，静静地钻研，静静地“啃”着一块又一块专业上的“硬骨头”……

导师不在的时候，梁晋才最喜欢向另一名叫普洛特尼克夫的老师请教问题。普洛特尼克夫是教研室里的党小组长，很关心中国留学生的学习和生活，给了梁晋才很大的帮助。这一点，梁晋才一直铭记于心。

导师彼得洛夫很忙，大部分时间都耗在研究所里，不经常到教研室。当他去教研室的时候，就会考核学生的学习进度，布置任务，回答学生的疑难问题。有一次，当考核到梁晋才时，这个不苟言笑的“书呆子”对自动控制专业的掌握程度，让彼得洛夫大吃一惊。彼得洛夫不由得重点关注起这个清瘦的中国留学生来，甚至还亲自带着梁晋才到他工作的研究所里实习。梁晋才在实习期间第一次接触模拟计算机，这个新奇的事物又为梁晋才打开了一扇知识的窗口，让他掌握了更为先进更为快捷地解决科学问题的工具和方法。彼得洛夫毫无保留地指导着这个聪明勤奋的中国学生。通过几个月的实习，梁晋才很快学会了在模拟计算机上进行解题。

梁晋才的好习惯再一次帮助他成为教授眼中的优秀生，同学们学习的好榜样。由于他工整、隽秀的俄文板书和缜密的逻辑思维深得导师的赞赏，所以他又一次变成了导师的“助教”，帮助导师绘制专业方面的图表，筹备博士答辩的相关事务。对于附加的“工作量”，梁晋才没有丝毫怨言，因为这是他当老师时驾轻就熟的业务，此时不过是重温而已。

梁晋才就是这样一直潜心攻读自动控制专业。在苏联，获得副博士学位的条件有两个：一是必须通过三门必修课的考试；二是必须完成一篇具有新颖性、独创性和系统性的学术论文，并且通过一个七人组成的答辩委员会的评审。功夫不负有心人，梁晋才以自己的努力又一次让苏联人感受到了中国留学生的勤奋好学，他的必修课每门都达到了五分（五分制），在论文答辩中也因为准备充分、逻辑清楚得到了评委们的好评，获得了优秀。不懈的钻研和努力使梁晋才牢固地掌握了苏联控制领域最新的专业理论，顺利获得了副博士学位，为三年半的留苏生涯画上了一个完美的句号！

16. 从不中断的政治学习

在苏联的中国留学生，有严密的组织机构，凡有中国留学生的苏联高校都成立了党支部和留学生学生会，直属驻苏联大使馆党委和大使的领导。驻苏联大使馆专门设立了一个留学生部，派专人负责抓全苏留学生的政治教育，中国留学生中的党员要定期参加党支部的政治学习。莫斯科鲍曼高等技术学校的中国学生比较多，大学部有两百多名中国留学生，研究生部有三四十名中国留学生，所以大学部和研究生部又分别设置了党支部。

研究生部的党支部书记是宋健。宋健出生于 1931 年，虽然比梁晋才还年轻几岁，却是一个地地道道的老革命了。他早在 1945 年就参加了革命工作。1947 年，年仅 16 岁的宋健加入了中国共产党。新中国成立后，他在组织的安排下，于 1953 年到莫斯科求学，从大学本科直到取得博士学位，都是在鲍曼高等技术学校。梁晋才初到鲍曼时，宋健正在攻读博士学位，兼任了中国留学生研究生部的党支部书记。作为党支部书记，宋健对学生党员的政治学习要求很高，抓得很紧，每个星期天上午都要把大家集中在一起进行学习，收听广播，读《人民日报》，及时传达国内的方针政策。

梁晋才其实并不热衷于政治学习，但每次他都会很积极地参加，因为这种形式可以让他知道很多国内的信息，可以让他感觉自己离祖国并不遥远。每次政治学习，梁晋才都很仔细地听着每一条新闻，同样细心的宋健也留意到了这个默不作声但学习却异常认真的党员。两人虽然没有过多的交谈，但彼此之间都留下了深刻的印象。1960 年，宋健回国后担任了国防部第五研究院第二分院的研究室主任，成为梁晋才转行进入航天的关键推荐人。

1958 年中国的“大跃进”，梁晋才是通过政治学习了解到的。留学生们自发地倡议：作为中国留学生，要始终心怀祖国，要积极响应和支援大跃进，要用大跃进的精神，鼓励自己更努力地学习先进技术和先进经验；要发扬中国人艰苦朴素的传统美德，绝不买照相机、收音机、电唱机三大件，绝不买高级消费品，要把节约下来的钱全部留给国家。

国家是按照每位留苏研究生每月 70 卢布的标准发放生活费的，梁晋才每个月都会到学校财务部门领取这笔钱（中国政府委托学校代发）。中国不富裕，给每位留学生的生活费其实并不多，只能保证基本的生活需求，但梁晋才除了伙食费和参考书的费用外，几乎没有其他可以花钱的地方。这样，一个月下来，居然还能省下大约 20 卢布。考虑到国家建设的需要，梁晋才毫不犹豫地把自己结余的钱都捐了出去。在他看在，这本来就是国家的钱，能让国家把钱派上用场，总比自己消费来得有意义。他从没想过为自己或家人添置些什么或者购买苏联的特产，后来回国时，除了一箱箱的书，几乎没有什么行李，也未能给心爱的妻子和女儿买件值得留念的物品。

让梁晋才记忆深刻的一次特殊的政治学习，不是宋健组织的党支部学习，而是驻苏联大使馆直接组织的。1959 年的一天，大使馆召集全体留苏学生党员到一个隔音效果极好的封闭式的屋子里，又做了通讯设备的检查，在确保没有任何可以录音的装置后，向大家通报了毛泽东主席批示的《关于以彭德怀同志为首的反党集团的错误的决议》。原来，1959 年庐山会议上，彭德怀给毛主席写了一封信，谈了自己的想法，陈述了他对“左”倾错误及其经验教训的想法，这封信后来被称为“万言书”。毛主席将彭德怀的信印发给了与会人员进行讨论。最后，庐山会议变成了对彭德怀以及同意彭德怀观点的黄克诚、张闻天、周小舟等人的批判会。这次会议后，彭德怀变成了“里通外国”“反党集团”的首领，被撤销了国防部长的职务，“反党集团”的其他成员黄克诚、张闻天、周小舟也分别被撤职。大使馆对学生们进行了情况通报，并要求大家正面领会这起政治事件的意义。

听完事情始末，梁晋才懵了。第一反应是不可能。彭德怀根本不懂外语，如果和国外进行沟通，都需要通过翻译，又怎么能够私自“里通外国”？第二反应是可怕。梁晋才像大多数中国人一样，对毛主席的崇敬是无以复加的。所以，既然对彭德怀的撤职决定是毛主席亲自批示的，那一定是正确的。但有时候，他也会在心底暗自琢磨：如果连一向忠心耿耿的“彭大将军”都会“反党叛国”，那还有什么是可以相信的呢？这实在是太可怕了……

梁晋才每周都会准时参加党支部的政治学习，这种雷打不动的习惯让他的苏联同学很不能理解。苏联虽然是共产主义老大哥，但是对政治教育抓得反倒不如中国留学生紧，苏联的学生党员参加党小组会议，一年也保证不了一次。苏联同学问他：“梁，你怎么又去开会学习了？星期天应该是自由的。”“梁，你为什么要把钱交给国家，这不是你应得的吗？”“梁，你为什么不和我们一起去看电影？你真的不喜欢看电影吗？”在他们眼中，梁晋才整天除了上课学习，就是开会学习，没有娱乐活动，简直是部刻板的“学习机器”。面对苏联同学的疑问，梁晋才总是笑而不语。苏联本土的同学不会知道，作为一名背负着祖国的信任，肩挑着报国使命的中国留学生，梁晋才是多么希望自己像块巨大的海绵，在苏联的每一个日子都能不停地汲取知识，汲取得越多越好。看电影？这简直就是罪过。

17. 妻子也要出国，孩子怎么办?

国家为了培养留学生付出了极大代价，周总理曾对留学生们说过：“你们每一个人出去学习，国内就要花 25 个大学生的钱，因此，你们一定要好好学习。”为了保证留学生们在苏联能够集中精力心无旁骛地学习，国家规定：学生们在留学期间不能回国探亲，不能恋爱结婚，更不能与苏联当地人通婚。大使馆不仅严格管理着留学生的学习方面，同时也按照规定关注着留学生们的政治教育和个人生活，不允许出现任何偏差，一旦有谁违反规定，就会被遣送回国。

中国留学生们从心底里觉得服从规定是理所当然的事情，因此都没有丝毫不满。梁晋才他们从外在的言谈举止到内在的思想情感，都更加严格地约束着自己，不敢有一丝逾矩的行为。反倒是苏联学生觉得这种规定简直太没有人情味了，他们实在难以理解，中国人怎么能够忍受与家人的长时间分离。有个苏联同学问梁晋才：“你这么长时间不回去，你的爱人怎么办？不会跑掉吗？”梁晋才告诉他，中国人大多坚守着传统的道德观，家庭观念很重，生活作风很保守，夫妻之间的彼此信任和相互忠诚是最基本的原则。苏联同学耸耸肩，不置可否。

话虽如此，梁晋才还是被苏联同学勾起了对妻女的思念之情。在苏联，除了学习上取得进展，最让梁晋才兴奋的就是接到家书的那一刻。展开信纸，看到贾玉桂熟悉的笔迹，念着信中写着的家长里短，了解女儿成长过程中的点点滴滴，感受到妻子字里行间透出的同样的思念，梁晋才觉得自己付出的一切都是值得的。每次接到信后，梁晋才总是赶紧给妻子回信，告诉她自己在这边的学业进展情况，告诉她自己一切安好，告诉她不要太牵挂，要照顾好自己和孩子，絮絮叨叨，有着说不完的掏心话。频繁往来于中苏之间的书信，犹如一根长长的红线，线的两端牢牢系着梁晋才和贾玉桂的心。

但是，1958年的一封家书，却让梁晋才的心情异常复杂。

在信中，贾玉桂告诉他，因为工作关系，她将被单位指派到波兰的社会主义国家联运局驻守，而且这一驻守，可能会长达四年多。梁晋才内心非常矛盾，展开信纸，提起笔，却不知道该怎么回这封信。他的心里是多么希望贾玉桂能留在孩子身边，看她长大，把孩子的每一个笑容每一个哭泣都记录下来，寄给他这个当爸爸的。梁晋才不想让妻子出国，但他又没有反对的理由。为了支持他的学业，贾玉桂已经独自承担了很多，现在妻子也是服从组织的安排，远赴他国，作为丈夫，于情于理都应该给予妻子同样的支持。可女儿怎么办？女儿还那么小，刚满一岁的时候爸爸因为国家需要远离了她，现在刚刚两岁，妈妈又因为国家需要即将离开她，对这个小小的孩子来说，这是多么残忍的一件事啊！

几次提笔，几次放下，梁晋才踌躇了。

18.贾玉桂的泪水

家里，贾玉桂搂着女儿，忍不住流泪。

孩子出生的时候，梁晋才在留苏预备部，不能陪在她身边，她没有怨过；孩子一岁时，梁晋才远赴莫斯科，留下她独自带着孩子，她没有怨过。当初，她看上的就是梁晋才的聪明好学，为人朴实，做事踏实。他在工作中表现一直很好，或许是个能干大事的人，作为他的妻子，贾玉桂觉得自己就该支持他，不要让他分心。

梁晋才出国后，贾玉桂还是住在北京铁道学院的四合院里，每天一早坐班车到联运局上班。每一个这样的早晨，对她来说，都要经历一次小小的“战争”，让她紧张不已，总觉得时间不够用。一早起来，她先要照顾好孩子，吃喝拉撒，面面俱到。弄完孩子之后，自己简单收拾一下，就得赶紧抱着孩子赶班车。因为一旦错过班车，就得去挤公交车了，而抱着孩子乘公交车是很不方便的。

好在铁道部联运局有自己的幼儿园，就在贾玉桂工作的大院里。所以，只要坐上班车，问题就不大了，把孩子送到幼儿园后，贾玉桂自己再去上班。下班后，她先去幼儿园接上孩子，然后抱着孩子去菜市场买菜，回家把孩子放下，要一边看着孩子一边烧饭，经常会手忙脚乱。

贾玉桂的继母不喜欢孩子，所以指望不上；她的婆婆偶尔会从天津过来看望她们娘俩，但也照顾不了她们。贾玉桂每天都过得很紧张，时间一长，得了神经衰弱，经常失眠。晚上睡不好，白天就特别疲惫。翻译是一项需要长时间专注的工作，很费神。

为了不影响工作质量，贾玉桂咬咬牙，请了个保姆，帮着自己做做饭，收拾一下家务。可没想到保姆患有癫痫，有一次炒菜时突然发作，人摔倒在地的时候把煤炉子给打翻了，手里的铲子也"嗖"的一声飞了出去。贾玉桂正在里屋抱着孩子，听到这么大的动静，跑出来一看，顿时吓坏了。她顾不上别的，把孩子往床上一放，就赶紧送保姆去医院。

这件事发生后，贾玉桂再也不敢请保姆了；更何况梁晋才出国后已经没有工资收入了，她一个人赚钱养家，也确实没有多余的钱请保姆了。

贾玉桂独自带着孩子，含辛茹苦，但她在给梁晋才的信里，从来不谈这些事情，免得干扰他的心情，影响他的学习。而且从小就独立的她，也觉得各家的日子都差不多，大家都辛苦忙碌，自己实在没有必要叫苦喊累的。

1958 年 3 月，中国、阿尔巴尼亚、苏联、捷克、波兰、匈牙利、东德、保加利亚等 12 个欧亚社会主义国家成立了一个国际铁路合作组织，驻地设在波兰首都华沙。作为成员国，中国要派遣工作人员驻华沙工作，其中与各国的往来交流都需要翻译。贾玉桂是铁道部联运局的青年骨干翻译，工作认真细致，为人处世张弛有度，的确是个很好的人选。当组织安排贾玉桂做这项任务时，她的第一反应不是光荣而是艰巨，母亲的本能让她在这个时刻首先想到的是孩子。

女儿还小，需要有人照顾，梁晋才已经出国，如果自己再出国，孩子怎么办？贾玉桂鼓起勇气去找单位领导阐述自己的困难，为了孩子，这个一向服从的女子第一次对上级的安排说出了“不”字。她希望组织能够派遣其他人来承担这个任务，但领导并没有同意她的请求，仅承诺在她出国期间，由组织来照顾孩子。贾玉桂还是一遍遍向团组织、党组织、行政领导反映实际困难，但都没有效果。

这个一贯坚强的女子终于流下了眼泪。她也是第一次在给梁晋才的信里倾诉了自己的难过。

在最煎熬的时候，贾玉桂等来了梁晋才的回信。信中，梁晋才让她不要辜负组织的信任和重托，好好工作。孩子就托付给三哥带，三哥三嫂一向很喜欢孩子，一定会视同己出，善待她的。等孩子长大了，自然会理解父母的难处。

梁晋才帮着贾玉桂做出了这个艰难的决定。贾玉桂终于狠了狠心，接受了这个现实，并在出国前把女儿郑重其事地托付给了三哥。

三哥三嫂已经结婚多年，却没有孩子。平时贾玉桂带着女儿去玩儿的时候，他们很喜欢这个可爱的小女孩，每次都要抢着抱她、哄她。如今，梁晋才和贾玉桂都没有办法照顾孩子，把孩子托付给他们，他们欣然答应了。

三哥三嫂对孩子的爱丝毫不亚于亲生父母，这也让梁晋才和贾玉桂安心了不少。只是贾玉桂在国外期间，每每想起孩子，还是会心疼得悄然落泪。这是母性使然，难以抑制。

19. 莫斯科的生活

梁晋才在莫斯科整整生活了三年半，但谈起当地的风土人情，却说不出个所以然来。

梁晋才是个随遇而安的性子，在莫斯科学习生活，没有产生过任何的“水土不服”。他住在大使馆安排的一栋大楼里，里面全是中国留学生。虽然每个人都有自己的房间，但大家抬头不见低头见，打招呼都是用中国话，尽管口音各异，交流起来却依旧透着亲切。大家连生活习惯都基本保持着在国内时的模式，没有多大改变。这其乐融融的氛围让苏联人搞不懂，他们得出了一个“中国人特爱扎堆”的结论。

住处离学校有一段距离，梁晋才每天去学校要乘坐地铁。当他人生中第一次乘坐电扶梯到达地下的车站、第一次乘坐地铁时，除了强烈的新鲜感外，还深刻地感受到了苏联的先进。与苏联相比，祖国的落后让他揪心，肩上沉甸甸的担子让他不敢有丝毫懈怠。

早饭一般是在学校的食堂吃。考虑到学生的作息习惯不一，有人可能三餐比较有规律，有人也许比较随意，所以食堂从早到晚都开放。学生们可以根据自己的需要随时去用餐，不管是吃完去上课，还是上完课去吃，都是极其方便的。

梁晋才在食堂吃完早餐，然后再到学校的小卖部买杯喝的，牛奶、酸奶或是奶酪。这里的牛奶醇香浓厚，梁晋才很喜欢。偶尔他还会到面包房买些面包和黄油，重温一下小时候在外公家黄油涂面包的美好体验，再泡上一杯红茶，觉得这就是享受了。

苏联的冬季既寒冷又漫长，但梁晋才居然也能从这种恶劣的气候中找到优点，那就是不用买冰箱。为了防寒，留学生们住处的窗户安装的是双层玻璃，外层玻璃与内层玻璃之间有个比较大的空间，而这个空间就是梁晋才眼中的“冰箱”，具有全透视、高清晰、高保鲜、绿色环保等多种功效，操作方便，利用率极高。

至于服装方面，梁晋才压根就没费过什么心思。苏联人的服饰多彩多样，颜色饱和艳丽，特别是苏联姑娘，无论什么季节，都是一袭长裙，飘逸美丽。但这些都没影响到中国留学生。出国之前，国家按照标准，为每位留学生都准备了几套制服，除了藏蓝色粗呢面的丝绵大衣、浅灰色薄呢面料的夹大衣，每人发了两套西服、一件粗线毛衣、一顶冬天御寒用的帽子、六双鞋子、四件布衬衣、四条内裤、四双短袜套……男学生配了几条领带，女学生不仅有裙子，还有一小瓶香水和面油。此外，每个人还领到了一床深米黄色中等厚度的羊毛毯和一件浅米黄色的雨衣。这些配发的制服虽然谈不上什么款式，颜色又比较单一暗淡，但大家穿得都一样，没有什么可攀比的，也就没人觉得有什么不妥。而且，不用开口说话，只要一看穿着打扮，就知道是中国来的留学生了。苏联人民更加喜欢中国留学生，因为相比当地学生，中国留学生更为勤奋好学、谦恭有礼，也更懂得尊老敬贤。

梁晋才在莫斯科最快乐的是“鹊桥相会”的时刻。

贾玉桂作为公务人员派驻波兰，自然很辛苦。但比梁晋才好的一点是，她每年都有一次回国探亲的机会，而且回国的时候，都会途经莫斯科，还可以逗留两到三天。这两三天对梁晋才来说简直就像过节一样，这一年一度的相会，让其他中国留学生很是眼红。

每年贾玉桂要来的当天，梁晋才一大早就会起来，忙忙碌碌地洗漱、整理，一扫平日里的“书呆子”气，精神抖擞地准备到车站去接妻子。这时，同学们就会用羡慕的口气开玩笑说：“晋才，你们俩真像牛郎织女鹊桥相会啊！”梁晋才毫不介意同学们善意的取乐，反而会笑呵呵说：“是啊是啊，我这就要相会去了，再见！”然后把同学们的起哄声抛在身后，飞快地赶往车站。

梁晋才和贾玉桂一年一次的短暂相会，谈论最多的就是孩子，两个人一起猜测着孩子现在该长多高了、有多重了、会说些什么话了……这对父母只能用这种方式表达对孩子的思念，说着笑着，渐渐就没了笑容，亏欠孩子的内疚感抑制不住地浮上心头。然后夫妻两人再相互安慰说，回国后一定要好好补偿孩子，孩子一定会理解父母的。

20. 艰苦却有趣的暑期“打工”经历

不能回国，每年的暑期又不上课，所以，除了复习功课，梁晋才还参加了学校统一组织的中国留学生集体活动——到莫斯科郊外的农庄劳动。到农庄“打工”可不是件好玩儿的事情，虽然这项工作——割草听上去还比较简单。为什么要割草呢？因为莫斯科的冬天非常寒冷，一到冬天就会下鹅毛大雪，大地都被白雪覆盖了，自然也就没有饲料了。所以一定要在夏天青草丰茂的时候把草割下来，晒干储存起来，这样入冬后，就不怕饿着农庄里的牛了。莫斯科农庄里的年轻人都到城市里奋斗去了，留守在这里的大多是老人或孩子，而割草的工作量又很大，绝对属于重体力活，中国留学生能到农庄来帮忙，简直就像来了“救星”一样，乐坏了这群留守老人。他们个个热情得不得了，一口一个“孩子们”叫得十分亲切。

关于割草这件事，对平日里习惯了捧着书本的弱质书生来说，的确挺难的。中国留学生中也有来自农村的，却没有见过苏联割草用的镰刀。他们之前用的是中国农村常见的小镰刀，蹲在地上，左手搂草，右手割草。而在苏联，使用的工具和人民的特质一样，质朴而粗犷，那镰刀大得超出了学生们的想象。他们必须要用两只手牢牢抓着镰刀长长的刀柄，站得腰杆笔直，才能把这把镰刀挥舞起来，且抡得“哗哗”作响，虽然草没割下多少，气势倒是十分惊人，大有“我自挥刀向天笑”的豪迈。只不过，要持续这种豪迈很累人，一天挥舞下来，学生们无论摆出什么姿势，都无法忽略那股从骨子里滋滋往外冒着的酸痛，简直觉得这两条胳膊不是自己的了。好在中国留学生是最能吃苦的，也是最能苦中作乐的。特别是看到大爷大娘们的笑脸，留学生们虽然疲惫不堪，但心里却十分高兴，因为毛主席说过，要和苏联人民亲密团结。

晚上，学生们住在农庄里。农庄的住宿条件非常艰苦，十几个学生住在一间屋里，屋里连床都没有，也没有蚊帐。因为是夏天，所以，学生们不介意打地铺，至少，地上还铺着一层干草，躺在上面，窸窸窣窣的，甚是好玩儿，有时睡梦中还能清晰地听到牛的叫声。有喜欢开玩笑的同学说：“我们住在牛棚里，所以牛把我们当成同类了，和我们打招呼呢。”大家听了哈哈大笑，谁也想不到，他们中间的不少人在若干年后又一次住进了“牛棚”，不过心情却是大相径庭。

在农庄里还有一个好处，就是能喝上纯天然无污染、无添加剂的牛奶。农庄缺水，水都是用来浇灌农田的，反而是高品质的牛奶可以无限量供应。由于中国是几千年传统的农耕社会，食物以谷物为主，而此时的留学生们渴了就喝牛奶，口福是有了，营养也够了，只是肠胃却有点接受不了，整天咕噜噜地忙着消化这些动物蛋白。由于肠胃胀气，在割草的时候，一用力气，就忍不住放屁。知识分子原本认为放屁是一件比较隐晦的事，不过，人人如此，此起彼伏的，反倒变成了一件十分可乐的事情，给学生们艰苦的农庄生活增加了不少笑料。

暑假一过，学生们又要返校学习了。最舍不得他们的就是那些苏联老人了，中国留学生在农庄的这段日子，不仅帮他们囤积了足够的过冬饲料，还使得原本冷清的农庄里充满了年轻的气息，到处洋溢着激情和笑声。送别的时候，农庄里举办了一场特别隆重的俄罗斯古典式农村宴会。

天空湛蓝湛蓝的，纯净之极，漂浮着几朵淡淡的白云。农庄空旷的露天广场上，整整齐齐地摆着一溜长长的桌子，桌子上铺着红色的格子布，在阳光下显得十分艳丽，充满着浓郁的田园风情。桌子上摆满了各类瓜果、大列巴面包，还有其他好吃的。

苏联大娘们进行了精心妆扮，头发梳得光光亮亮的，穿上了节日才穿的礼服。虽然身材大多已经走样，但色彩缤纷的长裙衬得她们比平日里要美丽许多。大爷们则是换下了干农活的行头，一身绅士打扮，带着礼帽。虽然离别总有点挥之不去的淡淡忧伤，但大家都用笑容掩盖着，能歌善舞的大爷大娘们放开了嗓子，唱着俄罗斯民歌，旋转着舞步，在广场上跳着传统舞蹈，学生们也被大爷大娘们真挚的热情感染了，载歌载舞，尽情宣泄着……

21. 毕业

三年半的学习临近结束，梁晋才开始收拾起行李，准备回国。说实话，他非常喜欢鲍曼高等技术学校，喜欢校园美丽的景致，喜欢严格又开明的导师，喜欢友善的各国同学，喜欢他的专业课程，甚至连食堂和小卖部的嘈杂他都觉得温馨。但即使再喜欢、再留恋，他都没有动过留下来的念头。因为他深知，祖国是多么需要他们。百废待兴的祖国对他们这些留学生寄予了很高的期冀，为保障留学生在国外能够顺利地求学和生活，并不富裕的祖国投入了大量资金。特别是毛泽东主席接见留学生时说的话，犹在耳边响起。

他暗暗告诫自己：我是代表中国出来留学的，祖国希望我们在革命的发源地学习到先进的技术后，能够用掌握的知识更好地报效祖国；我是代表北京铁道学院出来深造的，学院把唯一的名额给了我，就是对我最大的信任，我必须回到学院继续教书，将全部所学尽数传授给更多的人，这才是我应尽的责任和义务。更何况，那里还有我的家，有我深深爱着、深深牵挂着的家人。梁晋才告诉自己：做人最基本的就是要有良心，要懂得知恩图报；还要有责任心，绝不能因为贪图个人的舒适和自由就背弃当初的承诺，逃避应该承担的责任。所以，梁晋才留恋这一切，却并没有什么舍不得放下的。他知道，这三年半的经历将会深深地刻在他的心里、他的脑海里、他的回忆里。

但也有个别中国留学生不想回国的。有一个中国留学生给大使馆写了封信，说国内的政治气氛太浓了，不合适他，他希望就此留在苏联，请祖国不要再找他了。写完信他就跑了，连学校也不去了。但是中国和苏联之间是有约定的，所有的中国学生都是公派留学，学完必须回国为自己国家效力，苏联是不能私自留下中国留学生的。苏联方面遵守了这个约定，所以这个留学生在苏联转了一大圈儿，也没有找到工作，因为没有哪个单位敢录用他。没有谋生落脚的方式，到最后，这个学生花完了所有的钱，实在没办法了，只好又回到了学校。学校立即通知了中国驻苏联大使馆，很快这名学生就被遣送回国了。大使馆向所有中国留学生通报了这起事件后，梁晋才虽然能理解这名同学“向往自由”的想法，却一点也不同情他。在他看来，这种想法是自私的，这种行为与背信弃义没有差别。

在苏联生活了三年多，对鲍曼非常熟悉、非常有感情的梁晋才，其实并不熟悉莫斯科，更不熟悉苏联。因为在莫斯科的三年多时间里，梁晋才几乎哪儿都没有去过。

1957年，刚到莫斯科的时候，先来的留学生曾带着他去过一次著名的红场。红场，在俄语中是美丽的广场的意思，梁晋才出国前，一直认为苏联莫斯科的红场就像中国北京的天安门广场一样，开阔、壮观、威严、有气势、历史感十足，但真的看到了，却有些小小的失望。这个红场比起天安门广场来，简直是太小儿科了。红场所谓的广场，就是一条相对宽一点的马路，路面是用赭红色方石块铺成的，油光锃亮。路的西侧是列宁墓，坐落于克里姆林宫墙正中的前面，东侧是国营百货商场。很难想象，苏联的每次游行、检阅居然是在这里进行的。梁晋才跟着学长参观了列宁墓，列宁墓的参观队伍排得很长，但是

1960年，梁晋才留苏期间在公园留影

中国留学生可以凭护照优先入场。他还逛了百货商场，唯一购买的东西就是一份冰激凌。苏联的冰激凌又便宜又好吃，还具备解渴、解饿、解馋的三大功效。

这次“红场游”之后，他的整个生活就被学习填得满满的。期间仅有的一次“偷闲”，还是几个要好的同学怕梁晋才真的变成“书呆子”，硬把他从书堆里拖了出去，到附近的公园里转了一圈儿。春天的公园是最美的，蓝天白云，微风轻抚，清澈的湖水泛着粼粼波光，泛舟的人谈笑风生，岸边的树绿意盎然，虫鸣鸟啼声一阵一阵，充满了生机。梁晋才看着眼前的美景，觉得赏心悦目！可走着走着，悠然自得的心情被渐渐浮起的罪恶感冲淡了：这份难得的安闲是如此美好，让人如此贪恋，可这却是用一天的学习时间换来的。祖国花费那么大，是让他来这里学习的，而他却在游山玩水，是多么不应该啊！一回到学校，梁晋才就一头埋进书里，加倍钻研起来，要把这一天耽误的时间补上，否则就过不去自己心里的这道坎。

以后，再有同学邀请他去游玩儿，他都会婉言谢绝。虽然没有去过其他景点，不能领略苏联独特的异国风情的确是种遗憾，但如果因为游玩而荒废了学业，辜负了祖国的信任，那就是犯罪！梁晋才根本不用权衡得失就做出了坚定的选择，以“书呆

留苏期间，梁晋才与同学合影

子”的状态坚持到了毕业。

1961 年，梁晋才以优异的成绩毕业了，与他一起留苏的同学也以同样优异的成绩毕业了，正是他们用自己的勤奋为中国留学生树立了良好的口碑。在苏联，只要提到中国留学生，那就意味着优秀。

毕业后的梁晋才终于可以毫无顾忌地放松一回了。为了“犒劳”毕业生，鲍曼高等技术学校组织他们去了一趟列宁格勒。列宁格勒是全苏联的文化中心和艺术中心，这里有着悠久而辉煌的历史，是知识分子心目中的神圣殿堂。这一次，梁晋才他们暂时放下书本，走出了鲍曼，走出了莫斯科，可以尽兴地欣赏和领略这个待了整整三年多的国家到底是个什么样子。他们兴致勃勃地参观了冬宫。冬宫位于圣彼得堡皇宫广场，曾是昔日沙皇的皇宫，整栋建筑十分有特色，是巴洛克式建筑的杰出典范。冬宫经历过几次劫难，几经修复，在十月革命后，成为了艾尔米塔什博物馆的一部分。皇宫广场中央的那根亚历山大纪念柱，高 47.5 米，直径 4 米，重达 600 吨，是用整块花岗石制成的，不用任何支撑，只靠自身重量屹立于基石上。它的顶尖是手持十字架的天使，天使双脚踩着一条蛇，这是战胜敌人的象征。那一天，梁晋才久久注视着这根柱子，每个人的人生或许都可以像这根柱子象征的意义一样，战胜一切困难，靠自身力量撑起一片天空。

22.“祖国，我回来了……”

1961年8月，梁晋才学成归国。当从专列上下来，踏上北京火车站的那一刻，梁晋才心底有一个声音异常响亮：“祖国，我回来了……”

按照规定，留学归国人员回国后的第一件事，是要参加一个短期的集中学习班。在这个学习班里，归国人员都要接受政治思想教育，了解和熟悉国家当前的形势，尽快适应国内的氛围。接受完教育，才能正式回到原来的工作岗位。

政治学习一结束，梁晋才就迫不及待地到北京铁道学院报到了。这一别就是三四年，梁晋才十分想念校领导和同事们，校领导和同事们也热情地迎接梁晋才的荣耀回归。

回到了久违的学校，回到了原来的教研室，又能和原来的老同事一起共事了，梁晋才非常高兴，干劲十足。他坦言自己最喜欢、最乐意、最适合干的事情，就是当一名老师。自七八岁懂事起，他几乎一直走在求学的路上，即便参加工作，也没有离开过校园。长期的校园生活熏染得他一身浓浓的书卷气。因此，梁晋才最熟悉、最习惯的生活模式就是校园版的：晨起暮归，作息十分有规律；老师因为教授的专业课程不同，所以相互之间是没有竞争和攀比的，相处起来毫无压力，充满了和谐；老师对学生的学习十分负责，传道授业解惑，尽心尽力，而学生对老师也是一口一个“老师”“先生”，十分尊敬。

就这样，梁晋才又走上了他钟爱的教师讲台，这次，他为学生们讲授的是模拟机的专业课程。他精心编制的讲义深入浅出，通俗易懂，上课时的板书像艺术品一样完美无瑕，留过学的他又毫无严师的做派，亲切自然，偶尔还会给学生们讲讲笑话，很快，梁老师就成了学生心目中的明星教师。

梁晋才沉浸于工作中，压根没有在意其他的事情，直到校领导主动找到他，进行了一次关于工资待遇问题的谈话。学校要为老师上调工资级别，校领导有些为难地对梁晋才说：“梁老师啊，你看，事情是这样的。按道理来说呢，你有着苏联副博士的学位，是我们学校唯一留过学的老师，也是学历最高的老师，而且学生们对你的评价也很高，你的工资应该调得高一些，至少要和王文煊一样。但是呢，这期间，你毕竟脱岗了三四年，一下子给你调到位也有些说不过去。现在，经过组织研究，决定先给你上调一级。你可不要有什么想法，也不要在意别人的说法，并不是因为你工作业绩不好，才没有给你调整到位！”梁晋才笑着说:“没关系，没关系，多少都没关系。”

其实，梁晋才嘴上说没关系，心里还是有些想法的。他不是对自己的工资比当初一起参加工作的王文煊低两级的这件事情不满，而是对校领导特意为工资待遇找他谈话这件事情有意见。梁晋才虽然为人随和，但骨子里还是有着知识分子的清高的，他是真心喜欢站在讲台上教书育人的感觉，并不是为了钱才来工作的，更没有想过要和别人在工资上一比高低。如果真的在乎钱多钱少，当初留学的时候，又怎会倾尽所有，把生活费都捐了出去呢？校领导怕他工资低产生消极情绪，甚至影响工作状态，不是太看低他了吗？

好在梁晋才的性格是恬淡的，行事并不冲动。自少年离家后，独自生活的他懂得思考，更懂得换位思考，去理解他人。这番交谈后，梁晋才绕着校园慢慢地走了一圈儿，边走边散心，走完这一圈儿，他已经理解了校领导的苦心。这次谈话说明，校领导虽然不够了解他的为人，但还是很重视他的。想明白后，梁晋才就解开并放下了这个小小的“心结”，继续安安心心、认认真真地做他的“梁老师”，并通过自己扎实的理论功底以及严谨的教学态度，使自己得到了领导的重用、同事的尊敬和学生的敬仰。

梁晋才自得其乐地享受着这种平淡、宁静而随性的校园生活。这时候的他认为，他一定会在这个岗位上干上一辈子。

23. 手足之情？ 父女亲情？

回国后，在工作中如鱼得水的梁晋才，在生活中却遇到了一件极为棘手的事情。

在留学期间，通过政治学习、听报告、看《人民日报》，梁晋才知道自 1959 年起，中国进入了经济困难时期，全国性的粮食短缺造成了大饥荒，中国人民正经历着缺衣少食的苦日子。而留学生在苏联的生活，却没有受到什么影响，依旧每个月可以领到生活费，一日三餐也都正常供应，而且第一道汤、第二道菜，面包、炸猪排都能吃到，还有餐后咖啡、水果。他也曾经担心过家人的生活，写信给三哥，询问日子过得怎样，三哥在信中回复，家里人都挺好的，让他不用太牵挂，不要分心影响学习。梁晋才信了三哥的话，所以，他始终没有切身体会过这种大饥荒是什么感受。

1961年，历时三年的“自然灾害”已经接近尾声，经济形势正在好转，但是，梁晋才回国后与女儿重逢的那一幕，还是让他对饥荒有了蚀骨般的认识，也让他心酸不已。

梁晋才回到北京时，三哥梁晋文特意抱着女儿去火车站接他。三哥知道，离开中国三年多的梁晋才，这个时候最想见到的人，一定是自己的女儿。梁晋才与女儿见面了，相见时的那画面让他刻骨铭心。快五岁的女儿在三哥的怀里显得又瘦又小，而三哥也是一副营养不良的样子，略有点浮肿。三哥跟孩子说：“宝贝，那是爸爸，快让爸爸抱抱！”孩子却用一双眼睛警觉地打量着这个叫“爸爸”的人，细细的胳膊紧紧搂着三伯的脖子，怎么也不肯撒手。

此刻梁晋才的心像被什么东西猛蜇了一下，他的心痛得破碎成片，女儿已经不认识他了！也难怪，毕竟他离开的时候，孩子才刚满一岁，对他这个爸爸没有记忆是很正常的。他想拿点东西逗一逗孩子，可翻遍了行李，除了书，只有穿旧了的几件衣服。什么都没有！他没有为家人准备礼物，因为他把省下的生活费全捐给了国家，已经没有多余的可以买礼物的钱了。

当他最后从手提包里翻出半个在火车上吃剩下的大列巴面包时，孩子的眼睛顿时亮了，她奋力从三伯的怀里挣脱开来，迈开细细的小腿，欢快地向梁晋才跑去，然后牢牢抓过那半个硬邦邦的面包，津津有味地啃了起来。女儿吧唧着嘴，吃得那个香啊，仿佛是吃到了世间美味一般，嘴角边、小小的脸蛋上都沾着面包屑，连表情都是陶醉的。梁晋才看到孩子这么开心，也笑了起来，可笑着笑着，鼻尖却泛了酸，一转头，眼泪扑簌簌地滚了下来……

梁晋才住的还是原来学校分配的房子。回到家后，梁晋才没有把孩子接回身边。一方面，贾玉桂仍在波兰工作，自己又要集中参加学习班，实在没有时间精力照顾孩子；另一方面，女儿对他这个亲生父亲还很陌生，如果突然改变环境，和他一起生活，怕女儿一下子接受不了。三哥建议让梁晋才平时经常到家里来看看孩子，让孩子慢慢地熟悉和接受，等到贾玉桂回国后，再把孩子接回去。

梁晋才接受了这个建议。平时他埋头于工作，在钻研专业、编写讲义时，可以暂时忘记其他的事情；站上讲台面对学生求知的脸庞时，他可以清楚感觉到自己的价值所在。他喜欢工作的另一个原因是，工作可以充实他的时间，让他减少对家人的思念。而一到星期天，梁晋才就骑着自行车到清华大学的三哥家，看看女儿，逗女儿说话，这成了他周末最大的乐趣。慢慢地，女儿不再躲着这个陌生的爸爸了，而每次和女儿多说上几句话，梁晋才就感到十分满足。

1962年，贾玉桂完成了波兰的派驻任务回国了。这意味着一家人终于可以团聚了。梁晋才兴高采烈地接回了妻子，又带着妻子高高兴兴地去三哥家接女儿。但女儿一听到自己要同她的三伯三娘分开，和爸爸妈妈一起住，就紧紧抓着三娘的衣服，哭得惊天动地。梁晋才自然不会觉得孩子不懂事，他特别能理解女儿这种最直接的反应。是啊，自女儿有记忆起，陪伴她抚育她的就是三伯三娘，在她眼里，三伯三娘才是最亲的人，是自己的“爸爸”“妈妈”呀。而梁晋才和贾玉桂却像是两个突然冒出来的“坏人”，假装是她的爸爸妈妈，要硬生生地把她从最亲的人身边带走，她怎能不哭得肝肠寸断呢？

三哥和三嫂一直没有孩子，带了女儿四年多，已经建立起了深厚的感情，早把这个疼人可爱的小侄女儿当成亲生女儿一样，疼爱有加。孩子哭得伤心，三嫂紧紧搂着孩子，也开始掉眼泪，三哥在一旁默不作声。梁晋才和贾玉桂刚刚的兴奋劲儿早就消失得无影无踪了，两人面面相觑，半晌说不出话来。最后，沉思中的梁晋才抬起头，看着贾玉桂，贾玉桂从丈夫的眼神里知道了答案，她眼眶开始红了，却还是向梁晋才点了点头，缓慢而沉重。之后，梁晋文、梁晋才这对哥俩之间，进行了一次非常认真的“谈判”。“谈判”结束后，女儿变成了三哥的孩子，三哥三嫂自是心花怒放。而梁晋才和贾玉桂却经历了很长一段时间的低落，当初两人决心回国后一定要好好补偿孩子的，如今当她好爸爸好妈妈的愿望落空了，怎能不暗自伤心。每天下班回到家里，两口子你看看我，我看看你，总觉得家里冷冷清清的。

梁晋才还是采取了他最擅长的"工作忘忧法"来转移注意力，缓解情绪。他更加努力地工作，就连在家里，也是专业书不离手。1963年，梁晋才和贾玉桂的第二个女儿出生，家里再次有了孩子的哭声笑声，这才慢慢变得热闹起来，也渐渐恢复了曾经有过的欢愉。

梁晋才像母亲一样，信命！

小时候吃的苦他没有忘记，但同样也给了他苦尽甘来的希望。他告诉自己，人生从来就没有一帆风顺的，有笑就有泪，风雨过后，也会有彩虹，有些经历可能都是命中注定的。就像刚参加工作，就赶上了思想改造运动，他被"洗了脑""搓了澡"；刚走上讲台没多久，就赶上了教育部的高校改革，随之经历了院系的几次搬迁和调整；刚成家立业没多久，就留学深造，忍受了夫妻长期的分居，在苏联度过了多年在外人看来"无滋无味"的严苛的学习生活；回国后继续教书育人，刚盼得家人团聚，却又承受了一次骨肉分离的不舍。这些事、这些痛，旁人说起来可能云淡风轻，可当真置于当时场景，恐怕是不能淡淡一笑而过的。

但这些痛，梁晋才承受住了！他仿佛带着点宿命论：既然命中注定，就必须承受！

时光犹如一位雕刻大师，那些波波折折、起起伏伏的经历，就像雕刻大师在用刻刀一刀一刀地进行雕琢，敲打在身上是痛的，但只要能够承受住这番雕琢，必然能脱胎换骨，成就大器。

梁晋才

梁晋才院士传记

Academician Liang Jincai's Biography

第三章

迎风沐雨经磨砺

坚持：我曾经处于人生低谷，看不到出路。但，很庆幸，我最终没有放弃希望。走过这么长的路，我深有体会，命运是跌宕起伏的，我要做的，就是在跌宕起伏中坚持初衷……

20世纪60年代初期，在研制第一代导弹武器系统的工作中，我们进行了很多创新。所有东西都是自己研制的，甚至包括导弹的战斗部，都是我们的老师傅在车间里搅拌火药搞出来的，那是很危险的。导弹的弹体设计、导引头、引信、自动驾驶仪、发动机、战斗部、弹上电源、雷达、火控指挥仪、发射车（架）……总之，一切的一切，都是我们自己设计、自己研制的。在研制过程中，不可避免地碰到了许许多多的关键性技术问题，这些问题也都是通过我们自己一点一点地摸索解决的。

——梁晋才

1．“我不想去！可以不去吗？”

事实证明，不断地变化才是永远不变的真理！

习惯并且喜欢当“梁老师”的梁晋才，又一次被一个巨大的变化搞懵了。

这一天，有同事火烧火燎地跑来，告诉梁晋才，校领导正急着找他，让他赶紧去趟校领导办公室。校领导找？这可是比较少见的。梁晋才不敢怠慢，一路快走着往校领导办公室去了。脚步匆匆，脑子也没闲着，路上他一直在猜测：

难道是前段时间自己情绪低落，以至于工作上出了差错？应该不会呀，自己当老师还是很上心的，教案、板书都是认真做的，对学生的指导和教学也很负责，学生们的成绩也比较理想，并没有发生什么特殊的事情啊……猜了好多种可能性，但还是不得其解，梁晋才索性不猜了。校领导不会无缘无故地找他，肯定是在教学业务方面有话对他说，一会儿见到了，自然就知道答案了。

梁晋才一到办公室，校领导就拍着他的肩膀，笑着告诉他，国防部第五研究院要把你调过去工作，这可是好事啊！

好事？梁晋才顿时呆住了。这个消息对他来说，实在太突然了，超出了他能接受的范围，让他一下子没了方向，连思维也仿佛停顿了。此时，他觉得如果这算“好事”，那他宁可校领导是因为“坏事”才找他，哪怕说他在教学中犯了错误，再劈头盖脸地批评一通，也比这来得爽快些。

“梁老师！梁老师！”校领导叫醒了有点恍惚的梁晋才，问他：“你本人是什么意见？有什么想法？”

想法？梁晋才脑子里产生的第一个想法竟然是抗拒。

他是真的喜欢教师这份职业，喜欢到钟爱的程度。当一名教师让他很有满足感，小小的三尺讲台对他来说，不仅仅是一个工作场所，更是他的事业舞台。他能自信地站在上面，面对一批批年轻的学生，把自己所学传授给他们。他还希望有一天，或许会像自己的恩师马大猷先生、彼得洛夫先生一样，能够成为学生心目中的大师，能够培养出一批出色的专业人才，能够享受到桃李满天下的欣慰呢！

1962 年，梁晋才因为女儿的事，情绪曾一度低落。但当他走上讲台，看到学生们求知的眼神、信任的微笑，他能暂且忘忧。而且贾玉桂也已经回国，夫妻两人相互扶持、相互安慰，他渐渐平复了心情。但现在，这种平淡但安稳的日子过了还不到半年，就被告知要换工作、换环境、换一种生活方式？一向温文尔雅的他，第一次拧着脖子反抗了。

“我不想去！”回过神来的梁晋才斩钉截铁地说，态度很坚决。

校领导以为梁晋才不了解国防部第五研究院，就向他介绍了它的基本情况。而梁晋才一听说国防部第五研究院的人员都属于部队编制，是要穿军装的，抵触心就更强了。他不能想象自己穿军装的模样，更不能想象喜欢自由自在的自己必须遵守军规军纪会是个什么样子。是不是需要板着脸不苟言笑地一直保持严肃的态度？是不是做事情前都得先敬礼，再“报告”？是不是连走路都得“一二一”正步走？梁晋才赶紧摇摇头，把这种刻板的景象从脑海中撇出去，还是校园里宁静自由的环境、与世无争的学术氛围、老师学生亲切的笑脸更适合自己。

“可以不去吗？”梁晋才问道，然后又大声强调了一遍，“我真的不想去！我并不适合那边的工作。”高亢慷慨的语气连他自己也吓了一跳，这算发飙吗？可能是，以往他可从来没有这样扯着喉咙说过话。发飙就发飙吧，他希望自己的这一次小小的反抗能够带来好运气，能让校方看到自己的决心，为自己留住当一名人民教师的小小梦想。

校领导第一时间告诉梁晋才这个“喜讯”，却没想到梁晋才竟然会拒绝。在他们看来，梁晋才是一个很好说话的人，而且之前一直是无条件服从组织的安排，这次强烈地表示不同意，一定有他的理由。

看着梁晋才坚决的神情，校领导沉吟了一下，告诉他，校方是十分满意他的工作表现的，也不愿意就此失去一名优秀的教师，原本想着调到国防部第五研究院是件好事，所以也只能放行。但如果他自己不愿意调动，校方可以再和相关方面沟通一下，尽力争取改变这个决定。

看到梁晋才脸上如释重负的样子，校领导马上又打了预防针："话又说回来，如果国防部第五研究院来硬的，我们学校也只能服从。真到那个时候，你也必须服从安排。记住，你是一名党员！"

梁晋才刚刚才落下的心立马又悬了起来。他看着校领导，眼神中充满着期冀，校领导却把头转了过去。

2. 国防部五院

说到国防部五院，它的来头还是很大的。

它成立于 1956 年 10 月 8 日，是中国第一个导弹研究机构，是中国航天事业正式创建的重大标志。而带领第一支航天队伍扬帆起航的首任院长，是在国际上负有盛名的专家——钱学森。

大名鼎鼎的钱学森先生，是一位充满了传奇色彩的人物。1911 年，钱学森出生于上海。1923 年进入北京师范大学附属中学学习。1929 年 9 月，他抱着科学救国和振兴中华的远大志向，以优异成绩考入交通大学机械工程系。他在刻苦钻研专业知识的同时，深入思考国家和民族的前途命运。1934 年 6 月，钱学森考取了清华大学公费留学生。1935 年 9 月进入美国麻省理工学院航空系学习，一年后转入美国加州理工学院航空系，在世界著名力学大师冯 · 卡门教授指导下，从事航空工程理论和应用力学的学习研究，先后获得航空工程硕士学位，航空、数学博士学位。在之后近 20 年的时间里，钱学森先后担任美国加州理工学院航空系助教、讲师、副教授，麻省理工学院航空系副教授、教授，加州理工学院航空系教授和喷气推进中心主任等职，从事空气动力学、固体力学和火箭、导弹等领域的研究。他与导师共同完成的高速空气动力学问题研究课题和建立的“卡门－钱近似”公式，使他在28岁时成为世界知名的空气动力学家；独立完成的《关于薄壳体稳定性的研究》，使他在航空技术工程理论界获得很高声誉。他提出的火箭与航空领域中的若干重要概念、超前设想和科学预见，尤其是执笔撰写的有关美国战后飞机和火箭、导弹发展展望的报告，奠定了他在力学和喷气推进领域的领先地位。

钱学森在美国学习工作期间，始终心系祖国，密切关注国内局势变化。1948年，为了准备回国，他退出美国空军科学顾问团，辞去了海军军械研究所顾问职务。1950年夏，为了顺利返回祖国，他向加州理工学院提出回国探亲，但在临行前却被莫须有的罪名拘捕，遭受羁留达5年之久。但即使是在这样一种高压态势下，他仍然没有屈服。在中国政府的严正交涉和国际友人的热心援助下，1955年，44岁的钱学森克服重重阻碍，辗转返回祖国，一回国就立即投入到新中国建设的热潮中。1956年2月，钱学森向国务院提交了《建立我国国防航空工业的意见书》，提出了中国发展导弹武器工业的设想。他的提议得到了中央领导的高度重视，自此，中国的导弹研制工作被正式提上了国家议事日程。

1956年3月14日，在中南海的西花厅，周恩来总理主持了中央军委会议，传达了中央关于启动导弹武器研制任务的决定。会议决定组建中华人民共和国航空工业委员会，简称航委。航委是一个专门负责导弹航空科学研究工作的领导机构，由聂荣臻元帅担任主任，黄克诚大将、赵尔陆上将任副主任，刘亚楼上将、钱学森先生等担任委员。

1956年5月10日，在雷厉风行的聂帅的推动下，在航委下组建国防部导弹研究院的方案提上了议程，相关方面紧锣密鼓地筹备着。

1956年10月8日，在海淀区车道沟解放军466医院的食堂里，聂帅代表国务院、中央军委宣布："同志们，中国第一个导弹研究机构——国防部第五研究院，今天正式成立！"

国防部第五研究院也被称为国防部五院。随后几年，国防部五院又划分成第一、第二分院，分院下又分别设有支队，规模和实力逐步扩充，一步一步向世界展现着中国不容小觑的国防武器装备研制力量。

3. 初到国防部五院

人才是推动中国航天事业发展的动力。

随着航天事业的发展，国防部五院对专业技术人才的需求变得愈发迫切起来。周恩来总理对它的支持力度极大，他说：只要是国防部五院需要的技术专家和党政干部，都可以从工业部门、高等院校和军队中抽调。在周总理的亲自指示下，国务院副总理聂荣臻和秘书长习仲勋亲自主持了这项工作。

他们发动了一切力量，多管齐下，既注重培养新一代的航天技术专业人才，积极争取向苏联和东欧国家选派一些有关专业的留学生，抓紧学习现代航天工业技术；又通过各种途径，不拘一格地引进、吸纳四方人才。国防部五院最初的30多名科技专家和100多名大学生，就是这样很快地从各地、各单位被抽调集中起来的。

而像梁晋才这样有过留苏经历的工程专业留学生自然被列入了重点"网罗"的范围。只不过真要进国防部五院，也不是件容易的事。不仅要求专业能力出众，还必须经过一系列考察，其中最严格的一道关就是政治审查。毕竟，国防部五院属于国防军工口，关系到中国国防力量的建设，属于保密单位。因此，不仅对人员的技术素质要求很高，对所进人员的政治态度和社会背景情况也很慎重，对其严格把关。

巧合的是，梁晋才在鲍曼高等技术学校的校友宋健，自 1960 年博士毕业回国后，就直接进入国防部五院，成为最早从事航天事业的人员之一。宋健和聂帅的女儿聂力是同一分院的战友兼同事，因此，宋健和聂帅也有了往来的机会。有一次，宋健在探访聂帅的时候，得知聂帅正在用人之际，就向聂帅大力举荐了梁晋才。于是，梁晋才在自己毫不知情的情况下，进入了聂帅办公室的“网罗”名单。

聂帅办公室人员的工作风格如同聂帅一样，对任何事都是严肃认真，言必行，行必果，绝不拖泥带水。在一次次协调未果的情况下，国防部五院干脆来“硬”的，不再拖延，一纸调令直接开到了北京铁道学院。这下，校领导终于顶不住来自国防部五院以及聂帅办公室的巨大压力了，又一次找到了梁晋才。

梁晋才看着一脸为难的校领导和那纸调令，知道自己是没办法再反抗了，“拖延”战术只能以“失败”告终。在这场短暂的“对峙”中，梁晋才得到的唯一“战利品”就是不用穿军装。不穿军装是不是意味着可以稍稍自由一些？梁晋才不知道。但他被告知这是国防部五院为求人才所做出的折中方案，是为了消除他的顾虑、尊重他的感受才破例同意的，这已经算得上很大的让步了。

就这样，被迫离开自己钟爱的教师岗位的梁晋才，揣着一肚子的心不甘、情不愿，拿着调令到国防部五院报到。

报到的那一天，梁晋才花了点时间，整理了一下自己的心情。这一天是 1962 年 6 月 1 日，是国际儿童节，是全世界孩子们的节日，而自己虽然已经 35 岁，却像个新生的孩子似的，在这一天进入一个全新的环境，开启一段全新的旅程。

“认命吧……”他暗暗告诉自己，这份新的工作虽然不是自己的主动选择，但既然必须要做，那就学会接受吧。所以，报到这一天，梁晋才表现得比较平静。特别是初到国防部五院，看到办公室门口挂着的一个个牌子，什么“组织部”“干部部”……和学校迥异的组织机构让他觉得很新奇。

接待梁晋才的是干部部的一名同志，虽然不知道这位同志的姓名，但他的热情还是给梁晋才留下了极好的印象。这名同志告诉梁晋才，国防部五院从事的是国防尖端技术的研究，属于绝密级单位，对人才的要求也很高，如果没有组织的高度信任，是绝对进不来的。而之前他们已经对梁晋才做了全面的了解，知道他在自动控制专业方面有专长，为人处世也有很好的口碑，国防部五院就是希望能够引进这样的人才，为国防建设做贡献。这名同志还给梁晋才吃了颗“定心丸”，他说对人才，国防部五院不仅不会设置太多的约束，反而会提供最大的便利条件，使专业人才能够充分发挥自己的强项，所以请梁晋才不要有太大的思想负担和顾虑。

梁晋才边听介绍边点头，心里却像是打翻了五味瓶一样，各种味道掺杂在一起，十分复杂。他既为国防部五院求贤若渴的真诚态度所感动、所折服，又为自己之前的种种顾虑而惭愧、而懊恼，还对即将到来的事业宏图产生了憧憬和渴望。当初留学苏联苦读的时候，自己下了决心，一定要在学成回国以后，全力以赴报效祖国。可现在，真正到了国家需要的关键时刻，自己却思前想后，掺杂着很多个人感受。比起院长钱学森先生来，自己不仅在专业技术水平上有很大的差距，就连思想水平上也望尘莫及，远远没有达到钱先生那种无私的境界。梁晋才默默地批评着自己，最后他终于平静了心情，下定了决心，一字一句地告诉这位同志："请放心，我已经没有顾虑了，我为自己能进国防部五院工作而感到自豪。相信我，我一定会在新的岗位上尽心尽力工作的！"他的声音清晰，语调平稳，态度坚决。

干部部的同志很高兴，因为从梁晋才的表态中，他感受到了梁晋才从犹豫到坚定的明显转变。他很快就给梁晋才开具了干部介绍信，梁晋才也因此知道了自己被分配到国防部五院第二分院第四支队。

拿着这薄薄一页介绍信，看到上面那个红灿灿的公章，梁晋才又一次有了沉甸甸的感觉：接过这页纸，就像接过一把人生路上的钥匙，它为已经35岁的自己重新开启了一扇门，门后面的世界陌生而又广阔，充满着未知的挑战；接过这页纸，意味着自己做出了庄严的承诺，这页纸上寄托着组织的高度信任和期冀。这份信任和期冀重如千斤，但同时也贵如千金，自己必将为此拼尽一生，全力报答。

梁晋才知道，自己已经踏上了漫漫征途，这条路或许并不平坦，甚至满是荆棘，远没有当一名老师舒服自在，但是，自接过介绍信的那一刻起，他已经做好了披荆斩棘的准备！

加油干吧！梁晋才为自己鼓劲儿。

4. 结识吴中英，一辈子的战友！

来到国防部五院第二分院第四支队，人生地不熟，梁晋才这个耿直的书生拿着介绍信，走在过道里，却不知道该到哪个办公室，又该找谁报到。梁晋才有点踌躇，正想着要不要随便推开一扇门找个人问一问的时候，迎面走来一位同志。他一身戎装，腰间扣着皮腰带，显得非常干练。当与梁晋才擦肩而过时，他看了一眼梁晋才，眼神中透着亮，仿佛一眼就能看穿人似的。梁晋才稍稍迟疑了几秒，想叫住他，向他打听一下有关报到方面的事。可还没等梁晋才开口，他已经停下了脚步，转过身，一脸笑容地和梁晋才打招呼：“你是新来的梁同志吧？”

梁晋才点了点头：“我是梁晋才，是来报到的。您是……”

“我是吴中英，是四支队的副主任。我代表我们支队欢迎你的加入！”

吴中英伸出手和梁晋才重重地握了一下手，他的手掌温暖有力，让梁晋才突然之间就消除了陌生感。这是梁晋才和吴中英的第一次见面，吴中英也是梁晋才进入航天队伍后结识的第一位战友。在之后的日子里，梁晋才和吴中英并肩作战，一同从事防空导弹研制工作，一起到上海打拼新的天地，成了一辈子的亲密战友。

说起吴中英，他也是一位有着很多故事、经历丰富的航天人。

吴中英和航天结缘甚早。出生于1922年6月的吴中英是上海人，1945年毕业于重庆交通大学机械系，曾在洛阳机务段任工务员。1948年3月回到上海，在上海通用机器厂机械车间任副主任。1953年又调任第一机械工业部第二设计院，因其过硬的业务能力，被任命为设计总工程师，主要负责哈尔滨汽轮机厂的设计工作。一直走南闯北的他，身上既有上海人精明细心的特点，又透着北方人豪爽直率的性格，不仅技术出众，更有极好的人缘，是大家眼中名副其实的技术骨干。

1956年10月，国防部五院成立。全国各地选拔的各类优秀人才陆陆续续输送到这里。1957年11月，国防部五院成立两个分院，规模扩大后，对人才的需求变得更加强烈和急迫了。在这次选拔中，吴中英被列入名单，并立即于该月调赴北京，参加了国防部五院第一分院总装厂的筹建工作，开启了他的航天人生新征程。1958年4月，吴中英调入第二分院第一支队第三分队任副主任，1960年5月，又调任第二分院第四支队第五分队任主任，同年12月，任第四支队副主任，主要从事防空导弹及自动驾驶仪的研究工作。

吴中英很早就加入了航天队伍，可以算是国防部五院元老级的人物了，而且又是支队副主任，是“新兵”梁晋才眼中的“大人物”。可这个“大人物”的做派却很亲和、很低调，不仅热情地接待了梁晋才，还亲自给他在支队里安排了一处宿舍。梁晋才对这个住处很满意，这是一个套间，共有两个房间。一对夫妻住了其中一间，他们都在四支队干部部当干事。这两口子对梁晋才很友好，后来常常照顾这个忙起来就忘了一切的室友，常帮着梁晋才打扫屋子、烧水等。另一间空房就是梁晋才的新住处了，橱、柜、床，甚至连书桌都是现成的，梁晋才只要带上被褥，就可以入住了。

吴中英还给梁晋才安排了工作岗位。梁晋才成了第四支队第一分队的副主任。第四支队按专业划分，下设几个分队，分别进行总体、陀螺、电子、舵机及设备等方面的研制工作，第一分队即总体研究室。刚从学校里走出来的梁晋才，当过学生，当过老师，却没当过什么“副主任”。这个第一分队副主任到底是个什么角色，具体应该做些什么事情，梁晋才并不清楚。此时，他最强烈的念头就是跟着吴中英好好干，因为吴中英也是在35岁进入航天的，相似的经历，让梁晋才对吴中英备感亲切，也让他对未来的事业充满了信心和憧憬。

一辈子的战友（右一为梁晋才，左一为吴中英）

5. 痛苦的转行

梁副主任就这样上任了，并且享受校官级别的待遇。梁晋才对校官这个级别没什么概念，只知道可以在校官食堂吃饭，可以享受到不用排队买饭的“特权”。他和其他校官有一样最大的区别，就是不用穿军装。国防部五院实现了对梁晋才的承诺，他可以不用像其他同事那样讲究军容军纪，也不用天天出早操。每天上班，同事们个个着装整齐，系着腰带，两人成排，三人成列，排着队“一二一”齐步走着上班。而梁晋才则可以一身便服，骑着自行车从宿舍出发，欢快地蹬着，麻溜地从他们身边掠过。而且，这辆自行车还是当年贾玉桂特意从波兰带回来的，国内没有这种款式，骑的时候特别拉风。

尽管国防部五院给了梁晋才特殊“照顾”，他也做好了足够的心理准备，但在转行初期，他还是经历了一段煎熬时光。

首先不适应的是作息习惯的调整。梁晋才认为自己的性格是安静的，无论做什么事情是能够沉得下心来的。当初在苏联求学时，他经常泡在学校的图书馆，捧着一本书一看就是大半天，期间都不会挪一下位置。可在这里，他总觉得自己变得有点沉不住气，坐不住了，过段时间就要去一次洗手间，哪怕什么事都没有，也要站起来，在屋子里兜个圈子走动一下。他分析了一下，认为有两个原因。一是在苏联上学时，看的书都是自己喜爱的专业书籍，每次研究的时候充满了兴趣，因此一旦看得入了迷，就常常忘记了时间。而现在，自己连导弹长什么样子也没见过，对导弹武器系统压根就没有什么概念，更谈不上兴趣，所以很难沉浸其中。第二个原因就是无论是留苏期间当学生，还是回国后当老师，都不是定时定点的，不用坐班。有课就去上，没课可以自主安排，因此自由度比较大。而现在，这种军队管理模式的上班制度约束性很强，与之前他所习惯的上班模式有很大区别，他感觉比较被动，心理上有点难以适应。细致分析后，梁晋才对自己说，这种不习惯不适应完全是自己的主观原因造成的，从此以后，就一个字：改！

第二个他觉得不能适应的竟然是称呼问题。在学校时，学生自然称呼他为“梁老师”，就连校领导或是同事之间，也都是以“老师”相互称呼的，他当“梁老师”都习惯了。而现在，他当上了第一分队副主任，因此人们都称呼他“副主任”。每当有人叫他副主任时，他往往会反应不过来。因为反应迟缓，就会在无意中显得不那么礼貌。他觉得这是对同事的不尊重，所以经常提醒自己，要入乡随俗，要记得自己变成“梁副主任”了。但经常提醒自己的梁晋才还是不小心犯了个“错误”。有一次，一位同事迎面走过，打了个招呼，叫了他一声“梁主任”，他点头应了一声。结果当天支队政委就找梁晋才“聊天谈心”了，聊着聊着就提醒他，因为他是副主任，所以应该是“梁副主任”。既然是“梁副主任”，就不应该在别人叫“梁主任”的时候随意答应，这是纪律。梁晋才微微愣了一下，然后点点头，心里却暗自腹诽：又不是官场，怎么连个称呼也这么复杂？虽然内心不以为然，但有了这次教训，梁晋才更加注意细节了，他可不愿意因为自己的随性，就被别人误会成是个“官迷”。不过，没多久，因为主任调离，他被提拔为主任，名正言顺地成了“梁主任”。

最让梁晋才感到煎熬的是，对导弹武器系统专业知识的缺乏。他常有种被困住了、施展不开手脚的乏力感。在进入航天系统之前，他曾是一名成绩优异的学生，也曾是一名业绩突出的老师。以前在讲台上，他可以很好地掌控课程进度，清晰地讲解专业知识，收放自如，游刃有余。他的学习能力和业务能力都得到过高度认可，这种认可让他对自己的能力充满了信心，对自己的教师事业也充满了自豪。可到了这里，全新的领域，陌生的专业已经让他承受了很大的压力，而作为副主任，还必须承担起领导和指导分队队友的职责，骨子里骄傲的他不愿意放低对自己的要求，每一件事都想干出点名堂来，但千头万绪又不知道应该从何入手，因此，他总觉得自己处于特别想干好又不知道该怎样干好的困境，这种困境让他时常有种喘不过气来的感觉。那段日子，梁晋才虽然表面上很镇定，但内心却如沸腾的油锅，煎熬得难受。怎么办？答应组织的事情一定要干好，绝不能说自己不行了，还想回去当老师。开弓没有回头箭，既然没有退路，那就只能咬着牙往前走。35 岁的梁晋才就这样，又一次使出了拼命三郎般的学习劲头，挑灯夜战，逼着自己尽快掌握导弹武器方面的专业知识。随着对专业越来越深入的了解，梁晋才也渐渐摆脱了乏力感，慢慢恢复了往昔的信心，逐渐展现出他的能力来。

转行是痛苦的，但只要经受得住痛苦，就是一次提升。有过痛苦转行经历的梁晋才在承受住煎熬后，变得坚强起来，也由此奠定了一个信念：只要自己不放弃努力，即使以后再遇到困难，也最终能克服。在以后长达数十年的航天历程中，梁晋才遇到了重重挫折，但他一直坚守着这个信念，始终没有动摇过，没有退缩过，更没有放弃过。这个信念支持着梁晋才，使他不仅成了一名专业技术能力出众的航天专家，而且也历练得更加沉稳和豁达，性情谦和而洒脱。

6.“红旗一号”的由来

20 世纪五六十年代，盘踞台湾的国民党部队在美国的支持下，经常派侦察机到大陆骚扰，而我军装备的防空武器无法对其实施拦截，故而急需一种命中精度高、杀伤力强的地面防空武器。地空导弹武器系统就是在这种形势下上马的。

红旗一号导弹武器系统是新中国研制的第一个地空导弹武器型号，是国防部五院承担的国家重点研制任务，也是梁晋才跨入航天系统后接触的第一个导弹型号。开展这个型号研制工作的主要目的，就是通过对苏联导弹的仿制，掌握导弹研制生产技术，积累地空导弹研制生产经验，生产出一种能对来犯之敌实施有效拦截的防空武器装备，来担负国家的防空任务。

由于处于起步阶段，“红旗一号”说是研制，主要还是以仿制苏联提供的导弹为主。1950年2月14日，是西方的情人节。这一天，中苏两国签订了《中苏友好同盟互助条约》，标志着两国关系进入了“蜜月期”。1957年10月15日，中苏两国又签订了《关于生产新式武器和军事技术装备以及在中国建立综合性的原子能工业的协定》（简称《国防新技术协定》）。两国不仅在经济方面有了往来，在国防建设方面，中国也得到了苏联的大力援助。其中最重要的援助，就是帮助中国建造核弹、导弹生产企业以及提供相应的研制生产技术。对苏联提供的设备，中国主要采用易货方式支付，军工技术则使用优惠贷款支付。此外，中国还需向苏联提供锡精矿、钨精矿等战略物资和大量的日用消费品。

在这个“蜜月期”，苏联向中国提供了C-75型地空导弹的实物，并派遣专家到中国进行技术指导。“红旗一号”其实就是苏联C-75型地空导弹的仿制品。由于“红旗一号”的产品设计系统代号为“543”，所以，所有参与测仿试制的人员都很默契地用“543”替代了“红旗一号”，并且一直延续了下去。

正当大家以高昂的干劲沉浸在仿制工作中时，中苏之间的“亲密”关系却在悄悄发生着变化。

1958年夏天起，中苏之间在“长波电台”“联合（潜艇）舰队”等事件中频生分歧，继起争执，“情侣”之间的矛盾逐渐累积，到了一定程度，裂痕就不可避免地出现了。1959年6月，赫鲁晓夫以正在和美国等国家谈判达成禁止核子试验的协定为由，单方面通知中国要“暂缓两年”提供核弹、导弹样品和技术，其中包括中国已经付清了货款的设备。

对于这些变故，中国还是有所警觉的，从隔阂产生开始，国家就抓紧时间做着各项准备。

新的技术引进不来，就要做好两手准备。首先是一定要把已经引进的技术与设备留下来，化为己用。所以从1959年开始，“红旗一号”在仿制的基础上，开始由沈阳112厂、119厂、111厂及成都719厂等生产厂家按苏联已提供的设计图纸和工艺文件进行加工制造。另外，中国还必须要建设属于自己的导弹研制基地，形成自己的研制力量，不受他国掣肘，这才是最重要的。那这个导弹研制基地到底放在哪里呢？有人把目光投向了上海这个工业城市。

7. 上海航天诞生记

上海，中国最大的工业城市，是中国近代工业的摇篮和发祥地。1867年，江南机器制造总局在陈家巷增设火箭分厂，制造康格里夫火箭，创上海制造近代火箭的纪录。上海工业门类齐全，工业技术基础雄厚，对航天工业的孕育和发展来说具备得天独厚的条件。国家也正是看中了这一点，因此计划在上海创建一个导弹科研试制基地，这为后来梁晋才与上海结缘埋下了伏笔。

1958年8月，中国科学院成立了第一设计院，负责人造卫星和运载火箭的总体设计。同年 11 月，第一设计院总体设计部和发动机部抽调 100 多名技术人员从北京迁至上海，组建上海机电设计院，揭开了上海从事航天事业的序幕。1958 年起，上海市委为支援国家新兴的导弹事业，利用原有的工业科技力量，积极组织开展高能燃料、高温合金、高温涂层、仪器仪表、无线电控制等新材料、新器件和新设备的研究、攻关，为导弹研制协作配套。

1959 年，上海市委第一书记柯庆施与国务院副总理贺龙、聂荣臻商议，准备充分利用上海工业基地生产门类齐全、协作条件较好、技术水平较高的有利条件，在上海建立导弹工业基地，试制地空导弹，加速中国地空导弹工业的发展，并通过生产导弹，促进上海新技术的发展。

1960 年年初，根据中共中央、国务院、中央军委关于建立上海导弹试制技术基地的决定，国务院总理周恩来指示国防科委、国防部五院、第一机械工业部、第三机械工业部（简称三机部）协助上海进行规划。

随着中苏关系的进一步恶化，苏联“老大哥”开始毫无顾忌地耍起了威风。1960 年 7 月，苏联停止了一切技术援助，不仅撤回了派驻在中国的所有军工专家，不再履行原本在这个领域的所有协定，甚至带走了所有的技术图纸，导致中国军工领域的各项工作陷入了缺人才、缺技术、缺经验的困境。

虽然阻碍重重，但中国人最不缺的就是斗志。为了尽快创建导弹科研试制基地，自 7 月起，上海市委组成工作组，分赴北京国防部五院第二分院，沈阳、成都等地的导弹制造厂进行考察，并与三机部商定了关于上海市生产新技术产品的任务书。9 月，上海市委与三机部联名呈报中央军委国防工业委员会获准。

1961 年 3 月，按照国务院副总理聂荣臻的指示，中央军委国防工业委员会副主任赵尔陆，三机部部长孙志远、副部长刘秉彦与上海市委第一书记柯庆施商定，从仿制红旗一号地空导弹开始，培养力量，锻炼队伍，改建工厂，组织协作配套网。仿制工作由上海市委领导，三机部业务归口。同年五六月，上海市人民委员会、三机部及国家计委分别批准 4 个厂的改扩建工程设计任务书。

随着上海筹建导弹研制基地工作的开展，为了统一管理，1961 年 8 月 1 日，上海市委决定成立上海市第二机电工业局（简称上海机电二局）。为了争取时间，节省投资，根据聂荣臻等中央领导的指示，导弹制造工厂以专业相近的民用产品工厂改建为主，上海市充分挖潜，从机械局、仪表局所属厂中选定第一批骨干工厂。正式成立后的上海机电二局下设导弹生产骨干工厂 4 个，分别为上海新新机器厂、上海有线电厂、上海广播器材厂和上海仪表厂，共有职工 12000 余人。其中上海新新机器厂承担发动机、导弹总装和弹体、导弹包装箱试制，上海有线电厂承担引信试制，上海广播器材厂承担无线电控制仪试制，上海仪表厂承担自动驾驶仪试制。通过对这些民用工厂的改建，上海正式组建起了导弹生产线，并实现全市协作配套。

上海机电二局成立初期，所属各厂继续承担其他常规军用装备和民用产品生产任务，但厂房设施、技术装备、工艺水平、生产管理、技术素质等方面与制造尖端技术产品仍有不相适应的地方，于是根据上海市人民委员会、三机部及国家计委分别批准的任务书开始了改建扩建工厂的艰苦创业。同年四季度，聂荣臻副总理指示国防部五院介入上海基地建设规划。按聂副总理要求，国防部五院随即指派第二分院副院长钱文极率专家组赴上海调查研究，并协同修改规划。1962 年 8 月，中央决定将上海基地划归国防部五院领导，主要担负地空导弹研究设计与成批生产之间的中间性工艺研究和样品试制，并小批量生产，实现工艺定型后转交批生产厂家生产，以缩短从设计到批生产的时间。

1963 年，国防部五院正式下达红旗一号地空导弹研制计划。地处北京的国防部五院负责导弹设计部分，而上海机电二局主要担负导弹研究设计与成批生产之间的中间性工艺研究、样品试制以及小批量生产的任务。国防部五院要求北京、上海等地必须通力协作，在1966年前试制出红旗一号导弹。

1964年年底，“红旗一号”试制的三发导弹完成地面试验。1965年，国防部五院改制，将设计部分从北京迁往上海。同年，“红旗一号”首次靶试成功。1966年，红旗一号导弹实现小批量生产，并迅速转入了“红旗一号”改进型——红旗二号防空导弹的批量生产。

8.“学习543，吃透543，仿出543！”

梁晋才所在的国防部五院第二分院第四支队主要从事地地导弹、地空导弹的研究和设计。作为第一分队总体研究室的主任，他的重点任务就是带领大家设计研制红旗一号导弹的自动驾驶仪。自动驾驶仪是导弹的飞行控制系统，是自动控制导弹飞行轨迹的调节设备。作为导弹的“中枢神经”系统，自动驾驶仪的主要作用就是根据制导指令的要求，控制导弹作机动飞行，调整并稳定导弹在飞行过程中的姿态，使导弹能够跟踪目标的运动，并减少弹体参数变化对制导过程的影响，最终将导弹导向目标。所以，自动驾驶仪又被称为导弹姿态控制系统。苏联专家已经撤走，梁晋才他们手头没能留下任何技术资料。不少关键技术尚未吃透，许多难点没有突破，一切仿佛又回到了原点。

不仅仅是梁晋才他们自动驾驶仪部分的研制工作遇到瓶颈，实际上，国防部五院正在推进的红旗一号导弹仿制进程受到了全面影响，各分系统的研制工作都陷入了困境。在这巨大的困难和压力笼罩下，所有研制人员都面临着一个选择：作为新中国第一代航天人，是应该拼尽全力，迎难而上，还是低头认输，向苏联服软？

在毛泽东领导下的中国犹如一位贫贱不能移的青年，有着坚毅的性格和远大的志向。面对种种困难和挑衅，却依旧硬气得很。刚刚建立起来的国防工业虽然基础薄弱，但从中央高层到军工口的每一个普通员工，都没有丝毫犹豫地选择了前者，大家都抱着一个坚定的信念：即使没有苏联的援助，依靠自己的力量，也要坚定不移地继续干下去，绝不能因为苏联的毁约，就停止新中国的伟大建设。

党中央向全国人民发出了“自力更生，奋发图强”的号召，也下定决心要用自己的力量发展中国的国防事业。聂荣臻元帅指示：一定要依靠自己的技术力量把导弹仿制出来！经过反复权衡、全局统筹、慎重考虑，中央做出了“上海也要搞尖端”“上海可以搞导弹”的决定。这就是在上海成立导弹试制生产基地的重要原因。

“学习 543，吃透 543，仿出 543！出成果，出人才！”这是国防部五院提出的要求，也是迈开自力更生的第一步。拿下“543”就是中国第一代航天人的第一个战斗目标！

没有苏联专家指导、没有技术资料参考，刚刚起步的中国航天处在一个巨大的困境中，前景不明，就算用“两眼一抹黑”来形容也不过分，梁晋才就在这个最困难的时期加入了航天队伍。虽然成为一名航天人的时间还不长，但这支队伍百折不挠的斗志、高昂坚定的信心、愈挫愈勇的干劲却令他毫无惧意。作为第四支队第一分队主任的梁晋才，这次没有丝毫彷徨和踌躇，二话不说地挑起了这副重担。

没有技术经验不怕，自己琢磨自己积累就行！而且“543”自动驾驶仪的技术资料没了，但实物还在，所以也并不是绝对的“零基础”，梁晋才乐观地告诉自己。而且，梁晋才还觉得坏事可以变成好事，这个困难正好可以成为一个加速锻炼人才、培养队伍的机会。为了鼓舞大家的士气，梁晋才把“学习 543，吃透 543，仿出 543！出成果，出人才！”制成了红色横幅，醒目地悬挂在第四支队第一分队研究室的墙上。另外，“梁主任”充分发挥了他作为“梁老师”时的强项，给第一分队的年轻人上了一堂形势任务教育课，把这群年轻人鼓动得热血沸腾：我们不是孬种，而是一个团结、积极、进取的团队的成员，面对困难绝不会退缩。如果把困难比作陡峻的山，那我们一定能征服这座山，让胜利的旗帜在峰顶飘扬。于是，信心满满的梁晋才带着一群激扬奋发的年轻人，开始走上了边学习、边摸索、边仿制、边设计的道路。

9. 拿下自动驾驶仪

这期间，为了争分夺秒赶研制进度，尽管从单位到家骑自行车只需要 20 分钟，梁晋才也很少在下班后回去吃晚饭，更不用说和贾玉桂聊天、陪她逛街什么的。在他看来，反正晚上还是要在单位加班，少回一趟家，那至少可以省下来回 40 分钟。梁晋才不是没想过妻女的感受，但他真的顾不上了。贾玉桂极其了解梁晋才的脾气性格，全力支持他的工作。所以，当梁晋才在节假日回家时，贾玉桂没有一句埋怨的话，反而会烧上一桌好菜，让消瘦的梁晋才好好补一补身体。梁晋才也很感激妻子的善解人意和默默支持，只要回家，总会尽可能地多做些家务，让妻子稍微轻松一些。

平时不回家，梁晋才有了更多的时间来研究“543”，每天晚上他都会加班到很晚。在梁晋才一马当先的带动下，第一分队的年轻人们热情高涨，干劲十足。上完一天班，大家回到宿舍吃完晚饭后，又都很自然地、不约而同地从宿舍回到办公室继续加班。所以，即便是晚上，第一分队的办公室里也是灯火通明，十分热闹。有的扎在书堆里认真钻研着导弹方面的技术资料，有的拿一支笔一张纸埋头推演着复杂的计算公式，还有的三五成群地凑在一起讨论着白天遇到的技术问题。

梁晋才很欣慰，这群年轻人拼搏奋进的状态反过来也同样感染着他这个主任。他从来没有用“主任”的身份强制他们来加班，但这些年轻人都很自觉很主动地就来了，而且没有抱怨过一句苦一句累，也没想过要什么加班费。梁晋才知道，这些年轻人和他一样，都有着一个共同的心愿，就是要把中国的国防事业搞上去，尽快研制出中国自己的导弹武器。只有祖国强盛起来，才可以不受外辱，中国人才能扬眉吐气。

这条“学习543，吃透543，仿出543！出成果，出人才！”的横幅在第一分队挂了两年，梁晋才和他的团队也整整拼搏了两年。这两年里，因为没有任何现成的资料可参考，他们几乎是从零开始摸索研制的，其中反反复复不知道遇到多少困难，但都坚持下来了。

梁晋才一再向年轻人们强调，必须“吃透543”。什么叫“吃透”？“吃透”就是不仅要知道做什么，还要知道应该怎么做，知道为什么要这么做。要掌握研制规律，要能解释和解决研制生产过程中出现的问题。他的高要求促使年轻的设计师们知难而进，不断深入研究。他们还要经常大老远跑到沈阳119厂、上海仪表厂这些自动驾驶仪的加工生产单位里，向工人师傅们请教生产方法，了解操作过程，探明到底是设计问题还是加工技术问题，这样才能不被梁晋才问倒。

在自动驾驶仪的研制生产过程中，遇到过不少的技术问题，其中之一是舵系统出现的自振现象，即自动驾驶仪在工作时，会产生一定频率和幅值的自持振荡。这个问题一度难住了梁晋才团队。

为解决技术关键，梁晋才亲自担任攻关组组长，带领小组成员夜以继日地进行推敲、分析、设计、试验、推翻，然后再推敲、再分析、再设计、再试验。这不是一个简单的循环。此时计算机还很罕见，大家主要是利用计算尺来完成各种复杂演算。所谓计算尺，其实是一种模拟计算机，外形很像一把直尺，由三个互相锁定的有刻度的直条和一个滑动游标组成。中间的直条能够沿长度方向相对于其他两条滑动，外侧的两条是固定的，使得它们的相对位置不变。滑动游标有一个或多个对齐线，用于在任何一个刻度上记录中间结果，也可用来找出不相邻的刻度上的对应点。通过滑动条上的记号和其他固定条上的记号对齐来进行计算，通过条上的其他记号的相对位置来读出计算结果。有意思的是，计算尺可以用来作乘除法计算，更复杂一些的计算尺还可以进行平方根、指数、对数和三角函数的计算，但却不能直接用来计算加减法。而且，计算尺上的数是没有小数点的，小数点位置还要靠估算来确定，其计算精度可想而知。

由于计算尺的使用比较复杂，每一次演算都需要耗费很多时间，所以每一次试验失败也就更让大家心痛了。虽然心痛，但梁晋才并没有因此沮丧，他安慰他的团队：我们的辛苦不会白费，我们离成功越来越近了！他坚定而自信的态度给攻关小组注入了动力，最后，他组织小组成员在反设计过程中，利用非线性控制理论对舵系统自振进行了分析，终于从理论上解释清楚了自振产生的原因，在实际生产中又为什么会出现这一问题。

就这样，通过日日夜夜的奋战，一系列的技术攻关都取得了成果，团队的攻关能力和技术水平也在实战中得到了大幅提升，比较全面地掌握了自动驾驶仪的研制和生产技术，基本摸清了研制规律。

自动驾驶仪的生产则是由上海仪表厂承担的。1963 年 1 月 28 日，国务院总理周恩来到上海仪表厂视察，观看了自动驾驶仪的首台样机。周总理非常高兴，勉励大家为国防科研多做贡献。周总理的话是振奋人心的号角，大家的信心增强了，干劲也更足了。

1963年4月，模型弹仿制成功！6月，在地空导弹试验靶场进行了两发模型弹的飞行试验，均获成功！

1964年5月，仿制的制导站完成了校飞试验，并首次与试制的闭合回路战斗弹对雷达伞靶进行实弹射击试验，击落伞靶，试验成功！

9月26日，改进引信后的导弹重新进行发射试验，成功击落了米格-15型靶机！

10月6日，导弹成功击中了中高空模拟目标！

1964年12月10日，国务院特种武器定型委员会批准仿制的战斗弹定型，正式将之命名为红旗一号导弹。

苦熬了两年的梁晋才和他的团队终于可以长吁一口气、放松一下了。看着那条悬挂了两年的横幅，梁晋才轻轻地笑了。笑容虽然很淡，但带着自豪。是的，两年的攻坚，步履维艰，但大家的斗志却始终是高昂的，必胜的信念让他和他的团队终于实现了横幅上的目标。最让他这个主任感到骄傲的是，在这场艰苦的打拼中，团队中的年轻人逐渐成长了起来，不少人成为了精通专业、骁勇善战的业务骨干，这才是最大的收获啊。

"543"这段艰苦的攻坚经历，让梁晋才觉得收获很大，不仅为我国的导弹武器研制培养锻炼出了一支出色的科技人才队伍，也为以后各种防空导弹驾驶仪的研制打下了扎实的技术基础。

10."红旗二号"，花落谁家

作为国防部五院的老人，说起红旗二号导弹型号，梁晋才不无可惜。

当初，为了尽可能摆脱对苏联技术的依赖，国防部五院在研制"红旗一号"的同时，也开始酝酿并主动启动了"红旗二号"的研制工作。

"红旗二号"以红旗一号导弹为基础。它虽然没有彻底抹去"红旗一号"仿制苏联C-75型导弹的痕迹，外形上也基本保持了与"红旗一号"的一致性，但在性能上已经有了很大的提高。和"红旗一号"相比，"红旗二号"在弹体结构的设计上有了"三长两短"的变化。所谓"三长"，就是对俗称"第三舱"的推进剂贮箱进行了加长设计，增加了推进剂贮箱的容量，加大了前翼面积，调整了自动驾驶仪的参数，从而增加导弹的射高和斜距，并保证了弹上部件操纵和弹体高空的稳定性；为了适应第三舱的加长，第二舱进行了改短设计，这就是所谓的"两短"了。第二舱是仪器仪表电子控制舱，相比"红旗一号"，无线电控制仪、引信均做了相应的改进，增强了抗干扰能力，提高了射击中、高空目标的命中能力。经过改进后的"红旗二号"，在技术性能上有了很大的改善："红旗一号"的有效射程在7~43千米之间，飞行高度20千米；而"红旗二号"的有效射程可达45千米，飞行高度达到25千米，可作战区域有了明显的扩大。最关键的是，"红旗二号"的抗干扰能力和操作性能有了改善，制导精度也更高了，命中概率和命中精度大大提高。1967年6月，红旗二号地空导弹武器系统飞行试验的成功，具有里程碑式的历史意义，标志着中国空军地空导弹武器装备从仿制走上了自行研制的道路。

在“红旗二号”的研制过程中，设计和生产分离的弊端突显，由此不仅引起了一场“红旗二号”的“主权”大战，甚至触发了国防部体制的巨大调整。“红旗二号”最终没有归于国防部五院，“主权”落到了三机部手里。

国防部五院拥有较好的研究和试验条件，但相应的生产条件却比较缺乏，红旗二号导弹的生产主要由沈阳 119 厂、上海仪表厂和贵州 061 基地同时进行。一般来说，总体设计单位和生产单位的关系是十分密切的。在生产过程中，如果出现问题，设计单位就会马上派技术人员过去协助分析并解决。生产厂里还设置了驻厂军代室，由设计单位派驻军代表。生产单位如果遇到生产超差、元器件等问题就需要设计单位的代表签字认可。在红旗二号导弹的研制生产中，由于材料来源、设计思想、工艺特长等因素，沈阳、上海、贵州三地各厂均根据自身的条件和理解对所涉及的设计生产要求进行了相应的变动，因而导致产品有所差异。在协调处理这些差异的过程中，设计单位和生产单位的合作也不可避免地出现了问题。

这里不得不提到沈阳 119 厂，这是一家隶属于三机部的兵工生产厂。在红旗一号导弹的研制生产过程中，国防部五院派遣技术人员组成驻厂工作组，到生产厂处理一些生产过程中出现的问题，处理权在设计方——国防部五院，在这一点上双方都没有什么异议。但在红旗二号导弹的生产中，119 厂却希望占据主导权。

119 厂处在生产第一线，具有很强的生产能力，在生产“红旗一号”的过程中也积累了很多技术经验。在“红旗二号”的改制中，国防部五院经常会创造性地提出一些新技术，但在生产中却难以实现，这让 119 厂很头疼；而 119 厂在实践中也逐渐形成了自己的想法，提出了不少改进建议，却苦于缺乏理论方面的支撑，得不到设计单位的认可。于是，双方经常会因为设计和生产中思想观点的不统一产生矛盾和争论。由于国防部五院在红旗一号导弹研制生产过程中，技术交底特别透彻，119厂已经深谙其中的技术关键，而红旗二号导弹的“三长两短”设计又是建立在“红旗一号”基础上的，所以，119厂很快掌握了“红旗二号”的主要技术，于是就出现了生产单位甩开设计单位单干的苗头。而国防部五院作为设计单位，自然不愿意将自己的设计成果拱手让与他人。于是，围绕红旗二号导弹的“主权”归属问题，双方产生了很多争执。国防部五院和三机部的高层领导如果开会碰面，也会因为这个问题而话不投机，互相指责，甚至拍桌子。

由红旗二号导弹“主权”问题引发的争论，让聂荣臻、贺龙等中央领导人看出了设计和生产分开的弊端。研究设计和生产是导弹工业一个整体的两个方面，不应该分离，而应该更紧密地结合才行。经过认真的思考和研究后，贺龙提出：“我主张以五院为基础，成立中华人民共和国第七机械工业部，把科研和生产扭在一起，就是想把中国的导弹事业加快。”

但是，在国防部五院改成第七机械工业部（简称七机部）后，七机部和三机部关于“红旗二号”的争执依然没有停止。

最后，还是由国防部出面，解决了这场逐步升级的争论。“红旗一号”的主权无可置疑地归属于七机部，“红旗二号”的主权交给了三机部，七机部要把先期关于“红旗二号”的设计全部交给三机部。

此时，红旗一号导弹已经进入了定型前的最关键时期，梁晋才对“红旗二号”的研制参与不多，虽然同样感到不甘心，但他顾不上发表什么想法，把主要精力都扑在了“红旗一号”上。

11. 国防部五院的巨变

1964 年 12 月 10 日，红旗一号导弹定型成功，梁晋才他们处于极度兴奋的状态中。但很快，他们还没来得及好好享受这份成功带来的喜悦，就身不由己地卷入到一场巨大的变革中。

1964 年 12 月 26 日，第三届全国人大一次会议通过了以国防部五院为基础成立七机部的决议，由七机部统一管理导弹和火箭的研究、设计、试制、生产和基本建设。在中央的指示下，从三机部调了 4 个工厂、四机部调了 3 个工厂、五机部调了 5 个工厂，总共 12 个工厂到七机部，七机部再新建 4 个工厂，以加强生产力量。于是，一场国防体制的改革拉开了序幕。在这场变革中，梁晋才和他的团队又一次面临着重大考验。

对国防部五院的人来说，叫惯了的“五院”突然之间要改口变成七机部，原来的分院变成了“研究院”，支队变成了“研究所”，分队变成了“研究室”，这些称呼上的变化一下子让人有点难以适应。私底下，他们仍把自己当成“五院”的人，不过，毕竟“五院”已经更名，所以向别人介绍自己的时候，总说自己来自“老五院”。

穿惯了军装，习惯了敬礼，已经完全适应了部队生活的军人就这样突然变成了职工。他们被告知不再属于军队编制，不能再穿军装了。这对他们来说，感情上难以接受，就好像让鱼离开水一样痛苦，就连举手投足都有些不习惯了。梁晋才没有穿过军装，没有这种“制服”情结，但他特别能理解大家的感受。

当初自己离开大学的三尺讲台，成为一名工程技术人员时，所经历的不适其实是一样的。

为了使地空导弹和地地导弹能够同步发展，七机部决定把所有的研究院、研究所及工厂进行重新洗牌，再按照地地、地空的不同型号分开，各自配套设计、研制、生产单位，使不同型号之间可以独立发展，互不牵制。虽然从事地空导弹设计的研究院、研究所都在北京，但最大的地空导弹生产基地却是设置在上海的机电二局，几乎所有的导弹骨干生产厂家都在上海，所以七机部做出了一个重大决定：凡与地空导弹型号配套的专业研究所一律迁往上海，与相应的生产厂家进行结合。这个决定也意味着，从事地空导弹设计的人员将随着单位一起迁往上海工作。一年之后，设计与生产结合成功的厂所再迁往贵州，成立 061 基地，加强三线建设。

国防部五院第二分院变成了七机部第二研究院，而梁晋才所在的第四支队也按照型号被拆分成两个研究所：从事地地导弹型号设计的部分被命名为 13 所，留在北京；而从事地空导弹型号设计部分的被命名为 22 所，研究所及所属人员必须迁往上海。

梁晋才主要进行地空导弹自动驾驶仪的研制，很自然地被划入了 22 所的编制。因此，对梁晋才和他的团队来说，他们也将面临这场跨地域的大搬迁。这群一直埋头苦干的知识分子有点措手不及和惶惑不安，他们原本以为会在北京扎根，却想不到会迁到上海甚至贵州，而且这场迁移不仅仅牵涉到自己，就连家庭也受到了极大的影响。

为了让大家能够理解和适应体制的巨大变化，七机部开展了一次轰轰烈烈的学习活动。

面对如此重大的变化，梁晋才却表现得很淡定。因为在他的经历中，几乎每隔几年，他就会遭遇一场比较大的变数。经历得多了，心理承受能力也就变得强大了，所以此时的他，反而习惯了变化。

梁晋才是个很执着的人，一旦认准了，就会全身心投入。而一旦投入了，就会深深喜爱。在国防部五院拼搏了两年多的他，褪去了洒脱不羁的书生气，已经从一名大学老师成功转型为航天人了，航天精神融入了他的血液中。在他眼中，看到的大多是工作；在他脑中，思考的大多是工作；在他心中，牵挂的大多也是工作。所以无论发生什么情况，他都愿意把自己的智慧、心血、力量奉献给航天事业。

只是，他和贾玉桂的二女儿去年刚刚出生。而现在，又是在孩子一岁多，他这个当父亲的竟然又一次要远离孩子！这一幕是如此的熟悉，1957 年留苏前的情景一下子浮现在眼前。看着稚嫩的孩子、贤惠的爱妻，梁晋才揪心不已。

他和贾玉桂结婚已有 10 年，却一直处于聚少离多的状态。1956 年，为了留苏，梁晋才离开家参加了留苏预备部的集中学习。学习结束后，没有什么逗留，就去了苏联，这一去就是三年半。1962 年，贾玉桂回国后，两人好不容易团聚了。即便如此，为了“红旗一号”的研制，梁晋才也只有在节假日才回家。现在，又要面临一次两地分居，而且将来会怎样，还处于未知的状态。

临行前，贾玉桂默默地替梁晋才收拾好行李，把他送上了去上海的火车。她不敢开口，她怕，怕一开口就忍不住说出让梁晋才留下来的话，更怕自己哭出声来，动摇了梁晋才的决心。

尽管对妻女有着千般的不忍、万般的不舍，心中酸楚的梁晋才还是挤出一个笑容，他想说点什么宽慰一下贾玉桂，但几次张口，却想不出一句完整的话。最后，他还是挥了挥手，踏上火车，开启了一段新的旅程。

12. 挥师上海，从头来过

22 所正式成立于 1965 年 1 月 22 日。同年 7 至 9 月，22 所有序、高效地完成了从北京到上海的搬迁。一起随迁的还有 400 多名员工和 1630 台（件）机床设备。能够如此顺利地完成这项浩大的搬迁工程，必须归功于此前筹建工作的缜密和完备。

国防部五院改制为七机部后，原第四支队副主任吴中英担任了 22 所的第一任所长，而梁晋才则被任命为副所长。以技术见长的他成了领导班子成员，除了继续分管原来的专业技术领域外，还挑起了更多的行政职责。

刚刚上任的“新官”还没来得及思考应该放哪“三把火”，就被告知，要全面负责 22 所在上海的选址和筹建事项。对一向习惯于沉浸在专业技术领域的梁晋才来说，这可是一件大难事。梁晋才深深觉得，顶着“领导”这个头衔，看起来挺光鲜，要真正当好领导，却不是一件容易的事。在他眼前放着的，不是“高官厚禄”的诱惑，而是一块块又大又硬又难啃的“骨头”。再难“啃”也得“啃”！耿直倔强的梁晋才没有知难而退的习惯。

然而，虽然梁晋才做好了吃苦受累的准备，但筹建工作的千头万绪和重重困难，还是让他焦头烂额、心力交瘁。新上任的“梁副所长”第一次感到，行政管理工作要比专业技术工作复杂很多。单单是研究所选址这一项，就足已让他头疼万分。之前，梁晋才经常到上海出差，对上海并不算太陌生，可真的要选址，还是要考虑很多因素的。地方的大小、距离的远近、周边的环境、公共设施配套、交通与医疗……梁晋才跑遍了上海所有的区县，足迹遍布角角落落，看了很多的地方，但都不太满意。要么地方太小不符合要求，要么离生产单位太远，将来协调起工作来不够方便，不利于设计和生产的结合。出师不利，梁晋才的眼前出现了一片迷雾，让他有了一丝无力之感。

就在这时，转机来了，上海仪表厂伸出的援手，替他拨开了这团阻碍进程的浓雾。

上海仪表厂是隶属于上海机电二局的导弹生产骨干工厂之一。除上海仪表厂之外，上海机电二局属下还有上海新江机器厂、上海新新机器厂、上海有线电厂、上海广播器材厂、上海电池厂等多家生产厂家。国防部五院拆分出来的五个导弹设计专业研究所先后由北京迁至上海，主要就是和上海机电二局的各家生产厂进行厂所结合。不同专业领域的研究所分别与相应的生产厂一一进行结合。负责弹体设计的 20 所和负责弹体试制总装的上海新江机器厂结合，负责导弹发动机设计的 21 所和负责发动机试制生产的上海新新机器厂结合，负责自动驾驶仪设计的 22 所则与负责自动驾驶仪生产的上海仪表厂结合，负责弹上设备设计的 24 所、负责引信设计的 27 所和负责弹上设备、引信生产的上海新华无线电厂

（1964 年 8 月，由上海广播器材厂分建而成，主要负责无线电控制仪的试制）结合。

就在梁晋才为了 22 所选址之事一筹莫展之时，“结对子”的上海仪表厂找上门来，主动提出把坐落于徐汇区宜山路 710 号的上海仪表厂北厂区腾出来，无偿提供给 22 所。

这真是应了“山重水复疑无路，柳暗花明又一村”这句话。这个地方完全符合 22 所筹建的各种要求，简直太理想了！

原本已经急得团团转的梁晋才喜出望外，对他而言，上海仪表厂此举绝对是雪中送炭啊！梁晋才对上海仪表厂领导所表现出来的全局观和大气度，既是钦佩又是感激。他觉得自己也应成为这样的人，眼光远，气度大，为人亲和，没有架子，充满人格魅力。

万事开头难。选址问题得到了解决，22 所落地扎根上海的第一步完美实现，这让梁晋才心中的石头落下了一半，也对后续的事项有了信心。

接下来就是带领整支队伍挥师上海。梁晋才开始盘算起人员、设备搬迁的种种问题。虽然搬迁过程中要考虑的事情千头万绪，特别是对 22 所的人来说，遇到这么大的变化，新的体制模式、新的工作环境、新的生活状态，都让他们无所适从，就连他们的家庭都受到了不同程度的影响。这个时代的人，思想是非常单纯的，心里装的更多的是国家利益，是集体需要，很少考虑个人的事情。他们中没有一个人抱怨过，也没有向组织提出任何个人要求。每个人都把心思用到了搬迁这件事上，谈论最多的就是怎样想办法提高效率，尽快完成搬迁。所以，梁晋才虽然为搬迁这件事操了很多心，吃了不少苦，受了不少累，付出了很多，但他却依旧干得不亦乐乎。因为在这个过程中，他觉得自己得到的东西更多，职工们的理解和支持让他对未来充满了信心和期待。在大家的通力协作下，整个搬迁工作尽管困难重重，但还是以较快的速度有序地完成了。

梁晋才在上海终于有了一处安定的落脚处。这个时候，他想起了贾玉桂和幼小的女儿。要不要把她们娘俩儿接过来呢？这个念头在他脑海中一闪而过，很快就被否定了。

一方面，是因为贾玉桂回国后，仍在北京铁道部联运局担任翻译，工作得顺风顺水，很受单位器重。在得知梁晋才要到上海工作后，贾玉桂也提出过家属随迁的申请，但单位没有答应，反而态度诚恳地挽留她，并告诉她，目前单位正值用人之际，她作为骨干，此时调走的话，会有较大影响。如果她实在要离开的话，也希望她能在走之前培养出几个接班人来。贾玉桂一向是个好说话的人，责任感又强，单位领导说得很在理，她也不好意思就这样甩手走人，于是答应等带出接班人后再走。贾玉桂跟梁晋才说，她如果现在一走了之的话，就等于辜负了单位的培养和信任，会为此而感到内疚和良心不安。梁晋才很通情达理，觉得夫妻之间应该彼此平等、相互尊重。他做出的每一个选择，背后都有贾玉桂默默的支持和付出，那么，对于妻子的选择，他也应该给予同样的尊重和支持。如果要让贾玉桂违背意愿，背负着内疚，放弃喜爱的工作，跟着他到上海来，他也着实提不出这样的要求。

另一方面，生活在三哥家的大女儿如今已经 9 岁，梁晋才和贾玉桂每隔十天半月，就会去三哥家看她，虽然她已经成为三哥三嫂的女儿，但懂事的孩子渐渐体会到了父母当年的无奈，终于能开口叫他们“爸爸、妈妈”了。这对梁晋才和贾玉桂来说，是多么欣慰的一件事情啊！如果他和贾玉桂带着二女儿到上海，那么，对大女儿来说，可能又是种伤害。贾玉桂留在北京，至少还能经常看看大女儿，参与到她的成长过程中去。

更何况，根据七机部的总体部署，一年后，他们还会从上海迁往贵州 061 基地，支援三线建设，那时又将经历一次大搬迁，梁晋才不忍心让妻子女儿跟着他过这种奔波不定的日子，如果真要团聚，还不如到了贵州再说。

和他有同样想法的还有 22 所的很多技术人员，他们都只身到了上海，为了航天事业的发展，忍受着夫妻分居、骨肉分离的思念之苦。

也有一些员工得知自己去贵州的可能性比较小，下半辈子基本就留在上海了，于是拖家带口，兴冲冲地把整个家都搬来了。结果在安家的时候，遇到了一些非常实际的困难，比如住房问题、爱人的户籍问题、孩子的上学问题……尽管他们没有提出什么要求，但梁晋才又怎能忍心看着他们既要为工作拼命，又要为生活发愁呢？从来没有为自己的事情托过什么关系、走过什么门道的梁晋才，这次为了这群跟着他一路吃苦受累的弟兄们豁出去了。梁副所长化身成为一名全能型的后勤保障人员，为了给员工家属落实合适的工作，他顾不上知识分子的清高，想尽一切办法，动用了所有能动用的资源，找了所有能找的关系，四处联系各家单位，求爷爷、告奶奶地争取机会，最后终于帮着员工们把家属都妥善地安置好了，解决了大家的后顾之忧。

22 所终于在上海安定下来了，大家的心也平静了。在大家向梁晋才投去感激、钦佩的目光时，梁晋才却来不及享受这些。他没有时间停下来喘口气，歇一歇，因为研究所要正常运转起来，后面还有很多事情需要他全盘考虑。他的脑子一刻不闲，又开始高速运转起来：怎样才能更好地立足上海？应该怎样建立新车间？又该如何开展工作？要怎样才能保障因搬迁而受到影响的型号研制工作不拖进度？

之前，梁晋才一直认为自己应该是个技术型干部，对管理并不在行。但既然所长吴中英把这些事情都交给他办，他就得尽力干好。其实，吴中英之所以让梁晋才挑起这个重任，并不是无的放矢，而是几经权衡的。几年的共事和相处，梁晋才的为人和表现他看在眼里，无论是人品还是能力，梁晋才都能让他放心，这种放心转化成了信任。在给梁晋才任务的时候，吴中英也同样给了梁晋才充分施展的空间，以及强有力的支持，要人给人，要钱给钱。

事实证明，吴中英的眼光很准，选择也是对的，梁晋才没有辜负这份信任。虽然一件件事情纷至沓来，每一件又都很棘手很复杂，如果换成另一个人，可能就会沉不住气了。可梁晋才毕竟经历过很多变数，历练得十分沉稳，因此工作起来得心应手。他每时每刻都在告诉自己，现在的22所正处于万事开头难的阶段，作为带头人，最重要的就是冷静思考、果断决策。或许正是梁晋才具备了这种敢挑重任的气魄、凡事全力以赴的责任心以及举重若轻的镇定，所以，吴中英才把最艰难的事情交给梁晋才去办。

13. 中国第一个半液浮陀螺研制成功

梁晋才自从投身于航天之后，从心不甘、情不愿到认命接受，再到全身心投入，只花了很短的时间，短到可能让周边的人都察觉不出来。或许，也只有他自己才知道心理上到底发生了多大的变化，有着一个怎样的跨度。一开始，他的确是有抵触情绪的，因为需要他彻底放弃自己热爱的教师事业，被迫接受一份全然陌生的工作，无论谁经历这样的取舍，都不会表现得兴高采烈。然而，等到他真的成为航天队伍的一员，站在了这个光荣而神秘的事业舞台上时，性格里深藏着的坚韧反而激发了他不服输的劲头，越是不懂，就越想搞个明白。所以，他花了无数的时间和精力来钻研之前没有涉足过的专业知识领域。而随着对相关专业技术掌握得越来越深，他发现自己已经喜欢上了这项工作。更客观地说，这份工作在他眼里已经不再是一份单纯的干活领工资的活儿，而是一份事业了。

当“红旗一号”自动驾驶仪研制成功后，当导弹在靶场试验击中目标时，那种强烈的视觉冲击带给他的震撼，巨大的喜悦带给他的激动以及油然而生的成就感和自豪感，是他之前从未有过的。这种全新的令人荡气回肠的感受充盈在他心间，让他对“航天人”这三个字有了深刻的理解，也产生了真正的感情。

人一旦钟爱于自己的事业，那呈现出来的整个状态就是主动的、积极的、进取的。在22所迁到上海之前，梁晋才就已经开始思考新一代自动驾驶仪的研制了。

红旗一号导弹自动驾驶仪仿制的是苏联543式自动驾驶仪，虽然仿制获得了成功，但梁晋才并没有过多地沉浸在这种成功喜悦中，很快就有了新的想法。他觉得红旗一号导弹自动驾驶仪主要还是仿制了苏联的框架式速率陀螺，作为稳定系统的敏感元件，这种框架式速率陀螺比较笨重，精度不高，而且测量范围受到限制，发展前景并不乐观。国际上比较先进的是采用雷达半主动寻的制导技术的导弹，而这种导弹要求速率陀螺具有很高的精度和很宽的测量范围。美国、苏联等航天强国都已经采用了半主动寻的制导新技术，导弹上安装的都是相对轻巧的半液浮速率陀螺。虽然国内还没有掌握这种先进技术，国外又对中国进行了严密的技术封锁，但可以预料的是，防空导弹采用半液浮陀螺、半主动寻的制导技术是一种必然趋势。

机遇总是青睐有准备的人。在1965年4月9日的中美空战中，美国飞机误中了自家飞机，将其击落，并有4发“麻雀”导弹没有爆炸。坠落飞机上携带的导弹，以及发射后未爆炸的导弹，都成了送给中国的“礼物”。“麻雀”导弹是采用半主动寻制导的最先进的现役防空导弹的“老祖宗”了，而且导弹上的半液浮陀螺、电机等零部件还很完整，很有研究价值。

梁晋才他们如获至宝，脑海中的大胆设想终于有了实现的可能性，大家的情绪非常亢奋。虽然知道这是一个充满未知数的新挑战，但梁晋才还是捋胳膊、挽袖子地主动请缨打头阵，拉起了一支攻关队伍，并担任攻关组组长，带着一群人劲头十足地开始了半液浮陀螺的研制。

这是一场开创国内先河的攻坚战！

国内从来没有研制生产过半液浮陀螺，要实现从无到有的突破，其中的难度可想而知。

条件依然是艰苦的，没有任何技术资料，没有学习到先进国家现成技术的途径，摆在梁晋才他们面前的，仅有一个从导弹上拆下来的半液浮陀螺的实物。有困难，没关系，梁晋才信心十足。这支攻关队伍中的每一个队员，都是跟着他从红旗一号导弹自动驾驶仪的艰苦研制中打拼出来的，技术底子厚、理论基础实、心理素质好、思想觉悟也高，绝对是经受得起艰苦、扛得住压力、打得了硬仗的。梁晋才不仅对自己有信心，对这支队伍更有信心。在他们的心中，都有一个共同的愿望，那就是一定要攻破这颗“麻雀”导弹厚实的外衣，掌握其中的关键技术！

22 所成立之后，与上海仪表厂的生产环节结合得更为紧密，在试制过程中，也得到了更多的便利。上海仪表厂对半液浮陀螺的攻关提供了极大的帮助，厂领导不仅表示梁晋才可以调度厂里的模样车间，而且要求相关车间从设备到人员都全力配合，这使得研制生产的第一个环节拥有了坚实保障。这对攻坚中的梁晋才来说，是一种极大的信任和支持，让他更有信心往前冲了。梁晋才伏案研究，精心细致地策划了半液浮陀螺的攻关方案，从论证、设计、研制、生产等方面进行了任务分解和人员分工。这个团队不仅全力以赴地开展了陀螺研制，而且每一个成员也都像陀螺一样高速运转着。

研制过程中，一个又一个或大或小的技术难关接踵而来。

梁晋才是不怕解难题的。他知道，一帆风顺的事情几乎是不存在的，特别是航天型号的研制生产。一个武器系统的研制，过程如此复杂，总会存在困难和问题。他做好了攻坚克难的心理准备，同时也坚信，任何问题总会有解决的办法。为了发挥大家的智慧，他突破了以往设计、生产分别进行讨论研究的做法，而采用了“三结合”战术。所谓“三结合”，说穿了也简单，就是把管理人员、技术人员、工人师傅集合在一起，把任务形势、研制进度、技术难点全部进行交底，然后大家一起讨论，一起研究，一起想办法，一起解决。参加研制工作的每一个人，都能及时了解真实情况，可以自由发言，为任何一个环节、任何一个问题出谋划策，也可以从别人那里听到让自己获益的见解。即使是一个最普通的工人师傅提出的想法，所有的人员都会认真讨论一番。在“三结合”的平等氛围中，大家都觉得能够为解决问题出一份力是种光荣，所以主动性特别高。即使对某些观点有争论，也争论得很痛快，事后绝不会影响到团队成员之间的感情。

每次讨论后，梁晋才都会根据各种意见，快速地进行综合思考，最终拿出主导意见并果断拍板。确定方案之后，每个人都可以立即着手工作，少了中间层层传达的环节，更避免了传达过程中有可能产生的歧义、误解，极大地提高了工作效率。就这样，大家不分昼夜，抱团作战，边研究、边讨论、边分析、边拟草图、边生产，解决了拦在面前的一个个技术障碍。

即使是在 22 所迁址期间，还要负责筹建和搬迁等工作，梁晋才仍然没有停下半液浮陀螺的攻关。因为这是他给自己定下的目标，是他的团队成员共同定下的目标，是无论怎样也不能放弃的。

功夫不负有心人，梁晋才和他的攻关团队在短短三个月内，终于啃下了这块“硬骨头”。

中国第一个半液浮陀螺研制成功！

梁晋才带领自己的团队又打了一个漂亮战，让自己的目标变成了现实！他的“三结合”高效率管理模式，大大激发了队伍的主动性和创造力，不仅让队伍更加团结，更加有凝聚力，也同样赢得了更多的赞誉。“三结合”的科研形式还被当成管理先进典型，在七机部第二研究院内进行了表扬和推广。对梁晋才来说，更重要的是，这次主动出击式的攻关，不仅让他们掌握了半液浮陀螺的关键技术，还为以后导弹武器系统自动驾驶仪的小型化打下了良好的基础。这才是他真正想看到的！

14. 启动“红旗六十一号”

20世纪60年代初期，为躲避防空雷达的探测和防空武器的拦截，加之航空技术的发展和军用飞机性能的提高，许多国家对空战战法进行了改进，各国国防在进攻和侦察中都广泛采用低空入侵和中低空轰炸战术。为应对未来战争中飞机低空入侵的威胁，中国人民解放军总参谋部于1964年向工业部门提出发展中低空防空导弹武器系统的要求。1965年12月，七机部第二研究院制定了红旗四十一号中低空地空导弹武器总体方案。在方案论证报告中，这种导弹的自动驾驶仪采用的就是半液浮陀螺。1966年1月，中央军委会议决定，将红旗四十一号中低空导弹武器系统列入国家研制计划，并根据国务院总理周恩来的亲自提议，将“红旗四十一号”改名为“红旗六十一号”，以体现中国20世纪60年代最高的科学技术水平。这是国内首次自行设计自行研制的中低空地空导弹，中央军委把这项光荣而艰巨的研制任务交给了七机部。参加研制的每一位工程技术人员都感到无比自豪和光荣。

七机部对红旗六十一号导弹的研制工作正式启动了。

梁晋才又带领着他的团队开始了红旗六十一号地空导弹自动驾驶仪的研制工作。尽管作为自动驾驶仪重要部件之一的半液浮陀螺已研制成功，但这次要研制的是一套完整的自动驾驶仪。受国内材料制造、设计水平、加工精度、加工工艺的限制，研制难度之大，仍是不可想象的。整个研制过程充满了曲折，但这些都没有吓倒梁晋才。有了之前攻关的经历，梁晋才对他的研制队伍充满了信心，他继续采用“三结合”的方式，把整个团队的力量结合在了一起，也把每个成员的心融合在了一起。为了共同的目标，团队中每个人都自动自发地工作着，加班加点成了常态，任劳任怨成了习惯，整个团队高速高效地运转着。

最让他们难忘的是在伺服阀的生产环节上，他们遇到了严重的“卡死”问题。自动驾驶仪是导弹的姿态控制系统，其中最关键的部件之一就是舵机。舵机的作用就像方向盘，通过舵面的摆动可以控制导弹的方向和姿态，而舵面的摆动所需要的作用力就是靠伺服阀来提供的。伺服阀会把接收到的姿态调整的小功率电信号转化为大功率的流体能量，再通过舵机转化为机械力来实现舵面的摆动。这伺服阀一“卡死”，就像一个人的四肢瘫痪了一样，想动却动不了，自动驾驶仪也就无法正常工作了。

说也奇怪，从伺服阀的设计到生产一路走来都比较顺利，但加工出来的伺服阀，在性能上无论如何也赶不上“麻雀”导弹中的原品。原品的伺服阀通上液压油以后，阀芯能够在阀套内自如匀称地运动，而梁晋才他们研制生产的伺服阀通上液压油后，阀芯却总是被卡死，即使用很大的气力，也推不动。梁晋才组织人员从大小、尺寸等各方面对两者进行了比较，都没有什么区别。

到底是什么原因导致阀芯阀套“卡死”呢?

他们连续走访了几家加工精密器件的大厂，又用高精密的仪器精确地测量了阀芯和阀套的尺寸，最后终于找到了问题的症结：原来是研制过程中有一道研磨工序，对环境洁净度有一定的要求，而当前的加工环境洁净度未达到要求。

为了达到标准的洁净度，负责研磨的工人师傅自己想了个“土”办法。将整个研磨房的墙上都覆盖了塑料布，用图钉钉好，连窗户也封住了。尘土进不来，房间清洁干净了，但同时连一丝风也透不进来了，这个房间就像个密室，人在里面待上一会儿就会觉得胸闷，不得不出去透透气。但这位师傅就是在这种环境下出色地完成了任务，而且整个过程中干劲十足，没有抱怨，没有叫苦，没有叫累……

当和原品一样运作自如的伺服阀生产出来时，大家都忍不住欢呼起来。

难关一个一个地被攻克，就意味着离成功越来越近，前进的道路虽然艰难，但每一个人都未曾想过退缩。

正当他们信心百倍地迎接下一个挑战时，没想到迎来的却是一场巨大的政治运动，更没有想到这场运动——“文化大革命”会对“红旗六十一号”产生严重影响。这可是周总理寄予厚望的导弹型号啊!

1966 年，“文化大革命”开始了，但大家仍沉浸在研制工作中，满脑子想的都是技术问题，关注的都是型号研制的进展，并未察觉周边的环境产生了怎样的变化。

1967 年 3 月，国防科委、海军联合召开了“315”会议，提议将红旗六十一号地空导弹武器系统改为舰空导弹武器系统，用以装备新研制的导弹护卫舰。同年 6 月，国务院、中央军委常规装备发展领导小组批准此提议。1968 年，国防科委下达研制红旗六十一号舰空导弹武器系统的任务，并将由七机部第二研究院研制，改为由上海机电二局研制。

心无旁骛地扑在研制工作中的人们未曾料到，“文化大革命”会像龙卷风一样，铺天盖地席卷到各行各业，几乎没有一个领域能够幸免。他们更没有想到，自己也会被牵连进这种莫名其妙的政治斗争中，甚至不得不离开研制队伍。他们最没有预料到的是，他们为之全身心投入的“红旗六十一号”研制工作，一路上磕磕绊绊，历经了风霜雪雨，陷入困境十多年。

15.“红旗三号”的遗憾

20 世纪 60 年代，中国通过仿制、改良，生产了红旗一号、红旗二号地空导弹，并装备部队，取得了辉煌战绩。1967 年 9 月 8 日，国民党空军的 U-2 侦察机从台湾桃园机场起飞，进入华东地区进行战略侦察。驻守在浙江海宁的我空军地空导弹十四营连续发射三枚导弹（“红旗二号”两枚、“红旗一号”一枚），在海宁 20500 米高空飞行的 U-2 侦察机被第二枚红旗二号导弹成功击落。

但苏联在 20 世纪 60 年代研制部署的高空高速战斗机米格 -25“狐蝠”速度超过了 3 马赫，美国空军在 1966 年 1 月推出的 SR-71 黑鸟式战略侦察机，飞行高度可达 27~30 千米，最大速度甚至达到了 3.35 马赫。一旦苏联、美国的高空高速作战飞机成为威胁我国领空安全的空中目标时，我们的“红旗二号”就会力不从心。因此，1965 年 8 月，中央军委决定加速研制高空、高速的红旗三号防空导弹。

1965 年 10 月 29 日，国防科委召开方案讨论会，明确了红旗三号导弹的战术技术指标和研制方案，并确定由七机部第二研究院承担研制工作。

之前中央决定把“红旗二号”的设计交给三机部，原国防部五院的人马其实是很不甘心的。现在他们成为了七机部的主体，又接到了“红旗三号”的研制任务，自然是憋了一口气，铆足了全身的劲儿，誓把“红旗三号”作为打翻身仗的重点研制任务，准备好好大干一场。

红旗三号导弹是以“红旗二号”为基础进行研发的一款以高空高速目标为打击对象的陆基防空导弹，在设计需求上着重于提高机动性和高空高速性能，要使其作战空域、抗干扰能力、杀伤威力较原来均有较大的提升，最大射程 42 千米，射高 30 千米，最大速度 3.5 马赫。

1966 年 7 月，七机部在上海对红旗三号导弹系统研制方案组织了全面审查，调整了控制回路参数。决定采用双推力液体火箭发动机，提高末端飞行速度；采用新型引信和战斗部，提高杀伤概率；采用大功率及双频应答机，提高抗干扰性能。同时，对研制任务的分工做了调整，进一步明确：制导站的收发车由 786 厂负责，显示车和指令发射车由上海有线电厂负责，坐标车由上海广播器材厂负责，固体发动机由新新机器厂和 21 所负责，弹体弹性振动问题由 20 所负责，靶弹总体方案由二部和 20 所负责。同时还决定由张煜、吴中英等组成红旗三号导弹研制工作领导小组。

七机部第二研究院把红旗三号导弹列为重点研制任务，集中了大部分技术力量，展开了红旗三号导弹的系统设计。为实现“红旗三号”的战术技术指标，研制过程总共采用了 79 项新技术。其中：导弹 33 项，目的在于扩大空域，提高高空机动性能，增强抗干扰能力，提高杀伤效率；制导站 39 项，目的在于提高武器系统的抗干扰性能，加大作用距离，提高测量精度等；地面设备 7 项，目的在于改善使用操作性能等。

作为导弹控制系统专业的技术带头人，梁晋才和他的团队一方面还在继续开展“红旗六十一号”的研制工作，另一方面也积极参加“红旗三号”的研制工作，认真钻研和掌握各种新技术，对“红旗三号”控制系统做了大量的改进与完善：为了解决作战高度增加带来的技术问题，在控制系统设计中采用了在自动驾驶仪回路中增加抗饱和措施，以提高抗侧角起伏干扰能力；对动态补偿做了较大的修改，提高了补偿精度，使导弹可以达到较高的射击精度；完成了难度较大的弹上自动驾驶仪半实物仿真试验。

从 1966 年 1 月到 1969 年年底，七机部在“红旗三号”研制期间，在西北某试验基地导弹综合试验靶场共进行了 9 次飞行试验，发射导弹 23 发，其中模拟弹 1 发，独立回路弹 5 发，闭合回路弹 17 发。试验表明，红旗三号导弹在扩大空域、提高制导精度以及引信与战斗部配合等方面获得了成功，但同时也暴露出了不少问题。1969 年年底，中央军委又决定把红旗三号导弹的研制工作如同“红旗六十一号”一样，从七机部第二研究院转由上海机电二局承担，并从第二研究院抽调 100 多名技术人员到上海参加研制工作。

上海机电二局承接了“红旗三号”的研制任务后，于 1970 年 7 月至 9 月在西北某地空导弹试验基地进行设计定型飞行试验。定型试验共发射了 8 发导弹，前 3 发脱靶量比较大。在对导弹和制导站进行参数调整后，又继续发射了 5 发。其中除 2 发因可靠性问题出现故障外，其余 3 发脱靶量达到了导引精度的要求。

1974 年五六月间，在地空导弹试验基地又进行了红旗三号导弹拦截“图强 1 号”高空高速靶弹试验，试验证明红旗三号导弹武器系统具有拦截高空高速飞行器的能力。至此，“红旗三号”的研制、试验工作走完了全过程。到 1974 年 6 月，上海机电二局共生产了两套“红旗三号”制导站，导弹 6 批 158 发，其中150发交付部队试用，并在北京初步组建了红旗三号防空导弹值班部队。

定型后的红旗三号导弹弹翼体结构为正常式气动布局，长5.95米，发射重量近1吨，最大射程42千米，射高30千米，最大速度3.5马赫。导弹战斗部为破片杀伤式，重84千克，爆炸后可产生破片3600多片，有效杀伤半径达50米。

但是，由于“文化大革命”的影响，“红旗三号”的研制进程经常受阻，从启动到定型，耗费了整整十年的时光。在后来的型号精简调整中，“红旗三号”发射系统由于采用倾斜式发射架，另由雷达制导站及相应配套保障车辆组成，系统较为复杂，且因发射准备时间长，野战机动性不足等因素，成为了精简对象。耗费了无数技术人员心血的“红旗三号”经历了一次由大喜到大悲的戏剧化过程，定型日变成了终结日。1974年年底，“红旗三号”宣告停产，型号下马，未能继续生产，装备部队。

对航天人来说，参与一个型号的研制过程，就如同一个母亲孕育孩子，要经历一段长长的充满着各种未知因素的孕期，要经历临产前的阵痛，然后在孩子出生的那一刻，感受到巨大的幸福，接着还要分享他的成长过程和建功立业带来的喜悦与快乐。所以，即使“红旗三号”的研制周期是那么漫长，期间充满了各种困难和艰辛，但是因为付出了无数的心血，投入了太多的感情，赋予了真诚的期待，所以，定型成功之后，参研人员感受到了无比强烈的成就感和满足感。

但是，这种令人热血沸腾的幸福感却短暂得仿佛流星划过天际。“红旗三号”犹如一个刚刚出生却又止步成长的孩子，苦苦孕育了它将近十年的母亲笑容刚刚绽放，紧接着下一秒钟就陷入了无奈的伤痛之中，那种巨大的落差，并不是所有人都能承受得住的。

曾经为红旗三号导弹自动驾驶仪设计投入过心血的梁晋才，在得知它下马的消息后，不禁唏嘘不已。

但是，所有的付出都不会白费。“红旗三号”虽然命途多舛，留有遗憾，但它毕竟是中国地空导弹从仿制走向自行设计的重要转折，标志着中国航天队伍已具备自行设计、制造、试验防空导弹武器系统的能力。航天人在研制“红旗三号”过程中积累下来的技术经验，也为以后研制新型号打下了坚实的基础。

16. 山雨欲来风满楼

为了形成所谓的“大革命”氛围，社会各地、各界、各行业内已经在搞大串联了，且在短时期内就发展得声势浩大。一批干部包括部分中央领导相继遭到批判，有的被停职，有的被免职，有的甚至遭到软禁……空气中弥漫着山雨欲来风满楼的味道，令人不安。

但即使已经风雨飘摇，梁晋才他们这一群单纯而执着的航天科技人员，却仍潜心于红旗六十一号、红旗三号导弹自动驾驶仪的研制工作，他们对动荡不稳的时局以及听闻的那一件件称得上骇人听闻的事件并没在意，浑然不觉一场即将历时十年、震惊世界的政治浩劫正在势不可挡地凶猛袭来。更想不到像自己这种一心沉浸于航天技术专业领域的科学研究人员，也将被卷入到这场政治运动中。

此时，他们最在意的只有手头正在进行的工作。他们只知道“红旗三号”研制出现了关键性的问题：导弹在试验基地发射时解体了！这才是梁晋才他们眼里最重大的问题，他们满脑子里转的都是型号资料、分析数据，已经没有精力去关注其他了！

为了分析和解决“红旗三号”的问题，1966 年 7 月 25 日，梁晋才作为自动驾驶仪方面的专家，参加了上海机电二局在徐汇区龙山路招待所组织的专题研讨会，这个专题会又被称为“725 会议”。上海市公安局局长黄赤波是分管上海机电二局“文革”运动的领导，为了支持“红旗三号”的研制，黄赤波还特别为“725 会议”开出了一个批文，同意所有与会人员在研讨期间可以不参加“文革”的各项运动，以保证能够集中力量分析并解决“红旗三号”遇到的问题。

说起上海市公安局局长黄赤波，这又是一位让梁晋才佩服的人。1912 年出生的黄赤波是一名老党员，曾经参加过两万五千里长征，担任过红三军团、红十五军团保卫局侦察员，军委会直属队特派员，最擅长侦察、情报收集。1948 年，他担任山东潍坊特别市公安局局长才一个月，就破获了一起轰动全城的银楼抢劫大案，追回了被劫的 160 两黄金、1200 多枚银元。新中国成立后，他先后担任过苏南行政公署公安局局长、江苏省公安厅厅长、上海市公安局局长。

1966 年，“文革”开始了，黄赤波觉得他这个公安局长的责任就是当好大上海的守护者，尽力维持上海的平安和稳定，而像梁晋才他们这种航天工作者的本职就应该是解决技术难题，搞好科研，成功研制出装备部队所需的武器型号。

所以，社会上的大串联已经是轰轰烈烈了，而梁晋才他们在黄赤波的庇护下，依然可以在风起云涌的形势下安心钻研红旗三号导弹自动驾驶仪。对于大串联，梁晋才虽然也听人说起过，却没有兴趣去深入了解，更没有兴致去参加。梁晋才在技术研究领域是勇往直前的，充满了探究的欲望和闯荡的勇气，但除此以外的领域，他却是保守的。传统的家庭教育给他留下了极其深刻的烙印，使他总是下意识地远离政治，明哲保身。梁晋才对政治运动的理解很简单，这是政治家之间的斗争，不是自己这种布衣百姓可以明白甚至参与的。自己作为一名普通党员，只要内心是忠诚于党和国家的，坚决拥护党的方针政策，遵纪守法，所做的事情都是组织安排的，然后再管好自己的言行，不要涉及任何政治敏感话题，就不会犯错误，那么，再大的政治运动也能平安度过。在之前的思想改造运动中，他就是这样顺利度过的；在“三反”“五反”中，他也是这么平安过来的。梁晋才以为，他这么没日没夜、踏踏实实、认认真真地进行着国家最需要的导弹武器系统的研制工作，就是对党的号召的积极响应，就是在忠实践行他对党的承诺：竭尽全力以毕生所学报效祖国，开辟出一条科技强国之路。梁晋才以为，他只要抱定同样的宗旨，也能像前几次一样，顺利熬过这一场政治运动。

梁晋才没有料到，这场运动竟然会是一场劫难，这场劫难竟然会整整耗时十年，且声势浩大犹如龙卷风横扫一切，谁都未能幸免。曾经给予梁晋才他们庇护的黄赤波在这场浩劫中遭到了直接迫害。1968 年 2 月，黄赤波被秘密逮捕，投入北京监狱。监禁期间，他备受摧残折磨，10 根肋骨骨折，恶劣的生存条件还使他患上了严重的冠心病。直到 1975 年 5 月，黄赤波才被释放回上海，重新投入到公安工作中。1978 年 10 月，这位铁骨铮铮的公安局长不幸猝死，与世长辞。

17.“当权派，靠边站”

1966 年，“文革”的巨浪很快席卷了全中国，各个省市的党委和政府也被造反派们搞瘫痪了。上海是“四人帮”策划夺权的基地，这风浪来得更是凶猛异常。1967 年 1 月，上海刮起了“一月风暴”，市委、市政府的“当权派”们纷纷被赶下了台。政坛上的事情梁晋才看不懂，也不愿去看，他觉得自己是搞科研的，和政治离得远着呢。可未曾想，随着运动的扩大和深入，自己作为一名科研人员，居然也成了“当权派”中的一分子。

等到研究分析完红旗三号导弹解体的问题后，梁晋才他们就失去了可以继续潜心搞科研的环境。在上海，领导基层“文革”运动的是军宣队，都是部队派来的。而在上海的各个航天研究所前身属于国防部五院，也曾是部队编制，因此，在“文革”初期得到了一些“优惠”待遇，比起其他厂所企业，相对来说还算比较平静。

与22所毗邻的上海电子光学技术研究所（简称电光所）就没那么好的“运气”了。电光所的所长是一位能干的女同志，因为和22所有业务往来，和梁晋才也是熟识的。有一天，梁晋才亲眼看到这位平时爽朗干练的女所长被一群年轻气盛的“革命小将”毫不客气地揪出来批斗。熟悉的人被批斗得如此狼狈，他突然意识到，原来“文革”离自己这么近，近在咫尺。之后，越来越多熟悉的人被揪了出来，戴上了“高帽子”，“高帽子”上写着形形色色的如“走资派”“现行反革命”“漏网右派”“反动学术权威”等“罪名”，大多都是梁晋才之前没听说过的。梁晋才觉得这些被揪斗的人平日里的表现不像“革命小将”们所说的那样“罪大恶极”，反而可以称得上很本分。梁晋才认为自己和他们是同一类人，所以，他心中惴惴不安，不知道这“革命之火”会不会蔓延开来，烧到自己身上。

上海航天各研究所的平静没有维持多久，终于未能逃过一劫。

引起航天研究所“起火”的导火索，说起来像个荒诞的笑话。造反派也不知从哪里得知，负责导弹发动机设计的七机部第二研究院21所的所长写得一手好字，于是强行“请”他去为“革命小将”题词。21所所长无奈之下，只好写了“做小主人”四个字以应付造反派。谁知“革命小将”不懂篆刻书写的规矩，把分两行两列排列的“做小主人”念成了“小人做主”。“小主人”眨眼间就变成了“小人”？这不是给红色“革命小将”抹黑吗？

于是，21所的所长被拉出去批斗了，21所由此成为上海航天各个研究所第一个“起火”的地方。“火势”很快在20所、22所、24所、27所蔓延开来，越烧越旺。

在之后的批斗中，各个所的所长、副所长、党委书记都被揪了出来，22所的党委书记谷沸水、所长吴中英、副所长梁晋才等人也被划入了“当权派”，不得不靠边站了。

原本研究所和生产厂结合一年后，要一起搬迁到贵州，梁晋才他们作为航天技术专家，按理说是援建三线的主力军，也是要随迁贵州的。可他们靠边后，就没有资格到贵州参加航天生产基地的建设了，因为担心他们这群“牛鬼蛇神”去了三线之后乘机搞破坏。反倒是那些原本没打算去贵州的工人师傅因为根正苗红，对党忠诚，所以去了贵州筹建061基地。

靠边站的谷沸水、吴中英被冠上了“走资本主义反动路线”的“罪名”。梁晋才是有苏联留学经历的，所以他的“罪名”是“走修正主义反动路线”。可能是因为他们的“罪名”长了点，高帽子上写不下，而且他们的态度还算老实，事实上也没有什么现行可抓，所以“革命小将”对他们网开一面，把高帽子改成了牌子，牌子上写着“罪名”，在接受批斗时把牌子挂在脖子上就行了。

18.“文革”中的迷思

梁晋才靠边站后，被调离了型号研究，也不能再进行和导弹、自动驾驶仪等有关的研制工作了。虽然离开了研制岗位，但是他每天还准时“上班”，只不过“上班”的主要内容变得非常单一，即接受批判和教育。

每天，梁晋才都必须在脖子上挂好那块专属于他的牌子，跟着“小将”们到单位的各个研究室去接受批判和教育。在批斗中，梁晋才和他的“批友”们都没了隐私权，所有人的出身和家庭信息都被公开了，信息中任何一点瑕疵都可能变成被批斗的理由。所里有些中层干部因为不是贫农出身，也被定性为“走资本主义路线”而挨了批斗。所里时不时会贴出一张大字报，上面罗列着某人的某个罪名，然后这人就会加入到挨批受教育的队伍中。或许，今天还可以批判教育别人，明天自己也变成了“臭老九”，成了挨批的对象。不过，也正是因为这样，所里人人自危，即使暂时还算安全，也不会对那些挨批对象太过于凶狠，因为谁也不知道这种命运什么时候就会降临到自己头上。大多数人都抱着凡事不可做绝、总得留点余地的想法，很多情况下，批斗的过程大家睁一只眼、闭一只眼就过去了，并没有进行人身攻击。所以，在一片凄风冷雨中，梁晋才他们的日子虽然不太好过，但还能挺得下去。

除了参加所级批斗会，梁晋才他们还要参加局级批斗会。上海机电二局革委会定期在陕西路的上海文化广场召开批判大会，这个时候，梁晋才他们这群属于“黑五类”“八种人”之列的“牛鬼蛇神”就要挂着牌子站在台上，接受更为广泛的批斗和更为深刻的教育。到了这种时候，梁晋才就在心里宽慰自己：好汉不吃眼前亏，不要太当真，忍一忍就过去了。而且，他长期练就的冷静沉稳的气度也帮助他渡过了难关。每一次，梁晋才听着“小将”们对他的批判和指责，即使心里已经在翻江倒海，但表面上依然是波澜不惊。无论听到如何偏激、错误的批判，他都默不作声。当然，在梁晋才的心里，始终有一个很响亮的声音：我可没承认这些罪名。而在“小将”们眼里，梁晋才总是一副逆来顺受的样子，态度很好，属于“默认”了罪名。所以，梁晋才没有沦落到要“坐喷气式飞机”的惨境。

当七机部第二研究院党委书记董启强被从北京押到上海进行批斗时，一直告诉自己要坚强的梁晋才突然感到了迷茫，迷茫到了绝望。

梁晋才和董启强是关系很熟很要好的老朋友了。董启强比梁晋才年长九岁，不到 20 岁就参加了革命，1937 年加入了中国共产党。他参加过抗日战争、解放战争，可以称得上是一位地地道道的接受过战火洗礼、经历过生死考验的老党员了，战功赫赫的他也是解放军少将之一。1957 年，董启强担任了国防部五院第二分院政委，后随着改制，成为七机部第二研究院的党委书记。

现在，这场“文化大革命”居然连这样纯粹的老党员、老干部都不放过，也要揪出来进行批斗。“小将”们让董启强一字不差地当众背出毛主席语录中的“老三篇”，董启强一不小心背错了几个字，“小将”们顿时亢奋起来，逼迫董启强下跪，强迫他承认自己对毛主席不忠诚，承认自己犯下了滔天大罪。董启强怎么也不肯下跪，几个年轻“小将”毫不客气地对这位开国少将动了手，强行把他摁倒在地。董启强即使双膝着地，也硬挺着身子，大声说道：“我就算是跪，跪的也是毛主席！”

批斗董启强时，梁晋才就在台下，他的心在滴血，眼睁睁地看着这位老领导、老朋友在台上被凌辱、被折磨，吃尽了苦头，而自己却无能为力，这真是让梁晋才比自己挨批还要郁闷、还要难过。他紧紧攥着的拳头渐渐松开，脸色苍白，全身颤抖，脑子里一片空白，甚至觉得自己只剩下了一具躯壳，站立的身体如同秋风中的树叶，簌簌发抖。

梁晋才想不明白，为什么真正的老革命要受到这种屈辱？董启强在战争中出生入死，多次受伤，身上的伤疤曾是他的军功章啊。可现在，这些伤疤还在，他却成了党和国家的罪人。

梁晋才想不明白，自己和吴中英等人为了增强国防力量，一心扑在航天事业上，没日没夜地钻研，即使远离亲人，也没有半句怨言，怎么就莫名其妙地有了罪、犯了错，变成了人人喊打的“过街老鼠”呢？

梁晋才想不明白，那些年轻的造反派没有经历过战争，没有做出过什么贡献，怎么就摇身一变，成了高觉悟的先进分子，成了“革命小将”呢？

这个世界怎么完全颠倒了呢？黑不再是黑，白也不再是白！

向来冷静乐观的梁晋才因为迷茫陷入了绝望，因为绝望而心灰意冷。有一段时间，他如行尸走肉般，浑浑噩噩地过着日子，每天的任务就是挂牌、游行、接受批判，然后回家，做好第二天继续被批的准备。

遇到往日里一起奋斗的老同事、老战友，梁晋才也是木讷无语的。其一是因为同处困境的他给不了别人任何帮助，他实在不知道该说些什么；其二，他知道，无论说什么，只要“小将”们不高兴了，就可以给你安上个“密谋串联搞阴谋诡计”的罪名，然后再来整你。

这段时间的梁晋才，犹如折翼的雄鹰，一身才华无处施展，苦闷不已，他像是深陷在大雾弥漫的迷宫里，看不清方向，找不到出路。他唯一能做的，就是日复一日地熬下去。在这种日子里，支撑着他的力量就是贾玉桂母女。除了绵长的思念，还有深深的担忧！不知道远在北京的妻子女儿现在到底怎样，有没有受到牵连，是不是也被批斗了？贾玉桂曾在国外工作过多年，那时是为了服从组织安排，但在现在的形势下，任何理由任何保障都可能在瞬间崩塌。梁晋才心里经常恐惧、后悔，他很怕贾玉桂逃不过这一劫，更后悔当初没有带着贾玉桂和女儿一起到上海。如果一家人在一起，即使受苦，他也可以尽力照顾她们，总比如今天各一方要好一些。可是，梁晋才得不到她们母女的任何音信，因此，除了担心，除了祈祷期盼她们平安，他什么都做不了。

19. 曙光

熬，煎熬！

苦难岁月永远是对人的意志的极大考验，经受不住就会被磨去锋芒，磨去棱角，从此消沉，甚至丧失生活下去的勇气。在“文革”中有许多人以结束生命的方式来终止屈辱。庆幸的是，梁晋才因为还牵挂着贾玉桂母女，虽然经常心灰意冷，却不敢完全自暴自弃。对妻子和女儿的思念犹如一剂强心针，总在最萎靡的时候支撑着他，所以，最终他还是熬过了那段漫长而寒冷的黑夜，迎来了曙光。

在那段压抑沉闷的日子里，能让梁晋才透透气的只有两件事：读书看报、“挖坟掘墓”。

读书看报是“臭老九”——知识分子们的共同爱好。梁晋才喜欢看书读报，没人会觉得奇怪。由于没有了科研工作，例行的批判结束后，梁晋才反而有了更多读书看报的时间。可“文革”期间，很多文学名著已被当成“四旧”付之一炬，可读的图书报纸很有限。因此，梁晋才对能拿到的每一本书、每一张报纸都很珍惜，都要一字一句、极其细致认真地、翻来覆去地看上好几遍。对他来说，尽管这些书报的内容熟悉得都快能复述出来了，但总比每天面对着一堵墙要好，比什么都不干要好。

而“挖坟掘墓”这件事，却让人很难和知识分子联系在一起，但这的确是梁晋才他们每周一次的“功课”。《人民日报》的一篇社论《横扫一切牛鬼蛇神》，喊出了要“破除几千年来一切剥削阶级所造成的毒害人民的旧思想、旧文化、旧风俗、旧习惯”的口号，于是“破四旧”也成了革委会的重要任务。22所所在的宜山路是地地道道的农村，周边是一片片农田，田间零散着一些杂乱的农家房屋、坟墓、小作坊。虽然国家已经倡导火葬多年，但农村十分讲究入土为安，家人去世后都要进行土葬，因此耕田里东一个西一个，有不少的坟包。而这些坟包在革委会和造反派眼里，就成了十分典型的“四旧”产物，是必须要大力破除的。所以，革委会一方面为了改造“臭老九”，另一方面还要破除“四旧”，就很聪明地把这两项重要任务结合了起来，让“臭老九”们通过“破四旧”来进行改造。也正是因为这个原因，梁晋才他们每周四都要去农村“挖坟掘墓”“破四旧”。对他们来说，这可是难得的“放风”机会啊——他们可以通过使劲挥铁锹来发泄心中积聚的郁闷。而且，因为在挖坟时，是没有人监管的，相互之间说话的时候就可以少些顾忌，大家也觉得在精神上自由了一些，可以松口气。

这么做其实是得罪老百姓的，梁晋才也知道这些做法是不妥当的。设身处地地想一想，有谁愿意自己家故去的亲人不得安宁呢？心中不忍却身不由己的梁晋才唯一能做的就是磨洋工。以前，梁晋才对于自己承担的工作一贯很重视，且抱定了要么不做、要做就要竭尽全力做好的原则，但在这项改造任务中，他却表现得很不积极，大多数时候只是在表面上卖卖力气。他知道自己这样做虽然无济于事，但起码心中的愧疚感会少一些。其实，在这种政治氛围下，百姓们大多是敢怒不敢言的，也只能眼睁睁看着这群“牛鬼蛇神”“臭老九”在他们的田里瞎折腾。

梁晋才不知道自己还有没有可能回到热爱的科研岗位上去，如果再也回不去，自己到底还能干什么呢？对于这个问题，梁晋才心里是没有答案的。这个年代的人单纯而朴实，接受的教育就是“听党的话跟党走”“党让干啥就干啥”，头脑里是没有“下海”“自主创业”概念的。特别是像梁晋才他们这种知识分子，一直觉得自己的成长都是党和国家培养的结果，心中存着对党和国家的无限感激和信赖，这种感恩和信任又转化成了拳拳报国之心。梁晋才已经习惯了听从党的召唤，服从组织安排，已经习惯了扎根在自己的岗位上为党和国家的事业奋力拼搏。所以，当他感觉自己不再被党和国家需要时，他就不知道该何去何从了。

迷茫中的梁晋才一直保留着人民日报出版社1966年7月出版的一本白皮书《党的阳光照亮了文化大革命的道路》。每次灰心绝望的时候，他就会拿出来，逐句逐行地看，一字一句地念：“领导我们事业的核心力量是中国共产党。中国人民的一切事业、一切斗争，只有在中国共产党的领导下，才可能取得胜利。”一直念到死灰般的心底有了点温暖，不再那么冰冷、不再那么绝望为止。

每次念完，梁晋才都会对自己说，自己还是一名党员，并没有被开除党籍，还接受着党的领导。或许现在遭受的一切不公正对待就是党锤炼自己意志的一种方式，作为党员必须经受住这种考验。梁晋才犹如鲁迅笔下的阿Q，在苦闷、憋屈、无助、迷茫中学会了自我宽慰。也正是在这一点点“阿Q精神”的支撑下，梁晋才才能日复一日地重复着这种度日如年的日子。

1968年7月，在黑暗中煎熬的梁晋才终于迎来了一线曙光。

事情起源于与梁晋才一同留学苏联的一名女同学。她回国后在上海机床厂工作，“文革”一开始，就因为曾经的留苏经历被打成了苏修分子。为了改造她，机床厂革委会把她从科研岗位上拉了下来，放到生产车间进行劳动，结果这位女同学做得不错，把很多新技术运用到生产中，这个车间的生产效率有了明显的提高。上海机床厂是全国著名的生产精密磨床的大厂，针对这件事情，《人民日报》专门发表了一篇题为《从上海机床厂看培养工程技术人员的道路》的报告，报告中写着：“中国赫鲁晓夫的反革命修正主义技术路线和反动的资产阶级世界观，受到了深刻的批判。现在，许多青年技术人员思想面貌发生了显著变化，认识到名利思想是‘修’字的根，资产阶级的头衔不能争，全厂技术人员纷纷主动下车间，和工人一起劳动，一起研究和改进设计。技术人员下车间，也注意放下架子，虚心向工人学习。这个厂实行了工人、革命技术人员、革命干部的‘三结合’，普通的工人参加了设计，技术人员也在第一线参加了实际操作，把理论和实践紧密结合起来。”报告中还提到，毛泽东主席做出了“走上海机床厂的道路”的重要指示。

毛主席的指示就是最高的行动纲领，是要不折不扣贯彻落实的。22所也不能例外，为向机床厂学习，梁晋才和所里的其他知识分子也一起被下放到了上海仪表厂的各个生产车间，接受无产阶级的劳动改造。

下放车间劳动改造，这在一般人眼里根本算不上好事儿，却让梁晋才一颗死灰般的心重新迸发了活力。

梁晋才骨子里是有着知识分子的清高的，但他的这种清高是体现在对钱财名利的轻视上，而不是体现在身份地位上。他从没有因为自己是技术专家而看不起生产工人，相反，梁晋才很喜欢和工人师傅一起探讨。说起来，这份报告中大力提倡的“三结合”的首创者还是梁晋才呢，这是他在进行国内第一个半液浮陀螺研制时，最先提出并成功运用于实践的，并且还曾经在七机部内进行过经验交流。

梁晋才最怕的就是党不再需要他，如果整天没事做，荒废时光，那才是真的难受。现在可以到车间，干些哪怕是和自己专业特长不相干的事，也好过无所事事。梁晋才的眼前好像透出了一丝光亮，这丝光亮刺破了重重迷雾，给了他一线新的希望。也正是这点微弱的希望，让他沉寂良久的心重新跳动起来，没有继续枯槁下去。

就这样，41 岁的梁晋才到了上海仪表厂模样车间，成了铣工组的一名新学徒工。

20. 铣工组的“梁师傅”

梁晋才被下放到车间后，手头有了活干，注意力被转移了，心渐渐地活泛起来，整个人的状态也慢慢地恢复了。

一个曾经的副所长，一个领导过全所管理、技术、生产人员的领导，现在成了工人手下的学徒工，这种变化上的落差，不是所有人都能坦然接受的。但是，梁晋才的“阿 Q 精神”发挥了重要作用，帮助他很快适应了新的角色。而且，即使以前他在领导岗位上，也属于没有官架子的亲和派，经常跑到生产一线和工人师傅沟通、讨论工作，因此，工人师傅们对他的印象极好。所以，当他作为改造对象被下放到铣工组时，不仅没有受到工人师傅们的歧视，与没下放前比起来，待遇反而改善了不少，连原本每天的例行批判也越来越少，到最后索性取消了。只是大家不再称呼他为“梁副所长”，而是喊他“老梁”或“梁师傅”，梁晋才欣然接受了这个透着亲切的称呼。

就这样，梁晋才在他人生的谷底站了起来，开始了铣工组的新生活。铣工，就是根据设计图纸，编制铣床加工工艺，利用铣床进行零件加工，有一定的技术含量，并不属于纯体力的工种。要成为一名合格的铣工，不仅要熟练掌握铣床的操作方法，还要能够看懂技术图纸，懂得根据加工要求计算和调整加工工艺。对梁晋才来说，看技术图纸是件最简单的事，他要学的就是铣床的操作。于是，梁晋才认真地当着学徒，向工人师傅虚心请教，从了解铣床最常用的工量夹具入手，认真地学习如何选择和安装工量夹具、如何安装加工零件、如何根据不同的加工要求调整加工方法。有着超强学习能力的梁晋才，此时又发挥了他善于钻研、善于总结规律的强项，很快就熟练掌握了操作铣床的技巧。

因为梁晋才技术底子极好，所以加工出来的工件很漂亮，合格率也极高，他的工作表现特别好。这个知识分子成为了生产线上的一把好手，这个转变令铣工组的工人师傅们对知识分子刮目相看。工人师傅们为人质朴，性子直爽，他们只把同事分为两种：会干活的和不会干活的。他们把自己佩服的生产能手称为“师傅”，以示尊重。所以，叫梁晋才“老梁”的人渐渐少了，而称呼他为“梁师傅”的人则越来越多。

虽然在车间里得到了工人师傅们的尊重，但“文革”还没结束，“梁师傅”虽然不用再天天挂着“走修正主义反动路线”的牌子，可仍然背负着这个罪名。组织上还没有认为他改造好，他又怎能以生产能手自居？所以，“梁师傅”没敢把自己当成真的“梁师傅”，依旧像一名学徒工一样，勤勤恳恳地干着分内分外的所有事情。

每天一大早，在其他人还没上班前，梁晋才就把所有的准备工作做好。车间的条件差，一到冬天，就冷得跟冰窖一样。这时，梁晋才会早早赶过来，生上几个火炉子，等到大家来上班时，车间里已经是暖洋洋的了。下班后，梁晋才也不会马上回家，他总是仔仔细细地把机床清理得干干净净，擦得一尘不染。由于“梁师傅”的工作效率很高，分配给他的活总能提前做完，所以，他也成了“超级替补”。有的工人师傅或者因为生病或者因为家中临时有事要处理，都会请“梁师傅”帮忙代班。因为“梁师傅”特别好说话，而且活干得也好，事情托付给他，让人非常放心。

“梁师傅”不仅铣工当得好，其他手艺也不错。有一次，车间进了台精密铣床，这种铣床特别娇贵，对温度、湿度都有要求，所以，放置精密铣床的房间需要安装空调。空调买来了，可谁会安装呢？这时候，“梁师傅”又自告奋勇地说：“我会，我来。”他按照房间的布局，设计了空调管道走线，又找了几个手艺好的老师傅，用铁皮自制空调管道。在一番敲敲打打、拗拗扭扭之后，管道做好了，空调也很快安装到位了。

车间里每天有一小时的读报学习时间，大家可以光明正大地看报、讨论。

梁晋才在车间里干得很顺心，也很安心，他觉得，现在的这种生活与下放车间前的日子相比，已经是好太多了。曾经怀揣报国梦想的梁晋才现在想的是，当“梁师傅”其实也不错。在这里可以远离政治，远离是非，或许他这个“梁师傅”，可以太太平平地一直干到退休为止。

可命运就像个调皮的家伙，总不按常理来出牌。就在梁晋才习惯了“梁师傅”的角色时，它又出人意料地打出了一张令人头疼的牌，把“梁师傅”从铣工组调出来，再一次把他推到了风口浪尖上。

21.重披战袍——“梁师傅”出山

“梁师傅”在车间里度过了两年相对太平舒心的日子。他当铣工是游刃有余的，比起以前在型号线上没日没夜地钻研打拼，轻松了许多。可他毕竟曾经为“红旗”系列倾力付出过心血，所以尽管离开了型号设计一线，这种情结却依旧存在。空闲时，梁晋才继续保持着读书看报的习惯，重点关注着中国防空导弹武器系统的发展和动态。

就在他下放车间的两年里，中国已经开始了“红旗四号”的研制。“红旗四号”是由七机部第二研究院为主研制的远程高空陆基防空导弹型号。

当时，中国军方面临着严峻的防空压力，美蒋侦察机不断深入大陆领空袭扰。因此，研制防空兵器成为中国军工单位的当务之急。虽然我国空军在装备红旗二号防空导弹的基础上又研制了“红旗三号”，到 20 世纪 60 年代末，“红旗三号”的研制基本完成，进入到打靶试验和验收定型阶段。但为跟踪国外防空导弹先进设计理念和发展趋势，“红旗”系列地空导弹的预研工作随即启动，“红旗四号”的预先研制工作就此拉开序幕。

“红旗四号”是一个全新的防空导弹武器系统，所以成了七机部第二研究院的第一号任务。

当时全社会都处于狂热状态，宣扬着“没有干不出来的，只有想不出来的”的口号，而且为了证明在无产阶级领导下航天事业会发展得更迅速，所以“红旗四号”设定的目标是达到国际先进水平，各项技术指标都定得很高：要采用半主动寻的制导体制，相控阵雷达，两级固体发动机，要达到射程 100 千米、高度 30 千米、速度 3 马赫的要求。这些指标按当时的国际技术水平衡量，是非常先进的。而且，还要求在三年内研制出来。从中国的研制水平和工业基础来看，要想在规定时间内达到这些指标，几乎是一项不可能完成的任务。

但即便困难重重，在“三年以内搞出来”的雄心壮志的鼓动下，围绕“红旗四号”的各项研制工作，还是在上海的各个航天厂所如火如荼地开展起来。相控阵雷达由上海有线电厂研制，一个有着 500 个单元的初样短时间内被研制出来了；天线罩是由上海新江机器厂进行研制的，很快初样也出来了；其他如导引头、发动机等主要组部件的研制，也在各个专业厂所快马加鞭地进行着。

采用半主动寻的制导，对雷达需要天线罩的指标要求很高，因为指标不高就无法满足总体要求。但事实上，这个指标已经高到超出了这个时期研制生产能力的极限，因此天线罩初样虽然研制出来了，可各项指标始终无法达到设计要求，在实际中无法运用。

这就让“红旗四号”的研制陷入了两难境地。此时，设计和生产两部分又争论了起来，而且始终没有定论。

就在设计、生产处于互不相让的胶着状态时，主管导弹生产的上海机电二局领导，想到了雪藏在上海仪表厂模样车间铣工组的导弹专家梁晋才。梁晋才之前有过好几次型号技术攻关的成功经验，或许可以解开这个难题。

于是，局领导主动到车间找到了正在操作铣床的“梁师傅”，请他出马。说实话，一直以来，梁晋才依旧关注着“红旗”型号的研制，也很想重新从事防空导弹的研制工作，更希望能在这个领域有所作为，但此时的他还是稍稍迟疑了一下。因为毫无疑问，这又是一块极其难“啃”的“硬骨头”。如果“啃”下来还好说，一旦“啃”不下来，说不定就会“罪加一等”，就连“梁师傅”也当不成了。

不过，梁晋才没有犹豫多久，还是答应接受这个挑战。他不能为了一己之私，仅仅是为了一份安逸的生活，就辜负了国家那么多年的教育和培养。而且，当听到领导请他出马、知道自己又可以到型号研制一线工作时，他的心跳加速了。这种久违的心动让他激动，让他亢奋，激活了他深埋在血液里、骨子里的斗志。是的，他热爱航天，他喜欢打拼，只要到一线，他就能热血沸腾。

于是，“梁师傅”又一次放弃了已经安稳下来的生活，重新披上航天战袍，出山了。他知道，未来的日子或许会有很多意想不到的波折，或许会让他后悔这次的选择，但他下定决心，即使后悔，也绝不回头。

22.“土洋博士”之战

铣工组的工人师傅们倒有点舍不得这个本事大、脾气好的“梁师傅”离开。但他们也知道，让“梁师傅”这个苏联鲍曼高等技术学校毕业的自动控制专业副博士在这里当一名铣工，是有点大材小用了。豪爽的工人师傅们拍着梁晋才的肩膀：“梁师傅，你可是个洋博士，一定要好好干，凭你的本事，一定能成的！”

梁晋才很感动，这些朴实的话对此刻的他来说，是最大的鼓励。

带着上海机电二局领导极大的信任，带着工人师傅们真诚的祝福，梁晋才重新出山了！

回到一线的梁晋才没有给自己休息调整的时间，立刻找到了三位曾经一起打拼过的攻关团队的老搭档，成立了攻关小组，梁晋才任组长。这次，攻关小组的首要任务是：论证“红旗四号”天线罩指标的合理性，结束厂、所之间“公说公有理，婆说婆有理”的争论局面。

梁晋才了解到，在这场争论中，设计人员坚持认为天线罩必须达到高指标，否则就不符合设计要求；而生产人员则认为设计人员提出了高于实际需要的指标，而且由于这些设计人员不熟悉工艺，提出的这些指标都是工艺上无法实现的，也没办法生产出来。

处在“文化大革命”的这种形势下，政治环境是不公平的，对知识分子抑制得很厉害，知识分子往往被看成是只会纸上谈兵的空想家、脱离实际者。工人师傅们就曾经抱怨过：这些知识分子完全不顾实际情况，只会一味采用苏联的GOST标准，真是快把生产工人“搞死特”（上海方言，又与“GOST”谐音）了。为此，七机部还发起过一场“设计革命”，专门批判设计要求过高的设计人员。

所以，梁晋才虽然回到了他热爱的一线岗位，但心理上还是有很大压力的。他身上挂着的那块“苏修分子”的牌子毕竟还没有摘掉，如果他论证的结果能够通过最后的审查，那还好一些；但如果论证没有通过的话……这个结果他不敢想。他不知道万一到了那个时候，是不是会被安上其他什么“罪名”，再一次被打翻在地。

不想那么多了！既然能够重新接触导弹型号，就有了一次重新回到航天队伍的机会，即使风险再大，也要勇敢地尝试一下。处于风口浪尖的梁晋才为了这次难得的机会，完全豁出去了。他不再关心别人说什么，带着组员全身心地投入到论证工作中。

梁晋才和他的攻关组组员直接进驻负责天线罩研制的上海新江机器厂第一研究室。第一研究室是新江厂的总体室，里面能人很多，能力最强的是一位工程经验十分丰富的王师傅。王师傅是总体室的元老，曾经解决过很多技术难题，所以在室里很有权威。王师傅认为“红旗四号”天线罩的指标设计得过高，这些指标是可以降低的。他要看看梁晋才这个“洋博士”到底能论证出个什么结果来！总体室的人也很好奇，王师傅在他们心目中，是一位博学多才能力强的专家，其能力并不亚于“博士”，至少也算是个“土博士”。而梁晋才看起来瘦瘦弱弱，毫不起眼，不知道上级领导派来的这位“洋博士”究竟有何过人之才。

总体室的人都关注着这场“土洋博士”之战。大家还悄悄地打赌，估计在这场论证大战中，“土博士”会盖过“洋博士”。

梁晋才没有时间来理会这些议论。他和组员们收集、查阅、研究大量的资料，走访天线罩的设计单位和生产单位，向具体设计人员、生产人员详细咨询，笔记本密密麻麻地记了好几本。梁晋才和他的组员有时候为了解决一个问题，经常会忘了时间，反复讨论、反复分析……挑灯夜战的熟悉场景又回来了，办公室里的那盏灯在黑夜中一直亮着，陪伴着梁晋才他们忙碌的身影，也见证了他们的辛苦。

终于到了汇报论证结论的关键节点，成败在此一举！这一局，关系着梁晋才未来的命运，所以，不仅梁晋才紧张，攻关小组的三名组员也同样紧张，就连其他员工也十分关注这场“土洋博士”大战的最终结果。

尽管承受着巨大的压力，梁晋才作为攻关组的组长，还是责无旁贷地承担起了汇报的职责。汇报前，梁晋才花了几个晚上的时间，认真完成了一份论证报告。他反复研究着报告中的每个数据，琢磨着报告中的每一个字和每一句话。他不停地告诫自己，越是到最后关头，越要仔细，这临门一脚可千万不能出现偏差。

因为在论证过程中，梁晋才一直没日没夜连轴转地工作，到正式汇报那天，他非常疲惫。快接近终点了，一定要坚持住！梁晋才不停地给自己鼓劲儿，硬撑着来到评审会现场。他向评审组做了一个报告，报告分析了天线罩指标（瞄准线误差变化率）在制导回路中的作用，及其对制导控制系统制导精度的影响，从而在理论上论证了设定这个高指标的必要性。报告还通过对当前计算机技术发展情况的分析，预测了在弹上采用计算机补偿技术可以缩小瞄准线误差变化率的影响，以此进一步提高制导系统的精度，从而论证了在研制生产中实现这个高指标的可能性。最后，梁晋才用十分平和但有力的语气说出了他们的论证结论：天线罩的指标设定虽然高，但的确是符合设计要求的！

梁晋才虽然满脸倦容，眼睛里布满血丝，可在汇报时，他态度冷静、思路清晰、条理分明，说话简短概要，句句点在要害上，很能让人信服；报告论点明确，论据充分，论证透彻。评审组人员经过一番讨论，竟没有一个人提出质疑或反对意见，最终通过了梁晋才的报告。

这场“土洋博士”之战就这样结束了。“土博士”王师傅也彻底服了这位不起眼的“洋博士”：这国外的墨水到底没有白喝啊，的确有两把刷子！

抓住了机会，展现了自己超强专业能力的梁晋才终于重新得到认可，又回到了22所，回到了他热爱的型号研制岗位上。

23. 举步维艰的“红旗四号”负责人

“文革”期间的时局真是瞬息万变。在梁晋才回到22所没多久，就传来了上海新江机器厂主管“红旗四号”研制生产的叶正明同志被打倒的消息。

叶正明是中国人民解放军创始人之一——叶挺将军的次子。1946年，叶挺将军与夫人遭遇空难逝世，那时叶正明才15岁。周恩来总理亲笔为叶正明题写了“闻鸡起舞，要做一个革命将军的好儿子”的题词，还语重心长地给叶正明讲了“闻鸡起舞”

这个故事，教导他说："我跟你讲这个故事的目的，是让你知道一个人想要干一番大事业，必须下苦功夫。我讲的大事，就是为人民服务！"从那以后，叶正明一直把周总理的题词和教诲牢牢记在心中，无论是建国初期还是留苏期间，以及回国后到七机部从事航天技术工作期间，他每天都会"闻鸡起舞"，为了国家的强盛忘我地学习和工作。

现在，这个忘我工作的叶正明因为有着"高干子弟"的身份，所以被打倒了。梁晋才听到这个消息，非常震惊，但他知道"文革"中有很多事已经不能用常理来判断了，即使再不明白，再难理解，也只能接受。梁晋才还在为叶正明扼腕叹息，却没想到，叶正明被打倒这件事竟然会和自己产生极为密切的关联。

1971 年，在梁晋才没有任何思想准备的情况下，一纸调令下来，他从 22 所调到了上海新江机器厂，被正式任命为"红旗四号"负责人，负责红旗四号导弹武器系统的抓总工作。

"让我抓总？"梁晋才这下可真懵了。对他来说，他喜欢研制工作，但之前也仅仅局限在导弹武器控制系统这个专业领域。但抓总意味着什么？这意味着要全面了解甚至掌握全弹制导、探测、气动、弹道、结构、载荷、控制等关于导弹的所有专业，要有能力调动组织各专业的人员和资源。但事实上，除了控制专业，梁晋才几乎从来没有接触或涉足过其他领域，简直可以说是"门外汉"一个。

梁晋才不知道上级领导看中他什么了，难道是苏联鲍曼高等技术学校自动控制专业的副博士学历？难道是成功研制出中国第一个半液浮陀螺的战绩？难道是近期在攻关论证"红旗四号"天线罩指标时的表现？

因为心里没底，梁晋才接到这个任命后，他不仅没有感到振奋，反而有了惶恐不安的感觉。一连几天，他的精神都紧绷着，心中一直有一个极其简单又复杂的问题在盘旋：这个抓总到底该怎么抓？因为专业面的限制，他想到头痛，也没理出个头绪来。以前，梁晋才干一件事情，都是一步步想周全了，然后才放手一搏，虽然也是一路苦拼过来的，但因为做足了心理准备，也基本称得上是胸有成竹。而现在，思路还像一团乱麻，在什么都不清楚的状况下不得不走马上任，他心里有些忐忑。这种不安严重影响到他的整个状态，他本来睡得就少，现在这一纸任命下来，他连这点睡眠的质量都得不到保障，经常从噩梦中惊醒。他担心自己的专业面太窄，带不好“红旗四号”的研制队伍，从而影响到型号研制。梁晋才要突破自己的专业局限，已经是极大的挑战了，他只能更加苛刻地要求自己，不停地学习、拼命地钻研、努力地消化。他下定决心一定要尽快搞清楚整个导弹的研制过程，掌握其中的关键技术。

梁晋才对工作方面的事情思虑最多，可他遇到的情况比他担心的还要糟糕。

叶正明一夜之间被打倒，“红旗四号”负责人的突然易主，让“红旗四号”研制队伍难以接受。叶正明在“红旗四号”研制队伍中树立了威信，大家虽然不敢站出来为叶正明说话，但心里都觉得叶正明得到了不公正待遇。敢怒不敢言的他们全身上下都憋着一股子怨气，而叶正明的接任者——梁晋才，就直接成了他们宣泄的对象。

整支研制队伍对梁晋才的敌视和不服让他备感

压力。梁晋才从小就饱受人情冷暖，所以很懂得人情世故，能换位思考。他待人向来是亲和友善的，所以自他工作以来，尽管起伏波折过好多次，但总的来说，人际关系还是不错的。即使在挨批斗的时候，那些“革命小将”也没太为难这个好脾气、好性格的“苏修分子”，没被戴过“高帽子”，更没有坐过“喷气式”。后来下放到车间，工人师傅们也十分尊重他。而如今，他和研制队伍可以算是一个战壕里的战友了，在他最需要支持的时候，战友们传递的不是信任、鼓励和帮助，居然是冷嘲热讽的言语，以及各种明枪暗箭的刁难。这让本就举步维艰的梁晋才心情更加压抑和苦闷。

但是，梁晋才理解这支队伍对叶正明的感情。因为理解，所以谅解。所有的委屈、难过和痛苦，他只能咽到肚子里，选择一个人默默地忍受。只是有一次，梁晋才和新江机器厂党委书记在交流工作时，书记关心地问了一句：“工作还顺利吧？有什么困难吗？”梁晋才沉默半晌，才说了一句：“大家都很努力，关键在于我还不太熟悉专业。”书记看着梁晋才，欲言又止，只是重重地拍了拍他的肩膀，说了声：“坚持住！”

这是梁晋才自接手“红旗四号”研制工作以来，得到的第一次鼓励。书记的一句话、一个动作，让一直苦苦压抑着自己的梁晋才，在瞬间找到了一个释放的口子，顿时他的眼眶红了。走到无人处，这个虽然瘦弱却坚强的汉子再也忍不住了，瞬间泪如雨下。他索性放开自己，痛痛快快地大哭了一场。

泪水洗刷掉了积压在梁晋才心头的阴霾。痛快地哭过一场，梁晋才慢慢平静下来，再一次告诉自己：辛苦不会白费，付出总有回报！即使身处困境，只要自己不放弃，就一定能等到柳暗花明的那一天。梁晋才靠着这个信念，发了疯似地学习，没日没夜地工作。渐渐地，各种刁难少了，他说出的话开始被接受了，那些曾经认为他是门外汉而对他嗤之以鼻的同事，也开始听取他提出的专业意见了。日复一日地，大家不知不觉中开始心悦诚服地称呼他“梁总”了。

梁晋才终于靠着自己的毅力熬到了这一天，不仅走出了举步维艰的困境，还完完全全靠自己的专业、学识、品德征服了这支队伍，为自己赢到了这支队伍的“心”。

24.“红旗四号”夭折

突破逆境，实现了逆转的梁晋才变得更加自信内敛了，他的亲和、沉着、果断、冷静几乎得到了所有人的认可。因为这个人吃得起苦、经得起累、受得起罪、责任心强、工作热情高，看起来倒真不像是个“走修正主义反动路线”的人，而且他群众基础好，技术能力强，组织协调很有思路，或许还可以更有作为。于是，梁晋才不仅成了“红旗四号”的抓总负责人，居然还进入了新江机器厂的革命委员会，成了班子成员之一，被赋予了更多的组织管理职权，也在更大范围内树立起了威信。

在掌握局面后，作为“红旗四号”负责人，梁晋才进行了认真的思考，终于大胆地提出了自己的设想：全面调整“红旗四号”设计要求和分系统指标！

提出这样的设想，风险很大，没有一定的胆略是不行的；而要实现这个设想，难度更大，没有很强的能力也是不行的。不过，左思右想后，梁晋才还是做出了这个冒险的决定。刚从低谷中爬出来的他，心里头装的是型号的事情，满脑子里转的都是怎样才能把“红旗四号”干出来。他有意无意地回避了一个重要的问题，那就是：调整指标会给他个人造成什么政治影响，是不是会带来一些其他后果。

想到就要做到！梁晋才作为型号负责人，亲自出马，跑遍了各个厂所，与各个分系统进行了频繁的沟通。他指出，“红旗四号”的设计要求是奔着国际先进去的，各分系统的指标都很高，而我们国家当前的研制生产能力却不足，造成了实际研制进展跟不上设计要求的现实状况。如果脱离客观实际，不按照国情，一味追求先进，则很容易让“红旗四号”变成可望而不可即的“空中楼阁”，所有的投入很可能就此打了水漂。所以，梁晋才向各个分系统提议，希望各分系统能够根据实际情况调整指标，让“红旗四号”技术指标有真正实现的可能性和途径。

他的提议终于得到了分系统的响应。各分系统纷纷从自身实际出发，对红旗四号导弹武器系统从制导体制到技术指标都进行了很大的调整。

此后，各项工作有条不紊地开展起来。

与“红旗二号”“红旗三号”固体 + 液体发动机不同的是，“红旗四号”采用了两级固体发动机，均采用双基推进剂，不仅去掉了对操作者有很大危险的液体推进剂加注程序，而且还可以大幅度缩短发射准备时间。发射准备时间从原来的 2.5 小时一下子缩短到 0.5 小时左右。

“红旗四号”将原来设定的“半主动自动寻的”制导调整为“无线电指令 + 半主动自动寻的”的复合制导。导弹战斗部采用破片杀伤体制，装有小扰动自适应自动驾驶仪，采用调频比相无线电近炸引信，在接近目标处起爆。数千片高速飞行的破片，组成最大直径 60 米的圆锥形高速破片体，形成的锥形弹幕可覆盖并摧毁目标。

红旗四号导弹武器系统的制导雷达采用相控阵雷达，具有多目标、高坐标测量精度和抗干扰等特点。整个制导站由雷达、显示、记录、计算机和移动电站组成。之前，上海有线电厂研制出的有500个单元的相控阵雷达初样，由于规模过大，对工程研制并不实用。为此，梁晋才带领研制队伍在相控阵雷达的T/R组件小型化方面进行了重点攻关，终于有了重大突破。

“红旗四号”的研制进展十分顺利！

按照地空导弹的试验程序，1976年，梁晋才带领研制队伍在空军西北某地空导弹武器试验基地进行第一发模型弹的打靶试验。由于经验不足，设计的热结构强度不够，导弹过渡舱在飞行过程中折断。

第一发模型弹试验失败了！

但梁晋才他们并没有气馁，因为在这次试验中，导弹所采用的新型发动机技术得到了验证。特别是在模型弹发射的那一瞬间，威力强大的发动机喷射出长长的白色尾焰，伴随着雷鸣般的吼声，那雄伟的壮观场面非常具有震撼力。在场为“红旗四号”拼搏过的每一个人都很振奋，都说从来没有看过这样的情景。这种震撼场面冲淡了试验失败带来的沮丧，梁晋才以及其他研制人员的积极性并没有受到多大影响。

梁晋才对队友们说：“科学试验本来就是在摸索中总结规律和经验的，我们已经离成功很近了。只要找准问题，解决问题，我们就能成批生产这种威力巨大的导弹，就能用它来装备我们的军队了。”梁晋才说得信心十足，也极具感染力，队友们的斗志更加高昂，以百倍的热情投入到新一轮的分析和设计研制工作中。

之后的几年里，他们先后完成了红旗四号01批模型弹一共5发试验，验证了设计方案的成熟性；又完成了02批独立回路弹16发试验，验证了独立回路弹上所装配的自动驾驶仪的工作性能及其可靠性，证明导弹能够按照设定程序飞行并自动寻的捕捉目标；到03批闭合回路弹12发试验时，又装上了引信、战斗部、自动驾驶仪等全部装置，试验也取得了成功。

“红旗四号”的模型弹、独立回路弹、闭合回路弹试验相继成功，就意味着可以定型了。而就在梁晋才他们怀着激动的心情等待怀胎十月的“孩子”诞生的关键时刻，1981年8月6日，他们却被告知：中央军委撤销了红旗四号高空远程地空导弹武器系统的研制任务，该型号停止研制。

为什么？综合多方面得来的消息，梁晋才渐渐明白，由于技术水平、研制生产能力方面的限制，“红旗四号”虽然有很大的改进，但其技术指标以及性能与之前已经装备的其他红旗系列型号导弹还是有所交叉。而他和他的团队精心研制的“红旗四号”又是个大家伙，长约10米，重3吨多，导弹上装有许多“娇贵”的精密仪器和固体推进剂，对温度、湿度、震动等都有很高的要求，所以，导弹的保存环境也变得十分重要，需要放在恒温、恒湿和防震的贮藏桶内。最重要的是，20世纪70年代后期，我国的政治、经济体制开始转型，国家开始压缩军备，全力发展经济。技术因素、经济因素、政治因素，一连串复杂的原因综合在一起，导致了“红旗四号”研制进程的终止。

作为负责人，梁晋才对“红旗四号”的感情是无法用语言来形容的。听到消息的那个瞬间，梁晋才犹如被当头泼了一盆冷水，不！是冰水！他又一次遭到了重创，欲哭无泪！

25. 艰难的团聚

这个时候，最能宽慰梁晋才的就是贾玉桂了。

1965年年初，梁晋才迁到上海，把妻子贾玉桂和女儿留在了北京。原本打算第二年迁到贵州安定下来后，再把她们母女接到身边。可谁知，“文革”开始，贵州没有去成，他也被打成了“苏修分子”。之后的六年多时间里，起起伏伏，波折不断，日子一直没有安稳过。梁晋才担心贾玉桂的时候，就会后悔没有把妻女接在身边。有时候又会想，或许她们不在身边，才不会被他连累。说实话，能够团聚固然是好，但整天挨批斗，清高的他也不愿意让妻子看到他失去了往日的神采，变得如此狼狈。他更不愿意在幼小的女儿心目中留下不好的印象。之前，他没能陪伴女儿成长，没能尽到当父亲的责任，在落魄的时候，就更不忍心让妻子女儿跟着他一起受罪了。

梁晋才后来才知道，贾玉桂在“文革”期间也受到了冲击，被下放到了北京的郊区昌平进行劳动，每周只能回家一次。女儿平时就托付给了一个好心的老阿姨照料。

1971年，梁晋才被调到上海新江机器厂后，由于他在“红旗四号”型号研制工作中表现出色，又成了革委会的成员，摘掉了“苏修分子”的牌子。

梁晋才一摘下牌子，顿觉松了口气。这次他没有丝毫犹豫，马上向主管单位——上海机电二局的领导提交了要解决夫妻分居的请求。他亏欠她们母女的实在太多了，现在自己的环境有所改善，就一定要想办法把她们接过来，尽到一个丈夫、一个父亲的职责。

考虑到梁晋才的实际情况，局里同意了梁晋才的请求。梁晋才兴奋之余，才发现一连串的问题在等着他。

首先就是贾玉桂的工作问题。解决夫妻分居需要走商调的途径，这要求上海首先要有工作单位能够接收贾玉桂。贾玉桂是北京铁道部联运局的员工，需要通过铁路局方面进行商调。上海铁路管理局帮了大忙，开了商调函，把贾玉桂调到了上海。可贾玉桂擅长的是俄语，在联运局的工作是俄语翻译，而上海铁路管理局并没有合适的岗位安排贾玉桂，这就需要贾玉桂自谋出路了。贾玉桂没去过上海，怎么联系工作呢？就连梁晋才也一筹莫展。当初梁晋才刚到上海时，为了员工家属的工作安置，四处托关系。这次因为是自己爱人，找工作属于个人私事，他反而觉得张不开口。就在梁晋才发愁的时候，上海机电二局局长张煜关注到这件事。在他的直接安排下，贾玉桂成了机电二局情报室的一名翻译。贾玉桂在上海的工作问题终于解决了，这一段长达六年之久的夫妻分居生活终于结束了。

接踵而至的第二个棘手问题是住房。梁晋才一个人在上海的时候，从来没有考虑过房子的问题，无论是在22所，还是在新江机器厂，都住在单位宿舍里。现在他住的新江机器厂宿舍是由一个旧厂房改造而成的，整个车间用三合板进行隔断，隔出了几十个单间。为了通风，隔断并没有连到天花板，每个单间等于只有四面墙而没有屋顶，这样一来，不仅通风，还很“通气”，谁在自己房间里说点话，住在隔壁房间的其他人几乎都能听到。住在这些单间里的都是单身汉，大家相互之间也没什么隐私可言，所以也都无所谓。

梁晋才的宿舍在北面，称得上冬冷夏热。到了夏天，处在上海郊区的新江机器厂就成了蚊子的天下。宿舍里没空调，也没电扇。不挂蚊帐，被蚊子咬得受不了；挂了蚊帐，房间变成一个密不透风的空间，闷热得睡不着。不过，对于生活中的这种“小事”，梁晋才有办法，他自创了“人体空调”。每天睡觉前先跑到食堂边的澡堂用凉水冲凉，冲完之后全身上下涂满驱蚊水。驱蚊水不仅可以驱蚊，而且因为含有薄荷成分，涂在皮肤上感觉很凉爽。然后他乘着水没干，就快速回到宿舍，借着这股子凉劲赶紧睡。

在这种艰苦的条件下，他一个人凑合地住，倒也没觉得有什么不妥，因为大家都是一样的。可现在如果把贾玉桂母女接来，怎么可能跟他一起挤在这个只有墙、没有顶、不隔音的单间里呢？还没等梁晋才开口，张煜局长再一次伸出援手，这份雪中送炭的情谊让梁晋才感动不已。在张煜局长的亲自过问下，机电二局在上海人民广场附近找到了一个住处，这是一栋八层楼洋房其中的一个房间。这栋楼原本是一个资本家的住宅，新中国成立后就归了国家。楼里配有电梯，前后都有门，每一层都有客厅、卧室、卫生间。楼顶安装了一盏灯，到了晚上灯光极亮，所以附近的人都把这栋楼房叫做“小太阳”。“小太阳”里住着很多人家，局里就在“小太阳”里面替梁晋才找到了一个空房间。房间在三楼，从“小太阳”的大厅乘电梯到三层，绕到后门，有一道露天的小走廊，靠近走廊门的第一个房间就是梁晋才的新住处了。

这个房间大概只有十五平方米，而且因为靠边，房型并不是方方正正的，而是以房门为顶点的扇形，所以利用率不是很高。即便如此，梁晋才对这个新住处相当满意，至少贾玉桂和女儿来上海后，不用跟着他挤在宿舍了。对他来说，这不仅是她们的安身之处，更是他们共同生活的“家”呀！

费尽周折之后，贾玉桂和小女儿终于到了上海，一家人在“小太阳”里团聚了。夫妻俩请不起人装修房子，不过他们也并不在意，地板打蜡，墙壁粉刷，都是亲自动手。看着粉刷一新的屋子，两个人都笑了，笑得心满意足。

26.温馨的家庭生活

梁晋才和贾玉桂结婚都快17年了，其中有大约10年时间都处于分居状态，这次一家团聚了，就再也不想分开了。不过，梁晋才承担着“红旗四号”的研制抓总任务，平时工作十分繁忙，而且新江机器厂地处上海的郊区松江，与“小太阳”之间有几十千米的距离，交通很不方便，每次往返都挺费时间的。所以，梁晋才的大部分时间不是住在市区，工作日和往常一样，依旧住在厂里的单身宿舍。这个时期实行的是每周六天工作制，只有周日可以休息一天。而新江机器厂领导考虑到大部分职工的实际情况，采用了每两周休息两天的方式，这样可以减少职工往返单位的次数，相对增加了和家人团聚的时间。因此，只有到每两周一次的休息日，梁晋才才能回一次家，与妻女聚上两天。

新江机器厂有辆“巨龙”班车，前后共有两节车厢，中间连接处就像手风琴一样，当车辆拐弯时，连接处的弯型座椅还会一起转动，大家喜欢把这种会转动的座椅称为“香蕉座”。让梁晋才高兴的是，班车的行车路线中有一个集散点，就设在“小太阳”楼底下，这样可以节省一点赶往停车点的步行时间，可以多留一点和妻子女儿团聚的时间。

第一个星期的周一一大早，梁晋才在楼底下等班车，一上车就可以一站到厂里。第二个星期的周五下班后，他又可以直接从厂里乘班车到“小太阳”。虽然每次有两个多小时的车程，却也省去了不少麻烦。但是，因为乘班车的人多，座位少，所以大家都是领号入座，每乘三次才能轮上一次座位，其余两次只能算是“站班车”。

虽然梁晋才夫妻两人每两周才能真正地团聚一次，但贾玉桂没有任何不满。这也让梁晋才感到很庆幸，庆幸当年选择了贾玉桂。贾玉桂是个明事理的女人，她知道梁晋才忙的是国家的航天事业，是大事，她作为家属自然要鼎力支持。贾玉桂又是个容易知足的女人，虽然他们一家两周才能聚上两天，但比起以前几年也见不上一面的光景，已经是好太多了。贾玉桂更是一个能干的女人，很快适应了南方的生活节奏，虽然家庭的担子几乎落在她一个人肩上，但她依旧把这个小家操持得井井有条。

由于房间不大，屋子里摆了一大一小两张床，再摆放点必需的家具后，空间就显得很局促了。十几年里，他们添置的唯一的家用电器是花几十块钱托在百货大楼上班的邻居买的九寸华生电扇。就是这样，屋子里也仅能容人转身而已。

贾玉桂学着邻居的样子，把厨房“外挂”在了走廊里，靠着房门放一张小方桌，权当餐桌，桌子旁边还摆着一个碗柜。由于受空间限制，买不到现成的碗柜，所以这还是请人量了尺寸“特制”的“迷你型”碗柜。烧饭的炉子也是摆放在走廊里。每天到了饭点，走廊里就特别热闹，就像大饭店的后厨房，摆了一溜儿的炉灶，每家都在那里烧饭炒菜，烧好盛上后，一转身就能摆到餐桌上。唯一不方便的是，梁晋才家最靠近走廊门口，每当有人进出走廊、开门关门时，就必须连人带炉子一起让开。不过，贾玉桂没有介意这些小事儿，该让就让，从来没有因为不方便而抱怨过。好脾气的她也为自己博得了好人缘，邻居们都愿意帮助这位温婉的“贾老师”。

在上海安定下来之后，贾玉桂也开始到机电二局情报室上班。情报室坐落于徐汇区永嘉路上，离“小太阳”有一段路程。所以，她每天早上五点多钟就要起床，去附近的菜场买菜，回来赶紧烧好。和女儿一起吃完后，简单收拾一下，就得抓紧时间去乘公交车上班。每天下班后，还要回家操持家务，做饭、洗衣服、收拾屋子，整天没个停下来的时候。在北京的时候，贾玉桂已经习惯了这样忙碌的生活，对于自己的辛苦根本不在意。作为母亲，她更关注的是女儿的健康和学习；作为妻子，她更想为丈夫解除后顾之忧，让他安心工作。

女儿虽然年少，但已经很独立了，她在“小太阳”附近的一所小学上学，小姑娘都是自己一个人上学、放学，从来不需要家长接送。邻居们都很喜欢这个懂事的小姑娘，一口一个“梁妹妹”地叫她。让贾玉桂操心的是，这个学校是不管午饭的，女儿要回家吃，家里又没人照看，这可怎么办？没想到，贾玉桂的好人缘解决了这个难题，隔壁邻居中有一位心肠特别好的老太太，她年纪大了，不用上班，平时也特别喜欢小孩，听到贾玉桂的这件烦心事，就主动提出让“梁妹妹”来自己家搭伙。于是，女儿每天中午吃饭的问题就顺利解决了。梁晋才夫妻非常感激，又觉得给邻居增加了不少麻烦，过意不去，执意要给老太太报酬，老太太却坚决不收。最后双方妥协了一下，老太太每个月象征性地收点米，权当“梁妹妹”的伙食费了。

梁晋才每两周回一次家，回家后可以待上两天。这两天他也没闲着，想着平时贾玉桂一个人在家，要上班，又要带孩子，还要操持家务，他很心疼妻子的辛苦，所以总是想办法让她们母女俩开心。周六一大早，他就到附近的食品公司门口排队买熟食。在这个物资极其匮乏的年代，熟食种类少，而且凭票证限量供应，可不是想吃就能随便吃得上的。真想吃熟食就必须赶个大早，晚了就没了。而且就算排队在前面，当食品公司一开门，就得赶紧往里冲，跑慢了也买不到。文质彬彬的梁晋才为了改善母女俩的伙食，补偿自己平时顾不上家的愧疚，所以每次食品公司一开门，他顾不上讲究斯文，混杂在人堆里“呼隆隆”挤进去，争取能够排在前面。买到熟食后的喜悦丝毫不亚于他攻克技术难关时所获得的成就感，特别是看到贾玉桂母女俩吃得很开心，梁晋才打心眼儿里高兴。这个时候，他的眼里就只有她们母女了。周日，他会陪着贾玉桂和女儿逛逛南京路，到人民广场散散步，一家三口说说笑笑，场面非常温馨。

一家人住在十五平方米的房子里，梁晋才没有觉得不方便。相反，有一次他的腿上发了一个痈后，甚至还很阿 Q 地觉得房子还是小一些好。痈是一种急性化脓性炎症，大多是由于营养不良、机体抵抗力下降导致的。梁晋才就是因为长期劳累，加上营养不足，腿上才发出了痈。

刚开始，梁晋才不觉得这是什么大不了的问题，并没有太在意，一直拖着没去看。过了些时日，这个痈开始“发威”了。先是形成了多个脓头，接着就不停地流脓，疼痛感也逐渐加剧，直到梁晋才的脚痛得下不了地，腿痛得走不了路。

为了不让妻子担心，梁晋才乐观地说：“你看，这就是房子小的好处了。我都不用走路，一伸手就能拿到东西。稍微远一些的，匍匐前进两下，也够着了，多方便。”

贾玉桂看着丈夫强忍着痛还在逗她开心，心疼不已。她眼角噙着泪，逼着梁晋才去医院。这个坚强的男人这才咬着牙，一边拄着拐，一边由贾玉桂搀扶着，到附近的曙光医院去医治了。

为了他的腿，贾玉桂特意给梁晋才准备了一把小小的折叠小板凳。她叮嘱梁晋才乘班车的时候带着，那样即使轮不到座位，也可以“坐班车”了。由于路况不好，车子减振性能也差，梁晋才坐在小板凳上，在班车上摇摇晃晃，常常坐不稳。而且，一个男人带着小板凳坐在班车里，场景也有些怪，不时会有几个熟人调侃几句。可他毫不介意，这可是贾玉桂的贴心嘱咐，坐在小板凳上虽然不是很舒服，但心里暖洋洋的。

梁晋才一家在“小太阳”一住就是五年。生活中的点点滴滴，夹杂着酸甜苦辣咸各种滋味。但是因为有家人的陪伴，梁晋才依旧觉得非常温馨。工作、生活都回到正常轨道上了，这正是他想要的，他很知足。

27.1976年的大悲大喜

1976年，注定是不寻常的一年。

这一年的9月9日，全国人民心目中的伟大领袖毛泽东主席逝世，全国各族人民都沉浸在极度悲痛之中，部队、单位、学校，甚至很多老百姓家里都设了灵堂追思毛主席。上海新江机器厂也不例外，大礼堂布置肃穆，主席台正中央摆放着毛主席像，四周放着常青的铁树。整个礼堂虽然站满了人，但鸦雀无声，寂静得让人心慌。因为梁晋才曾在留苏期间亲眼见到过毛主席，亲耳听到过毛主席的教诲，所以他被选为代表，在主席台上回忆和描述1957年毛主席接见苏联留学生的场景。

“世界是你们的！也是我们的，但是归根结底是你们的！”毛主席铿锵有力的话仿佛又在耳边响起，“你们青年人朝气蓬勃，正在兴旺时期，好像早晨八九点钟的太阳。中国的前途是你们的，世界的前途是你们的，希望寄托在你们身上！”

1957年的梁晋才是一名风华正茂、斗志昂扬的青年。如今时隔近20年，却已是饱经沧桑，两鬓泛霜，梁晋才怎能不感慨万分！说着说着，梁晋才这个冷静沉稳的人也不禁唏嘘了，声音中带着哽咽。因悲痛所至，他在主席台上趔趄了一下，这一个小小的失控，却犹如打开了悲伤的闸门，台下有人抑制不住地低泣起来。渐渐地，哭声四起，且越来越大。到最后，整个礼堂被人们难以抑制的悲伤湮没了。

10月6日，当全国百姓还在为毛主席逝世哀伤时，以华国锋、叶剑英、李先念为核心的中共中央政治局执行党和人民的意志，采取断然措施，逮捕了王洪文、张春桥、江青、姚文元四人，一举粉碎了这个横行多年、为非作歹的“四人帮”。至此，持续了整整十年的“文化大革命”宣告结束。无数在“文革”中蒙冤的幸存者终于等到了昭雪的一天，于是，各地又举行了盛大的集会游行，庆祝粉碎“四人帮”的历史性胜利。梁晋才也参加了游行，和曾经一样吃过苦头的老同事、老朋友拥抱在一起，庆祝那些战战兢兢的日子一去不复返，庆祝大家又可以在一起为了同一个目标拼搏了。

这是让全国人民大悲大喜的两件事。就梁晋才而言，他个人的生活和工作也可以用“喜忧参半”四个字来形容。

这一年，机电二局分配到了坐落于徐家汇万体馆附近一栋九层的宿舍楼。这栋楼的六层指定分配给了航天型号的研制人员，梁晋才也有幸分到了一套二居室。这套房子大概有四五十平方米，有独立的卫生间和厨房。梁晋才一家子从十五平方米的“小太阳”里搬了出来，特别高兴地搬进了新居。总算有了一个十分像样的家了，贾玉桂终于可以在自己家里从从容容地烧上一顿饭菜，也不用和邻居共用一个卫生间了。梁晋才觉得自己的小日子越过越好，之前住“小太阳”时他很知足，现在这种状态更是让他满足。

而就在他满心欢喜期待生活、工作双丰收的时候，“红旗四号”的研制生产却陷入了困境。1976 年 8 月，“红旗四号”第五批模型遥测弹投产，却因所需传感器、遥测头以及发动机未能及时配套，迟迟不能交付试验。梁晋才为此四处周旋，投入了无数精力，却始终没有什么进展，心里非常苦闷。

有一段时间，梁晋才虽然表面上什么都不说，没有抱怨过，也没有找谁倾诉过、宣泄过，但贾玉桂是懂丈夫的。她知道他的心里堵着一块沉重的大石头，堵得难受，堵得发慌。她忍受着梁晋才的特别沉默给家里带来的低气压，总找一些开心的话题来说，用柔情慢慢地化解着梁晋才的心结。

梁晋才很感谢贾玉桂的忍耐和陪伴。正是由于贾玉桂，他才觉得一切困难都会过去，生活还是充满了希望。贾玉桂也常提醒他凡事要往好处想，哪怕跌倒了，也可以重新站起来，吸取教训后，说不定会走得更稳、更快。梁晋才终于释怀了：型号研制本来就是困难重重，“红旗四号”虽然进展不顺，但此前研制过程中的努力却不会白费，所积累的经验还是十分宝贵的；特别是这支队伍在研制过程中得到了充分的磨炼，所有参与研制的人员的专业能力都有了非常明显的提升。而且，整支队伍在困难挫折面前所表现出来的种种特质，都是有目共睹、令人欣慰的。他们有迎难而上的勇气，有坚定不移的信心，有百折不挠的斗志，有互帮互助的团结。

在多年的征战奋斗中，大家已经融为一体，习惯了同甘共苦。大家没有因为“红旗四号”研制进程遇到障碍而泄气，反而鼓励梁晋才重新振作起来，迎接下一个挑战。梁晋才用他的个人实力和人格魅力，让这支队伍紧紧地凝聚成一个充满战斗力的团队，同样，他也被这支队伍深深吸引着。

心中充盈着满满的感动和珍惜，梁晋才不敢再低迷下去。

在“红旗四号”研制期间，梁晋才还承担了另外一项重要任务——筹建战术导弹总体部。妻子的体贴、队友们的鼓励，使他又一次挺直了腰板，从“红旗四号”的困境中走出来，全力以赴筹建总体部。

28. 执着的总体部之梦

“四人帮”被粉碎后，大家之前被禁锢的思想得到了解放。机电二局也开始踌躇满志地酝酿和推进战术导弹总体部的筹建工作。

筹建战术导弹总体部这个念头，其实已经在张煜局长的脑中盘旋了很久，只不过之前时局动荡，所以，张煜就把这个想法藏在了脑海深处。天长日久，它并没有被抹杀掉，反而生根发芽，变成了一个执着的梦想。“文革”结束后，全国建设逐渐步入正轨，张煜脑海深处的这个梦，就如同春笋一样，蓬蓬勃勃，破土而出。

自从国防部五院改制为七机部后，负责导弹武器研制的五个专业研究所搬到上海，但作为导弹型号总体的第二设计部仍然留在了北京，并未迁往上海。在初期的研制过程中，机电二局发现总体部没迁到上海，型号工作开展是有困难的，因此，机电二局和七机部进行了协商。之后，七机部从北京的第二设计部抽调了一部分技术人员，充实到 20 所以及上海新江机器厂，分别成立了两个总体研究室，专门负责导弹总体设计工作。但 20 所和新江机器厂地处松江郊区，交通十分不便，而其他厂所又分散在市区内，一旦要到市区分系统协调技术等方面的事项，每天光在路上就要花费不少时间，真正能够开展工作的有效时间变得很有限。而且就一个单位内的总体研究室来说，要协调分系统，在权威性上总是差一点，这在一定程度上束缚了上海导弹武器型号的发展。

张煜局长看到了这个局限，为了红旗型号的生存和发展，一直希望能成立一个战术导弹总体设计部。

1975 年，张煜明确表示，由机电二局科研二组负责，组织筹建战术导弹总体部，地址选在定西路、昭化路 357 号院内。这里原本是牛奶公司的一个养牛场，地形呈现“凸”字形，总体部就建在“凸”字的突出部位，因此有人戏称总体部为“牛腿”。东面紧邻的是武夷路地段医院，西面是上海钢铁研究所，北面则是五六栋居民住宅。规划中的总体部建设分为两期，基建一期工程为半实物模拟实验室，二期工程为科研办公大楼。原本是打算置换武夷路地段医院院址的，然而，就在一期工程的土建基础已经完成，机电二局正在和地段医院进行置换洽谈的节骨眼上，上海市国防工办突然下令停工，理由是建立战术导弹总体部，意味着修正主义科研路线的回潮。就这样，总体部在筹建起步时就遭到了无情的封杀，张煜的总体部之梦被打断了。

物以类聚，人以群分。张煜之所以赏识梁晋才，是因为梁晋才对业务执着的钻研劲头，也是因为梁晋才面对困难时具有百折不挠的精神。他欣赏这样的人，正是因为他自己也是这样的人。

张煜的总体部梦想之所以如此执着，是有原因的。

这个梦想缘于“红旗六十一号”。“红旗六十一号”是周总理亲自命名的、我国20世纪60年代自行设计的第一型防空导弹，有着特殊含义。1968年，“红旗六十一号”从七机部第二研究院转由机电二局研制。机电二局感到使命光荣，责任重大，也铆足了劲儿，想干出一番成就来，不辜负周总理的厚望。但在“文革”期间，像梁晋才这样负责导弹武器研制的技术人员大多被下放到各个车间劳动，各个型号的研制工作陷入了停滞状态。“红旗六十一号”也不例外，研制工作基本上停顿了，处于“冬眠”状态。张煜作为机电二局的局长，虽然无力对抗时局，但却一刻也没有把“红旗六十一号”从自己的心头放下过。

如今，“四人帮”横行的冬天结束了，科学的春天到来了，“红旗六十一号”也终于可以从“冬眠”中苏醒了。要想顺利并且加快推进红旗型号的发展，还是要建立战术导弹总体部。

现在，这个机会终于来了。不仅如此，张煜还网罗了一批和他志同道合的人，其中就包括梁晋才。

梁晋才一直感激张煜局长的知遇之恩，也一直想好好报答他。但是，梁晋才并不是一个在人情世故方面八面玲珑的人，所以除了好好工作，他根本不知道该怎么报答。1976 年，张煜找到梁晋才，想让他负责总体部的筹建事项。张煜也挑明了筹建工作的难度，但梁晋才没有丝毫犹豫，一口答应下来，两人一拍即合。

接受任务后，梁晋才的心理压力极大。他之所以答应得如此痛快，一方面是感恩之心让他不忍回绝张煜的请求，虽然难度大，但也是一个回报张煜知遇之恩的机会；另一方面，梁晋才也十分赞成建立总体部。他自从在新江机器厂负责导弹型号的抓总工作后，就一直辛苦奔波于各个分系统之间，遇到的事情和困难更加直接和具体，因此，对总体部存在的必要性和重要性有着更为深刻的体会。他觉得机电二局如果建成总体部，一定会更有利于导弹型号的顺利研制。

29. 筹建之路，一波三折

1977 年，上海机电二局再次组织筹建战术导弹总体部，并明确了以梁晋才为首的筹建领导班子。50 岁的梁晋才彻底抛开了“红旗四号”带来的负面影响，全身心地投入到总体部的筹建工作中。

机电二局划出外滩中山东一路 15 号局机关四楼两间房，作为筹建组办公室（简称筹建办），办公室暂定名称为上海机电二局第二设计室。室主任梁晋才带领着他的新班子、新团队又一次像筹建 22 所一样地筹建起总体部来。梁晋才预想过筹建之路会很坎坷，但没想到会这么坎坷，好几次都把梁晋才逼到了悬崖边上。

万事开头难。首要任务就是选址，这也是摆在梁晋才面前的第一个难题。在这个问题上，梁晋才的想法和张煜局长是一致的，认为总体部应该离市区近一点，交通要方便，这样有利于与各分系统的工作协调；最好能够有现成的房子，可以实现边建设、边工作，最大限度地降低对科研进度的影响。

有了统一的认识，也就有了一个明确的目标和方向。梁晋才踌躇满志地按照这个思路开始找地方。在张煜局长的大力支持下，机电二局各部门也给予了极大的配合。很快，后勤组向筹建办提供了徐汇区有空余小学校舍的信息。经过多次交涉，机电二局与徐汇区教育局达成了有偿转让斜土路小学和幼儿园的协议，并在相关地形图上分别加盖了机电二局第二设计室和徐汇区教育局的印章。

斜土路小学坐落在大木桥路东侧，面向西，紧邻茶陵路，整个小学和幼儿园呈正方形，幼儿园在小学的东南角上。小学的教室是平房，分别在东侧和北侧，中间是操场。在梁晋才看来，这地方着实不错，很符合他们的各项要求。于是，筹建办立即行动，特地从新江机器厂借来了一辆卡车，把桌子、椅子、柜子都搬了过来，甚至连职工宿舍的双层床都准备到位了。

正当他们“安营扎寨”准备开工的时候，一个意外情况却突如其来。徐汇区规划局以居民住宅区域不宜建单位为由，直接否定了转让斜土路小学和幼儿园的方案。虽然事后徐汇区教育局又先后提供了武康路小学和天平路小学两处地址供选择，但梁晋才经现场查看后，觉得都不够理想。于是，一切又要重新开始，梁晋才不得不开始了新一轮的选址。他的足迹几乎又一次踏遍了上海，最后终于选中了桂林路以西宜山路以北的地块，同时确定下了征地建所的方案。

地址问题终于解决了，摆在梁晋才面前的第一道难题被解开了。

1978 年 1 月，上海市政府发文件，批准机电二局组建成立 8201 总体设计研究所（即现在的上海航天技术研究院第八设计部前身）。市政府的红头批文，是总体部正式成立的标志，这让筹建组精神振奋，各项筹备工作都加快了步伐。一方面，桂林路地块要完成征地，并开始基建工程；另一方面，要办理一系列手续，银行开户，申请开办经费，提出控购物资的审批报告，刻制单位印章，制作工作证、保密本……有过 22 所筹建经验的梁晋才，把这些繁杂的事务理得清清楚楚，安排工作人员有条不紊地一项项落实。

更重要的是，总体部的基建工程要有序推进，它所承担的各项型号研制工作也必须正常开展，这“两不误”的要求是梁晋才面临的新挑战。在张煜局长的大力支持下，1980 年 1 月，梁晋才被正式任命为 8201 总体设计研究所所长、战术导弹总体部主任。同时，一张张调令迅速下达，犹如吹响了集结号，来自 20 所一室、七室以及各分系统厂所内的 146 名技术骨干组成了总体部首支科研队伍。根据型号研

1978年，8201总体设计研究所成立时，三位技术领导——蒋通（左）、彭望泽（中）和梁晋才（右）合影

制需要以及人员专业特长，总体部设置了5个研究室和5个职能管理部门。所需人员已经到位，但第二个难题也接踵而至：这些职工在哪里办公呢？筹建办的两间办公室明显不够用，新地方又没有建好，这可怎么办？

梁晋才向机电二局反映了这个问题，张煜局长很重视，难题很快就得到了解决。机电二局向上海市房管局借用了山西路457弄61号的一幢封闭庭院式的石库门住宅房，作为8201所的临时科研用房。此房早先是私人住宅，后来主人全家去了台湾。"文革"期间，该房还一度成为闸北区红卫兵造反指挥部。所以，当大家进驻时，这幢楼里还是一片狼藉，楼上七个房间、楼下八个房间，以及两个朝北的阳台内，到处都是垃圾，散发着一股子霉味。另外，四面墙上张贴的"革命无罪，造反有理""打倒×××"等标语还没有清除干净，犄角旮旯布满了蜘蛛网和厚厚的灰尘。

但这些对梁晋才他们来说都不算个事儿。总体部所有科技人员都放下了"秀才"的架子，当起了清洁工、泥水匠、搬运工，清除垃圾、粉刷墙壁、搬运办公家具及用品。但在清理结束后安排房间时，发现这个地方的有效使用面积并不能容下近150人办公。在里面建了一个计算机房后，剩下的地方只能提供给五室的人员办公。所以，8201所又另外租用了机电二局在汶水路的仓库作为所址，其他4个室的科技人员，包括党政领导、所办、科技组、政工组、后勤组等部门的行政管理人员全部集中到汶水路工作。

局仓库里有栋简易办公楼，从楼梯走上去，有一条长长的走廊，两旁有几个房间，每个房间各有一个研究室，负责总体、气动、弹道、载荷、控制、测试设备等研制任务。同样，他们还自己动手，搬来了桌子、椅子、柜子等办公家具。

楼梯狭窄，小件家具还好搬，大件没办法搬运，怎么办呢？

这种事同样难不倒这批有头脑、有干劲的技术人员。大家在楼道走廊上架起了支架滑轮，用绳索把办公家具一件件吊了上来，又一件件摆好，硬是把一个单位的“框架”给搭起来了。

总体部初期就在这两个简陋的地方开始运行，同时担负起研制红旗六十一、六十三两个导弹型号的总体设计任务。这两个地方离得较远，工作期间自然少不了来回奔波，十分不便。但梁晋才却乐观

20世纪80年代，梁晋才在大会上做报告

地想着，目前这种情况与之前在松江工作时相比，毕竟还是方便了许多。而且，这些不方便是暂时的，如果桂林路地块的建设能够早点完成，早点迁入，这些问题不就迎刃而解了吗？

而就在梁晋才全力推进总体部在桂林路地块的建设时，一个棘手的难题又出现了，几乎成了总体部建设路上最大、最凶猛的一只拦路虎！

此前，关于是否应该筹建总体部之事，一直有两个声音，虽然张煜局长最终拍板决定筹建，但反对的阻力也不小。在申请总体部筹建经费时，1000 万元成了一个关键点。如果超出 1000 万元，则要上报北京方面批准，同时意味着更长的审批流程和审核周期。如果控制在 1000 万元以内，则由上海市直接审批，流程与周期都会有所缩短。为了防止夜长梦多，减少审批手续，加快建设进度，总体部的筹建经费申请被控制在了 1000 万元以内。

施工队伍一进场，这钱就“哗哗”地流了出去，一栋栋楼都是用钱堆砌起来的。梁晋才他们精打细算，恨不得一分钱掰成两半花，但还是不够用。由于物价的上涨，等到办公楼建起来了，食堂完工了，科研大楼的基础施工结束了，钱袋子也空了。

资金问题不解决，科研大楼盖了一半就进展不下去了。没钱，连其他楼的水、电、暖等设施都没办法接通。怎么办？阴影笼罩在总体部每个人的头上，大家把期待的目光投向了梁晋才。梁晋才表面上不动声色，安抚着大家，内心却焦急如焚。他到处求助，但四处碰壁。正在他焦头烂额之际，关于该不该建总体部的论调又甚嚣尘上，反对的声音又响了起来，一句句冷言冷语，无情地钻进了已经心力交瘁的梁晋才耳中。

钱！钱！！钱！！！这个问题成为压在梁晋才心头的一块沉重的石头，连张煜局长都尽力了，却仍然没有解决。

30. 破茧化蝶的总体部

1982 年 3 月，五届全国人大常委会第 22 次会议通过关于国务院机构改革问题的决议，七机部改称航天工业部。1982 年 6 月 5 日，上海市人民政府、航天工业部下发《关于上海市第二机电工业局所属厂、所、站管理体制问题的联合通知》，明确上海机电二局所属单位由航天工业部和上海市人民政府双重领导，以航天工业部为主。上海机电二局自此改称为航天工业部上海航天局，总体部也从 8201 所改名为 8250 所。

此时总体部的建设已经进入第四个年头，但后续资金问题却一直悬而未决，这让梁晋才备受煎熬。抱着一丝希望，梁晋才给航天工业部写了封信，言辞恳切地请求部里能够支持 8250 所科研大楼的建设。但这封信犹如石沉大海，并没有给他带来任何可以振奋提气的消息。

科研大楼的后续建设就这样拖着，没有什么突破性的进展。时间是一把刀，每秒每分，每刻每时，每天每月……一刀一刀，轻轻地却不停地划在人们的信念上。渐渐地，一些坚持建设总体部的人的信念也被划出了裂痕，开始动摇起来。甚至有人悲观地预言，总体部可能会就此流产了。

尽管梁晋才像被束缚在厚厚的茧子中，眼前看不到亮光，但当有人劝他放弃科研大楼的建设计划时，他却紧抿嘴唇，坚持不肯松口。在忙完一天的型号研制工作后，他还是会经常去工地看看，只是，那里没有了工人们忙碌的身影，起重机高高扬起的铁臂死寂般地没有任何动静，梁晋才看得心痛如绞。真是一分钱难倒英雄汉啊，梁晋才觉得自己都快支撑不住了。

但再难，他也得咬牙坚持下去！否则，前面所费心血不说，投下去的钱岂不是打了水漂？他不仅要实践对张煜局长的承诺，更要为自己奉献了20年的“红旗”型号铺设一条生存和发展之路，要对得起国家和人民。只要还有一丝希望，他就决不放弃。

不停流逝的时间把年轮转进了1983年，放弃总体部建设的说辞已经占了上风。越来越孤立无援的梁晋才觉得自己已经被逼到了悬崖边上，正摇摇欲坠，稍有不慎，就将坠入万丈深渊。正在此时，他听到了军委首长张爱萍要到上海视察红旗六十一号导弹武器系统研制情况的消息。梁晋才立即意识到这极有可能是一个绝处逢生的转机。

红旗六十一号导弹武器系统一直是在宝山区的大场机场基地进行“抓野鸡”（研制阶段随机跟踪捕捉飞机的起落）试验的。而张爱萍将军此次到上海就是要去大场机场观摩红旗六十一号导弹“抓野鸡”的。但张爱萍的观摩计划里可没有安排他这个总体部主任进行汇报，他又该怎样抓住这次机会呢？一旦搞砸了，说不定总体部的最后一线希望就真的成了泡影。但万一能引起张爱萍的重视，就可以起死回生，为总体部赢得一个未来！经过反复权衡，梁晋才终于下定决心，精心酝酿和准备了汇报材料。

一个星期天，张爱萍来到大场机场，陪同他参观的国防科工委科技部丁衡高副部长恰巧是梁晋才在国防部五院时的老同事。在得知梁晋才的难处后，丁衡高很愿意帮老同事的忙。红旗六十一号导弹在“抓野鸡”中表现得非常好，张爱萍十分满意。趁着他高兴，丁衡高在参观结束后安排了梁晋才的汇报。张爱萍仔细听取了梁晋才关于总体部建设情况的报告后，当场表示支持总体部的建设，并指示有关部门赶紧落实经费，确保科研大楼能够恢复建设。张爱萍的表态犹如久违的阳光，一下子驱散了梁晋才他们长期积压在心头的厚重阴霾。

丁衡高回到北京后，直接到了航天工业部，传达张爱萍的指示，要求航天工业部支持8250所科研大楼的建设，并尽快拨付200多万元的建设经费。后来，丁衡高还多次帮着催款，科研大楼建设这件事情就这么出人意料地解决了，很有戏剧性。

由于之前拖了很长时间，复工后的工期比较紧，为了给施工队鼓劲儿，梁晋才他们还自掏腰包凑份子钱，请施工人员吃饭。虽然不是什么好酒好菜，但足见心意。挖掘机、起重机又开始“轰隆隆”地忙活起来，科研大楼也一层层地升了上去，梁晋才一直悬着的心终于落了下来。长期以来关于是否建立总体部的争论也停止了。总体部建设已成定局，势在必行！

1983年9月，8250所从汶水路的机电二局仓库搬迁到了桂林路412号的“新家”。搬迁那天，烈日当头，总体部的每一个人都异常兴奋，发扬着“天大热，人大干”的精神。虽然干得汗流浃背，但每一个人都笑容满面。他们或是依靠自己的双手抬、双肩扛，或是借用土法子自制的“神仙葫芦”(滑轮)，硬生生地把仓库三、五、六层楼的柜子、桌子等大件办公用品，一件件完好无损地吊了下来，然后装车，搬进了桂林路。

一年之后，在山西路的五室和计算机房也搬入了桂林路 412 号的新居。

上海航天终于有了战术导弹武器型号总体设计的大本营了，梁晋才长长地吁出一口气。从 1976 年到 1983 年，他用整整 7 年时间，完成了对张煜的承诺，也是对自己的承诺；他用整整 7 年的时间，为红旗型号的研制奠定了新的体制和格局。他相信，这面红旗一定能高高飘扬起来！

梁晋才

梁晋才院士传记

Academician Liang Jincai's Biography

第四章 红旗飞扬鹰翱翔

从容：莫泊桑说，生活永远不可能像你想象的那么好，但也不会像你想象的那么糟。无论面对的是阳光大道，还是坎坷荆棘，都需要坚强！当坚强成为习惯，一切都将从容。

干了一辈子的航天，既有失利的痛苦，也有成功的欢欣。作为型号总设计师，每当型号试验受到挫折时，我和大家的心情都特别沉重，因为党和国家花了巨额经费让我们搞型号产品，我们却失利了。这个时候，我们简直感到无颜见江东父老。尽管如此，我对事业的热爱和追求却未改初衷，我从未因为自己从事航天而后悔。

中国的第一代舰空导弹武器系统走过了艰苦的20多年，经历了风风雨雨，走过了几多坎坷，几乎每一个关卡都是背水一战。

现在，回头再看这段历史，令人震撼，感人至深，催人奋进。一个人一生不可能什么事都很顺利，总会遇到困难，特别是在型号研制过程中，会遇到很多沟沟坎坎，只有亲身经历的人才能感受到它的艰难。

为了这个型号，大家一路摸爬滚打，尝尽酸甜苦辣。长期的磨炼，培养出了一支不怕艰苦、遇到困难不会气馁、有了成绩不会骄傲、能打硬仗的队伍。可以说，这条型号线上的研制人员个个都是好样的，有的同志为了这个型号干了一辈子，献了青春献终身，有的甚至献出了宝贵的生命。

最终，这个型号试验成功并定型批产，正式装备部队，为我国国防武器装备现代化做出了应有的贡献。

——梁晋才

1. 出访英法——“海标枪”之行

作为中国第一代航天人，梁晋才身上有着时代烙下的深深印记。这个年代的人，很少会考虑个人的利益，他们总把国家的需要、组织的要求、集体的利益放在更高的位置，坚决服从组织的安排。梁晋才一直认为，自己最擅长、最热爱的是导弹武器系统专业技术的研究工作，其实并不精于管理，可当上级接二连三地让他负责像筹建这种复杂的管理任务时，他虽然有些不明白领导到底看上他什么了，却还是义无反顾地答应下来。梁晋才承接的每一项任务，都是千头万绪，让他时不时地陷入困境，但他从没有抱怨过，更没有后悔过。

他承接管理任务时，依旧从事着他所钟爱的型号研制工作。这是他唯一的要求，他把自己定位于专业技术人员，无论做什么工作，始终都不想远离型号。所以，即使在筹建总体部期间，梁晋才依旧承担着红旗六十一号导弹研制的总体设计工作，而且由于他有“红旗四号”的抓总经验，1978 年 8 月，他被任命为“红旗六十一号”副总设计师。

1979 年，已经为总体部筹建和“红旗六十一号”忙得团团转的梁晋才，又接到了一个出人意料的任务：受上级委派，作为工业部门代表，参加海军代表访问团，出访英法两国，对“海标枪”舰空导弹武器系统进行实地考察，然后决定是否购买引进。

“海标枪”是英国研制的第二代中高空区域防御舰载防空导弹武器系统，主要用于拦截高性能飞机和反舰导弹，也能攻击水面目标。该导弹采用全程半主动雷达寻的制导和破片杀伤型战斗部，射程为 4.5 千米至 70 千米。全弹长 4.36 米，弹径 0.42 米，全弹重 550 千克。1973 年装备英国海军后，发挥了巨大威慑力。阿根廷向英国购买了60枚“海标枪”。中国海军也打算向英国购买舰船及“海标枪”装备部队，所以有了这次出访考察任务。

七机部主要从事导弹、运载火箭的研制，派一个导弹武器系统方面的专家理所当然。但为什么会在那么多专家中选择梁晋才，他自己也是一头雾水。虽然这又是一个让他丈二和尚摸不着头脑的任务，不过因为是上级领导的安排，尽管他事务缠身，仍然答应下来。

参加访问团后他才发现，这个由12人组成的访问团规格非常高，带队的团长是海军少将林真。林真是一位1938年就参加革命并入党的老同志，随第四野战军参加过高四台、兴仁堡、塔山、平绥等战役。新中国成立后，林真曾担任中国人民解放军师政治委员、海军造舰部部长、海军舰船修造部部长、海军司令部副参谋长、海军装备部部长、国家第六机械工业部军管会副主任、北海舰队副司令员等职务，现在担任的是海军副参谋长。成员还有海军装备技术部部长李友白等军方高级官员。除了军方人员，只有第六机械工业部副部长以及梁晋才两人分别代表船舶和导弹制造两个工业部门参加访问团。

为了这次访问考察，梁晋才在北京海军招待所又经历了为期两个月的封闭式学习，就专业英语接受强化培训。在培训期间，梁晋才依旧牵挂着总体部的事情，牵挂着“红旗六十一号”的研制工作，心总静不下来。好在他的英语底子极好，倒也没有影响学习效果。

培训结束，访问团要出发了。出发前，团长林真意气风发地对团员们做了即席讲话：“我们此行的目的并不是去国外观光旅游，而是手里拿着一大笔钱，要去购置舰船和‘海标枪’导弹武器系统，武装我们的海军！”他说得豪气干云，团员们听得群情激昂。

“腰缠万贯”的海军代表访问团受到了英方的隆重接待，因为英国人知道，这可是“财神”上门啊。到达英国的那一天，正好是“三八”妇女节，由于访

1979年，梁晋才（前排右二）随海军代表团访问英国

问团里有一名女同志，英方还以此为由，特意举办了一个高规格的招待宴会，让梁晋才开了眼界。

之后的行程安排非常紧凑，在英国考察的一个多月时间里，访问团走遍了爱丁堡、苏格兰等很多地方，每天都要到负责“海标枪”研制生产配套的各个工厂进行参观考察。对于“财神”们的到来，工厂方面表现出极大的热情，不仅给予了很高的礼遇，还对各个分系统都做了详细的介绍。作为访问团里的导弹武器系统专家，梁晋才游刃有余，他的英语功底很好，不需要翻译，也能听懂英方的介绍。所以，他每天考察时，都会注意到英方介绍的重点，然后收集相关资料，每天晚上做好小结。由于每天要注意力高度集中十几个小时，几天下来，他感觉非常疲惫，但他觉得这就是他在这个团里承担的职责，义不容辞，所以，还是尽心尽力地坚持着。

团长林真还让梁晋才担任访问团的财务管理人员，这可不是梁晋才的强项。

特别是按照英国礼节，团员们每天早上从酒店房间出来，都要在床头柜放上一英镑，作为房间服务员的小费，这让一向节俭惯了的梁晋才很是心疼。每天记这笔账的时候，他总会偷偷地想，入乡随俗，这小费是要给的，但能不能把一英镑兑换成新便士（1 英镑 =100 新便士），用便士给小费，每次少给一点啊。不过，梁晋才也知道，这种两国两军之间的访问意义特殊，在任何细节上都不能出现差错，所以，他也只是一个人暗自琢磨而已，不敢真的付诸实践。

在英国考察完后，访问团又到了法国，也是这样马不停蹄地跑了一个月，终于结束了两个月的访问考察。回国后，梁晋才又在北京海军招待所窝了一个多月，写了厚厚一摞的访问总结，圆满完成了他作为一名访问团成员的所有任务。

后来，曾任国防部五院副院长的刘秉彦在担任八机部常务副部长时，也组织了一个访问团，要去英国深入学习了解"海标枪"的研制情况。因为梁晋才之前有过出访经验，所以，又一次被调派到八机部的访问团，参加了第二次"海标枪"之行。

不过，梁晋才与"海标枪"的缘分止步于此，因为最终军方未购买"海标枪"。

1980年，梁晋才随八机部访问团出访英国

在八机部合并入七机部后，七机部也没有把根据“海标枪”指标研制的“红旗五号”任务交给上海机电二局。梁晋才与“红旗五号”研制擦肩而过。但他却没有多想，因为一回国，他又全身心地投入到总体部的建设和“红旗六十一号”的研制中去了。

2. 好一场“引战”攻关

1978年8月，梁晋才被任命为“红旗六十一号”的副总设计师，而总设计师正是他的老上司、老搭档、老朋友吴中英。吴中英是梁晋才进入航天队伍之后结识的第一个战友。从那时起，十几年来，两人并肩作战，一起攻关，一起拼搏，一起从国防部五院四支队走出来，一起到上海，一起创建22所，又一起“靠边站”，一起被打倒、被下放，直到梁晋才被调到新江机器厂、总体部，两人才分开。尽管分开了，但他们彼此间的战友之情经历过风雨同舟的考验，两人始终是相知相惜的。梁晋才是个重感情的人，十分珍惜又一次和吴中英共同奋斗的机会。因此，他抱着尽心尽力的态度，协助总设计师吴中英开展工作。梁晋才主要负责组织“红旗六十一号”的定型工作。他必须带领研制队伍突破

1978年，梁晋才在某型号研讨会上发言

各种技术难关，再经历模型弹、独立回路、闭合回路、设计定型四个阶段飞行试验的重重考验。

展现在梁晋才面前的这条研制之路并不是一条人人向往的康庄大道，而是布满了荆棘、充满了艰险。梁晋才明白，任何一个技术关键没突破，任何一个小问题被疏忽，都有可能导致失败。而任何一次失败，都有可能让他背负上“失败者”的称号。但因为“红旗六十一号”是中国自行研制的第一代中低空、近程地（舰）空导弹武器系统，是敬爱的周总理亲自命名的，有特殊意义，梁晋才对这个型号抱有很深厚、很执着的感情。所以，尽管压力巨大，梁晋才依旧没有丝毫犹豫地承担起了这份责任。在这个型号的研制过程中，梁晋才始终没有考虑过退路。肩负着组织的重托，领导的期望，身后更有一支和他共同打拼的研制队伍的充分信任和忠心跟随，这些都给了他义无反顾往前冲的勇气和力量。

在一路过关斩将般的技术攻关后，梁晋才和他的队伍迎面遇上了一只“拦路虎”——导弹引信和战斗部的配合出现了问题。

从设计上来说，在导弹和目标交会的时候，引信应该适时启动，引爆战斗部，才能有效摧毁目标。说起来简单，但其中的难度却是不可想象的。导弹发射出去后，与目标相会，此时这两个相对运动的物体之间的相对速度将达到每秒上千米。导弹和目标交会的时间极其短暂，要抓住这个转瞬即逝的机会启动引信，引爆战斗部，在当前的技术条件下，是非常困难的一件事。

1981 年 8 月，梁晋才和他的研制队伍在试验基地进行引信和战斗部配合的飞行试验，这是他们面对的最后一个技术难关。要真正打靶机了，梁晋才背着手静静地站在指挥室的窗前，表面上沉稳的他，其实内心五味杂陈：激动、忐忑、期待交织在一起，甚至还有一丝不安和恐惧。他目不转睛地盯着指挥室外的试验场，默默祈祷着，期待着能有一个好结果。但是，他看到的结果并不如意，在连续两发考核引信和战斗部配合的导弹飞行试验中，一发引信提前启动，导致战斗部早爆，另一发却出现引信不炸的情况，均未能有效地摧毁靶机。“引战”配合试验宣告失败。

目睹失败的梁晋才在一阵失望后，又迅速冷静了下来。他很明白，现在不是懊恼的时候，抓紧时间解决引战配合的技术问题才是最重要的。

不管是早炸还是未炸，都意味着引信出现了问题。引信问题是每型导弹研制中都曾遇到过的问题，但此型导弹是完全自主设计和研制的，手头没有现成的资料可以参考。很显然，要解决这个棘手的问题没有那么容易。

压力重重，困难重重。在这个关键时刻，梁晋才展现出了副总设计师的大将之风。回到上海后，他没有把责任压到引信技术人员身上，反而成立了引战配合技术攻关组，并亲自担任组长，挑起了全部的重担。

为了分析问题，找出原因，梁晋才和攻关组的成员天天往杨浦区的导引头和引信研究所跑，直接到一线去了解引信的研制情况，与科技人员、工人师傅和技术领导讨论、试验、分析问题。有时为了搞清楚一个测试数据、一个技术问题，一天就要来来回回好几次，在路上就要花费四五个小时。为了弥补路上浪费的时间，梁晋才回所后，往往会在实验室里埋头工作到深夜。

这段时间里，梁晋才一直早出晚归，为了不让贾玉桂母女担心，他从未在家里提及自己遇到的困难，更没有把压力和心事表露出来。直到春节临近，贾玉桂才有所觉察。一般这个时候，家家户户都开始准备年货了，贴春联的贴春联，添新衣的添新衣，节日的氛围渐渐变得浓厚起来。可梁晋才家却一直冷冷清清，因为梁晋才依旧如平时一样，每天工作到深夜才回家，一大早说不上几句话又出门了。贾玉桂知道，梁晋才虽然什么都没说，但一定是遇到困难了，这个时候他最需要的是理解和关心。作为妻子，通情达理的她没有埋怨过一句梁晋才对家庭的疏忽，只不过，心里多了层担心，担心梁晋才过不了这道难关，更担心他的身体健康。毕竟，梁晋才已经年过半百，不算年轻了。所以，无论多晚，贾玉桂都会在家里守候着，直到看到梁晋才平安回来，才会放心。

有一次，梁晋才因为工作过于投入，错过了公交车的末班车，这下连公共汽车也没有了。回家吧，要横跨大半个市区；可不回去，又怕贾玉桂牵挂。于是，在上海冷寂的冬夜里，梁晋才独自一人走了整整两个多小时，直到凌晨三点才回到家。家里，依旧亮着一盏灯，贾玉桂斜斜地倚靠在床头上，可能是在等他，但实在没有支撑住，歪着头睡着了。梁晋才没有吵醒妻子，轻手轻脚地扶着她躺下，细心地给她盖好被子，疲惫不堪的他随即也倒头睡去。清晨六点多钟，天还没亮透，梁晋才又出门了。

问题没查明原因，梁晋才始终是停不下来的。他带领技术人员一起研究分析，明确了下一步的攻关思路。一是从导弹引信本身出发查找是否存在技术性问题；二是从目标靶机方面出发，查找是否存在使引信提前动作的影响因素。

首先是锁定了引信提前启动的原因。梁晋才带着技术人员专门到研制靶机的南京航空学院去进行了多次试验、分析、论证，结果发现，是靶机发动机增压机的涡轮旋转叶片旋转，使导弹引信的调制产生附加谱线，导致引信提前启动，引起战斗部早爆。而引信不炸，则是在弹目特定的交会姿态下，引信接收的回波能量太小，不足以启动导致的。

关键原因找到了，那又该如何解决呢？实战中总不能让被攻击目标关闭发动机吧？

梁晋才召集总体部和专业所的设计人员，反复组织多层次的研讨，集思广益。在研讨会上，技术人员纷纷发表自己的看法。对每个人的发言，梁晋才都认真倾听、认真记录、认真思考。逐渐地，一个大胆的方案在他脑海中形成。为此，他特意请教了引信方面的专业技术人员，深入了解引信的工作原理。

在反复思考论证后，梁晋才创造性地提出了“复合引信”的方案，以此解决引信提前启动的问题。所谓“复合引信”，就是将原来单一的制导引信体制，变更为“定角引信＋制导引信”的双引信体制。引信中加入定角测量部分，增加导弹对目标相对脱靶方位角的识别技术。也就是说，导弹在飞行时，目标相对导弹必须符合必要的角度条件才能启动引信，这在一定程度上可以防止引信的提前启动。梁晋才说，这两种不同体制的引信复合使用，应该能够把引信早启动的概率降到最小，而又不致封死。

为了验证这个攻关成果，一年之后的 1982 年 8 月，梁晋才带领队伍再一次进场。这一次，引战配合的打靶飞行试验给了辛苦攻关一年的梁晋才一个大大的喜悦，结果就像梁晋才希望的那样：引信适时启动，引爆战斗部，有效击毁靶机。试验结果漂亮、完美！梁晋才激动地握紧了拳头。

试验取得圆满成功！又一头凶猛的“拦路虎”被驯服了！

3. 不爱升官享福的“梁副主任”

“都 55 岁了，还没日没夜地冲在攻关第一线。”攻关成功后，贾玉桂替梁晋才松了一口气，话语间也轻松起来，“你年纪也大了，怎么就不感觉累？还真把自己当小青年啦！”听了妻子的嗔怪，梁晋才笑了。他知道贾玉桂是心疼他，这期间也一直在为他提心吊胆。他深深吸了一口气，又缓缓吐出，累，真累！

但就算这样，他还是愿意在型号线上继续干下去。在这条战线上工作，他就觉得斗志高昂，浑身上下充满了干劲，这种斗志、这种劲头让他忘记了自己的年龄。而且，这条战线上失败的痛苦教会了他很多，让他在困难面前变得更加清醒、更加坚强；而试验成功也回报给他更多的喜悦和激动，让他充分感到作为一名航天人的自豪。

他累，但这些累都是值得的。他首创的“复合引信”方案的研制成功，为红旗六十一号导弹武器系统的设计定型奠定了基础。梁晋才仿佛看到路的前方透出了光亮，他很想在这条路上一直走下去。

作为型号副总设计师，“红旗六十一号”研制取得阶段性成果，是梁晋才梦寐以求的目标。作为总体设计部主任，历经坎坷的总体部建设任务顺利完成并正常运转，也是对他多年辛勤付出的一种安慰。但是，就在梁晋才以为一切都苦尽甘来、步入正轨的时候，他的工作岗位又一次发生了变化。

1983 年的夏天，航天工业部干部处的同志和梁晋才进行了一次谈话，要调梁晋才到上海航天局担任科技委副主任一职。

这明明是一次升迁，可梁晋才却高兴不起来。他这个总体部的主任，才刚刚看着总体部新址建成，才刚刚搬到总体部上班，椅子还没坐热呢，怎么又要换岗了？而且，因为总体部的建设过程太坎坷，梁晋才倾入了太多的心血、精力和感情，现在要他割舍下辛辛苦苦打拼出来的成果，他怎么舍得？他还想在总体部多做几年，为总体部的发展好好干出一番成就来呢。可这一调任，他多年来的心愿就要落空了。更何况，总体部还有一帮跟着他一起同甘共苦打拼过的兄弟们呢，这也是他异常舍不得的一个精英团队。梁晋才心里一千个不甘心、一万个不情愿，就这样独自一人跑到局里“当官享福”去。

但是，组织的安排只能服从。此时的梁晋才，已经经历过太多意外，学会了把心事隐藏起来。为了不让总体部员工的情绪受到影响，为了让新任领导能够顺利开展工作，梁晋才故作平静地接受了组织安排，并很快完成了工作的移交，到局里报到上任，成了上海航天局科技委的“梁副主任”。

不过，有两个好消息让“梁副主任”很快就从“不甘心”中解脱出来了。

第一个消息是科技委的主任还是他的亲密战友吴中英。这一调任，他和吴中英之间的联系变得更加紧密了，他心里有说不出的兴奋。

第二个消息与工作相关。作为科技委副主任，原本是可以不兼任型号工作的，但局里不仅没有把梁晋才从“红旗六十一号”研制工作中调离出来，反而直接任命他为“红旗六十一号”总设计师。这意味着他还可以继续从事所热爱的型号研制工作。这一点，让梁晋才深感欣慰。

梁晋才非常希望“红旗六十一号”能在自己手里成功定型。尽管实现这个目标还有千难万险，但他不想中途退出，他已积蓄了全部力量，准备全力以赴。

这一年，梁晋才已经 56 岁了，可他不想当一个只享清福的“梁副主任”。如果在战场上，他愿意成为一名冲锋陷阵的战士。在航天队伍里，他更愿意身先士卒，拼搏在一线，用最直接的方式参与到型号成败的那些关键时刻中去，更深刻地体验一种“痛并快乐着”的价值感和成就感。

4. 临危受命，“排故、攻关、整质”

1983年2月，“红旗六十一号”在正式转入定型靶试前，还要对研制阶段的工作成果进行一次全面的飞行试验考核。而就在这次考核中，三发导弹在三次飞行试验中均以失败告终。

第一发，导引头扫描电机卡死，失败！

第二发，速度跟踪回路故障，失败！！

第三发，还是速度跟踪回路弹上电源故障，失败！！！

连续三发失利，造成的影响很大，引起了高层的争议，甚至开始出现了让“红旗六十一号”下马的声音。试验失败已经让研制人员的心情十分沉重了，而这些声音更是在他们心头蒙上了浓重的阴影。“红旗六十一号”的定型之路变得扑朔迷离，前景不明。

局里就是在这个敏感时期，任命梁晋才出任“红旗六十一号”总设计师的。大家都知道，这顶“总设计师”的帽子太沉了，不是那么好戴的。梁晋才也很清楚这一点，但知难而退不是他的风格，迎难而上才是他的个性。他这个“梁副主任”自从成为航天一员，就没有想过要享什么清福。梁晋才迅速调整好了心态，开始以新的身份在新的岗位上履职了。

所有参与“红旗六十一号”研制的人员，都把希望的目光投到了梁晋才身上。如果把“红旗六十一号”比作一艘船，那么这些研制生产人员就是船上的水手，而梁晋才就是他们的船长。目前，“红旗六十一号”所处的环境十分恶劣，这艘船在大海深处遇上了狂风暴雨，海面风高浪急，海底暗潮涌动，随时都有没顶之灾。但水手们谁都不愿弃船逃生，梁晋才作为船长，自然也是抱定了必胜的信心，要穷尽一切办法，把这艘船和所有的水手带离险境，顺利到达目的地。

“船长”梁晋才首先稳住的是自己的心神。他是总设计师，是这支队伍的灵魂，如果他慌了心神，乱了阵脚，将会动摇军心，这既是对兄弟们的不负责任，也是对国防事业的不负责任。所以，梁晋才尽管心理压力很大，但表现得非常坚强，至少在表面上显得相当镇定。谁都不知道，有多少个夜晚，他忧虑着“红旗六十一号”的前景，辗转反侧，难以入眠。

梁晋才硬逼着自己静下心来，理清思路。这个型号继续往前走的话，面临的将是一段如履薄冰、险象丛生的道路，而且结果难料，生死难卜；但如果停滞不前，那等待它的一定是坐以待毙、彻底结束的结果。为了给“红旗六十一号”赢得那一线生机，梁晋才决定破釜沉舟，放手一搏。

下定了决心，梁晋才的思路清晰了很多。在梳理了一系列问题后，他提出了“排故、攻关、整质”六字方针，要求研制队伍用“三条腿”走路：

一是要“排故”。这就像医生看病，要“治标”，高烧了就要先退烧，腹泻了，就要先止泻。梁晋才要求研制队伍认真查找导弹出现故障的部位，分析故障产生的原因，制定必要的措施，杜绝类似问题的再次发生。

二是要“攻关”。这就是要“治本”了，要找到病源，该吃药的吃药，该动手术的要动手术。梁晋才鼓励大家不要故步自封，要敢想敢干，应用最新技术，努力进行技术攻关，提高技术水平。

三是要“整质”。这就要大家从平时就注重“养生之道”，坚持锻炼不松懈，增强体质，才能少生病甚至不生病。梁晋才带领研制队伍开展持续的全方位的质量整顿，从人员思想、工作作风、管理细节入手，不放过任何一个微小环节，务求做到精益求精，并形成良好的工作习惯。

所以，梁晋才不仅要求研制队伍“治标、治本”，还扩大了范围，要求相关的厂所进行质量整顿，全面梳理型号管理流程，不留任何死角，哪怕是最微小的管理环节也不能漏过，一定要把硬件质量问题所带来的风险降至最低，确保所有的型号工作都能严格按规定执行。

可能是背负的压力实在太大了，梁晋才在这场“排故、攻关、整质”的活动中，变得异常敏感，也异常苛刻。一有质量问题，无论大小，他都十分较真。他宁可小题大做，也不愿意轻易放过一个瑕疵。如果不找到导致故障的原因，他会寝食难安。他对每一个问题都要求有详细的故障分析报告，要明确判断是个别问题还是批次性问题。对每一份报告，他都要亲自把关，逐字逐句地审核确认。

梁晋才很怕听到这样的说法：这个问题是属于元器件的批次性问题，要全部更换。每当听到这种说法，梁晋才的头都会大上一圈儿，嗡嗡作响。

他更怕听到的是：这个元器件的问题在国内没有办法解决，厂家生产不了，你们直接进口好了。如果听到这种说法，梁晋才就不止头大了，简直连心脏都快跳出喉咙了。

“红旗六十一号”自研制以来，历经坎坷，如今已将近20年。在漫长的研制周期里，这个型号不仅要解决各种各样的技术难关，现在还必须承担十分现实的资金短缺压力。梁晋才虽然是总设计师，手里却没有足够的经费，让他可以很豪爽地购买进口元器件以保证质量。

所以，梁晋才这个“穷当家的”只能打“感情牌”。他揣着自己的“私房钱”，到配套元器件的生产厂家，私底下找供货方厂里的老师傅，让他们帮帮忙，找找原因，看看能不能生产出符合要求的元器件。老师傅们见这个总师非常随和，姿态又低，所以都愿意帮忙。梁晋才就是依靠这种“非主流”的方式调动起了老师傅们的积极性。这些老师傅们生产经验十分丰富，主观能动性一调动起来，还真是不容小觑，居然解决了不少问题，这让梁晋才非常惊喜。

在这场“排故、攻关、整质”的活动中，梁晋才瘦了整整一大圈儿。但这个消瘦的身影，却在人们心目中树立起了一个总设计师的威望。他的这种威望，不是靠头衔，不是靠权力，不是靠金钱，而是靠着精湛的专业技术，靠着迎难而上的勇气和胆魄，靠着一马当先的大将风范。

大家钦佩这个凡事亲历亲为的老总，因此也做出了十分给力的回应，按照梁晋才的部署认真查找分析问题，认真进行技术攻关，认真进行质量整顿。尽管这场活动让大家疲惫不堪，但在这场“折腾”中，大家都觉得自己得到了提高，做事更加规范、严谨、细致，工作质量有了更高的保证。

1984 年的秋天，在经历一年活动的洗礼后，梁晋才和他的研制队伍迎来了一场至关重要的“考试”。这是一次正式转入定型靶试前的飞行试验，考验的是这场活动的实际效果。

成败在此一举！

5. 春风吹又生

1984 年 10 月 1 日，建国 35 周年，普天同庆。这一天，中华大地到处张灯结彩，红色的灯笼、绚烂的烟花，映衬着人们的笑脸。

这一天，梁晋才和他的研制队伍的心情却并不轻松。他们并没有和家人在一起过节，而是在向西疾驰的专列上。

火车轮子与铁轨摩擦发出“咔嚓、咔嚓”的响声，单调而平稳，均匀而有节奏，让人听着就觉得很踏实。坐在车厢里的梁晋才希望自己的内心也能像这个声音一样平稳。但是，当他凝望着车窗外掠过的景色时，脑海里却不由自主地想起一年前的那次飞行试验。他以为自己已经很淡定豁达了，已经能够放下过去了，但此时，那三发导弹失利的场景，却又鬼使神差般清楚地浮现在眼前。

他知道，他到底还是没能放下。那次失败实在太残酷了，让人痛彻心扉。他只能用拼命工作来减轻那种痛苦。现在，在专列上，他获得了短暂的休息，但他宁可不要这休息。这片刻的宁静，让他真切地感受到了自己忐忑不安的心跳。窗外的天色渐暗，他的影子映在玻璃上，他看到了自己脸上的凝重。

梁晋才转过头去，发现队友们的脸色也并不舒展，整个车厢的气氛相当沉重。这支队伍里的每一个人，都是跟着他一起打拼苦熬过来的，有的队员年纪虽然并不大，发鬓却已斑白，这是为了"红旗六十一号"殚精竭虑熬白的呀！有的队员上有老、下有小，家庭负担很重，却也像他一样一心扑在型号上，完全顾不上自己的小家。有的队员疾病缠身，却不愿在最关键的攻坚战中当一名"逃兵"，所以婉拒了所有的关心，依旧坚守在岗位上……

作为总设计师，梁晋才对这支队伍是十分满意的。因为这支队伍太能打拼、太能吃苦、太能奉献了，好到让梁晋才的心中反而隐隐发酸发疼起来。他很珍惜他们，但他这个总设计师却一直在让他们跟着自己"共苦"，他是多么希望能给他们一个"同甘"的机会呀！

梁晋才平复了一下心情。他知道自己的精神状态非常重要，虽然"哀兵必胜"，但在国庆这样一个特殊的节日里，他还是想让大家高兴一下。所以，梁晋才隐藏了自己的心情，扬起嘴角，挂上笑意，开始张罗大家来庆祝国庆，也预祝靶试成功。

队友们怎能不懂梁总设计师的心呢？大家明白，说到压力，梁晋才压力最大；说到投入，梁晋才投入最多。梁晋才想让大家轻松一点，而大家都知道，梁晋才才是那个最该放松一下的人啊。

“同志们，今天是国庆节，又是我们奔赴西北靶场进行决战的日子，来来来，让我们举杯，为我们的节日、为预祝我们的胜利，干杯！”在梁晋才的带动下，大家行动起来，倒满酒，举起杯，在欢呼声中一饮而尽，豪情顿生。

梁晋才和大家碰着杯，喝了，笑了，一年前失利的景象渐渐淡了。慢慢地，队友们的身影开始变得模糊，而他的心却坚定起来：有这么好的队伍，又有什么克服不了的困难和过不去的难关呢？

专列像箭一般飞快地掠过黄河，掠过古老的黄土高原，来到了一望无际的戈壁滩上。

戈壁滩的秋天，凛冽得却像冬季。但这丝丝寒意却丝毫没能冷却梁晋才他们高昂的劲头。火车上小小的感伤被繁忙的试验准备工作驱散了。在正式试验前，梁晋才带领队友们，认真仔细地做好每一

1984年，在空二基地靶试前，梁晋才用放大镜仔细检查元器件

项准备工作，每一个细节都不放过。一遍又一遍，反反复复地检查着各个环节，不放过任何一个细枝末节。他自己都觉得有点过分苛求了，但就是停不下来。他要确保每一个环节都能经受得住考验，他绝对不能让一年的攻关心血付诸东流，更不能让“红旗六十一号”在他手里夭折。

经过一个多月的准备后，1984 年 11 月 13 日，基地组织安排了红旗六十一号导弹的首发靶试。

终于到上考场接受检验的关键时刻了！梁晋才和队友们六分期待、三份紧张、一分不安，或许还有其他诸多说不出的滋味。所有的情绪混杂在一起，反而让人变得异常沉默起来。指挥室里一片沉寂，静得呼吸可闻。

一切就绪，那枚寄托了梁晋才他们期望的导弹，缓缓昂起了头颅，傲视天空，静静地等待着发射的那一刻。

几十千米以外的机场上，靶机起飞了。一个小点出现在天幕上，指挥仪红绿灯闪烁，各项数据迅速地在显示器上呈现。

在指挥员下达“一分钟准备”的口令不久，指挥车传来了“雷达已经截获目标”的回答。

“10、9、8……3、2、1”，随着靶机进入导弹预定发射区，指挥员果断地发出命令:“发射！”

火光一闪，导弹犹如发现了猎物的狮子一般，瞬间就以威猛矫捷的姿态扑了出去。

天空中，线条流畅的导弹，拖着长长的火焰，迅捷果断地朝目标方向飞去。目标在接近，导弹和目标的距离在迅速缩短……

试验靶场上鸦雀无声，所有的人都屏住了呼吸……

弹机交会了！火光闪烁，导弹引信适时起爆，战斗部爆炸所形成的冲击波和破片，瞬时把靶机击成碎片……

一团浓烟挂在天际，像一幅水墨画在天幕上慢慢地渲染开来，简直美极了……

指挥室的静寂在一瞬间被打破了，气氛被巨大的快乐点燃，人群一下子就沸腾起来了！

“成功了！成功了！”

此刻的人们已无心欣赏天幕上美丽的图画，欢呼声在试验基地响起。试验队员们不顾刺骨的严寒，抓起头上的帽子就抛向天空，相互拥抱着，击掌捶打着，不顾形象地跳跃着，除此之外，他们已经不知道用什么方式才能释放出这一刻的激动心情。

梁晋才看着欣喜若狂的队友们，也笑了。渐渐地，眼前又模糊起来，他抚摸了一下脸，才发现已泪流满面。

11 月 16 日，又进行了一次靶试，导弹又一次完美地击中目标。

两发导弹靶试的圆满成功，暂时解除了“红旗

1984年，红旗六十一号导弹靶试成功后，梁晋才在发射车前留影

六十一号”即将“下马”的魔咒。在梁晋才看来，“红旗六十一号”犹如一株倔强的树苗，几经坎坷，但在大家共同努力和精心呵护下，终于迎来了“春风吹又生”的转机，长出了鲜嫩的枝叶。梁晋才轻舒一口气，伸展了一下长期紧绷的身体，然后告诉自己，靶试成功只是迈出了一小步，千万不能松懈下来。要让“红旗六十一号”这棵树苗茁壮成长，最后长成一棵参天大树，后面还有很长的路要走，还有很多未知的艰难险阻，在前面等着他这个总设计师呢。

6.“待产”时分

靶试成功后，“红旗六十一号”进入到设计定型阶段。一回到上海，梁晋才和他的研制队伍马上恢复到紧张有序的攻坚状态。总结靶试结果、梳理技术问题、准备定型试验产品、清理定型产品技术状态，每一样工作都不能掉以轻心。他们清楚地知道，后续工作容不得半点疏忽。定型靶试对于“红旗六十一号”来说，就相当于一个母亲在历经千辛万苦的孕育后，进入了最后的待产期，风险极大。

马上就要迎来这个“婴儿”新生的神圣时刻了，他们作为“红旗六十一号”的“母亲”，怎么能不激动、不紧张?

梁晋才深知，在型号设计定型阶段，一定会有更多的挑战：要分别进行陆上和海上两次设计定型靶试，总共要打十几发甚至二十发导弹，所要求的成功率也很高。稍有闪失，就意味着设计定型失败，意味着“红旗六十一号”下马，意味着他们辛苦孕育的“孩子”在出生过程中夭折。

每一次试验，其实都是背水一战。每一战，他们都失败不起。所以，梁晋才他们严阵以待。

1986 年 3 月 25 日，“红旗六十一号”试验队再次出发。西行的专列上，载着所有上海航天人的信任，载着各级领导的托付，也载着梁晋才他们这一代人 20 年的梦想。

1986年，梁晋才（右）和同事讨论问题

在西北试验基地，梁晋才他们忙碌地做着试验前的准备。“排故、攻关、整质”活动中养成的良好习惯，使各项准备工作都比较顺利，没有出现大的反复。因此，对于此次飞行试验，梁晋才还是十分有信心的。

时间过得飞快，转眼到了1986年6月。“红旗六十一号”到了关键的“待产”时分。这个月，将进行陆上设计定型打靶飞行试验。这个万众期待的“孩子”能否平安“诞生”呢？此前一直稳稳的梁晋才，不由得又紧张起来，连续多天无法正常入眠，经常半夜三更还在研究资料和数据。基地昼夜温差较大，虽然是夏季，晚上却是凉飕飕的，被风吹着了，还能惊起一身鸡皮疙瘩。半夜里，还在伏案工作的梁晋才太过于投入，压根没想起贾玉桂一再叮嘱他要注意身体的话来，也没顾得上披件外套，结果染上了感冒。

这场感冒来得很突然，悄无声息，却气势汹汹。梁晋才以前一向不太重视身体的小毛病，总觉得无关紧要，自己顶得住，扛扛也就过去了。可这一次不同，毕竟他已年近花甲，一年多的超强度工作，长期得不到很好的休息，早已让他的身体承受力达到极限。如今，一次小小的感冒就能轻易击溃他的免疫系统。就如同压垮骆驼的那根稻草一样，梁晋才病倒了。

好几天高烧不退，吃药都不管用，最后，梁晋才不得不卧床休息。尽管喉咙哑得说不出话来，他却依旧要询问队友们每天的准备情况。如果听到型号进展中的好消息，他就会精神振奋一些，然后可以安心睡上一觉；如果听到检查中出了问题，他就会像被马蜂蛰了似的，一下子警觉起来，强撑着虚弱的身体细细询问分析，直到问题解决为止。

尽管每天都感觉昏昏沉沉的，但作为总设计师的梁晋才，脑子里却一直清楚地记得一个重要的日子——1986年6月21日。这是预定靶试的日子，是“红旗六十一号”历经20年风雨后接受考验的关键时刻。

就在这一天之前，病中的梁晋才又整整煎熬了一天一夜。6月20日，试验队的队员发现发射架出现了一个小故障。明天就要发射了，偏偏这个时候冒出问题，真是天不遂人愿。梁晋才又被这个小故障“蛰”出了一身冷汗。“红旗六十一号”这个“孩子”太折腾人了，在“临产”前一天还要整出点动静来，让每个人都为它焦灼不安。

“抓紧时间，排除故障！”梁晋才发出指令，声音虚弱，但态度坚定。一声令下，试验队员和基地的同志马上开始了抢修工作。

西北的夜晚虽然来得比较晚，但天色还是逐渐暗了下来，试验基地被笼罩在黑暗中，梁晋才此刻的心也像这夜幕一样沉重。发射阵地上的灯一盏盏亮了起来，抢修人员的身影依旧忙碌着，在灯光下投下了长长的影子。梁晋才虽然因病不能到现场，但他也睡不着，悬着一颗心始终守候在电话机旁。

6月21日凌晨两三点，抢修人员终于排除了故障。一直硬撑着的梁晋才终于暂时放心了，他一身汗湿的衣服已经干了，贴在身上，冷冷的，极不舒服。

梁晋才身心俱疲，再也撑不住了，和衣倒在床上，闭上眼睛便睡着了。

梁晋才睡得并不踏实，因为几个小时之后，“红旗六十一号”就要进行飞行试验了。早上五点多，梁晋才就从纷杂的梦境中惊醒过来。屋内一片漆黑，梁晋才眨了眨酸涩的眼睛，却再也睡不着了。他索性起身出了门。

戈壁滩的夜空是美丽的，大大小小的星星挂在天幕上，散发着幽静的微光。虽然是6月份，但早上的空气却是清冷而凛冽的。带着凉意的风肆意地在旷野上掠过，还夹带着丝丝湿气，让人精神一振。但梁晋才感冒还没好，低烧未退，出门时又没想起来加件衣服，衣着很单薄。此时被这冷风一吹，他不由得打了一个寒战，居然出了一身冷汗。

今天太关键，无论如何要撑住！梁晋才暗示自己，然后深深吸了一口气，定了定心神，忍着种种不适，迈着缓慢但坚定的步伐向发射阵地走去。

发射阵地上已经开始了最后的准备和校核工作。

队员们和梁晋才打着招呼，梁晋才拍了拍他们的肩膀，声音沙哑但温和地说：“大家辛苦了！”

他知道很多人为了保证试验顺利进行，都是通宵达旦地在维护设备，在一遍又一遍地校核数据。那一双双熬得通红的眼睛看着他，让梁晋才又是心疼，又是感动。

队员们和梁晋才相处多年，自然知道梁晋才也没有休息好，所以才会在这天还没放亮的大清早赶了过来。更何况，梁晋才的状态也没好到哪儿去，病中的他一脸憔悴，一双眼睛中同样布满了血丝。但让队员们振奋的是，梁晋才的嘴角挂着笑容，依旧亲和，让人温暖。

每次在最艰难的时候，即便内心再煎熬，在队友们面前，梁晋才仍然会保持淡淡的笑容。对队友们来说，梁总还在笑，就说明没有到绝望的时候，梁总的笑容，就是大家信心的来源和保证。

在最后的准备时刻，梁晋才始终表现得很淡定，但事实上，他的心已经悬了起来，跳得又快又急。他告诉自己，一定是生病的缘故，所以才会如此心神不安。其他的，他不愿再多想……

时间在一秒一秒地流逝。终于，蓄势待发的“红旗六十一号”进入了发射前的准备状态。

7. 过山车的滋味

知道坐过山车是什么感觉吗？梁晋才从来没坐过什么过山车，但却知道，那感觉绝对不舒服。

1986 年 6 月 21 日，星期六，整整一天，梁晋才的一颗心绕着飞行试验跌宕起伏，仿佛坐在过山车上，紧张、难受、刺激，几欲崩溃。

这次是进行“红旗六十一号”首次打低空目标的试验，这是导弹陆上试验最难过的一关。

随着发射那一刻的临近，已经忙碌了一晚的人们开始撤离发射车。导弹静静地立在发射架上，昂头仰望着天空。一切准备就绪，阵地上一片寂静。

“靶机起飞！”消息传来，大家立刻进入到紧张的状态。操纵手的注意力更是高度集中。

“一分钟准备……”

“5、4、3、2、1”，倒计时的声音撕扯着人们已经绷到极致的神经。

“发射！”

安静的导弹刹那间如离弦的箭一样飞了出去，后面拖着道绚丽夺目的火焰。靶机出现在天边，正向这边飞过来。大家眼睛都不敢眨一下，牢牢地盯着空中，导弹和目标接近了……接近了……但是，导弹怎么了？导弹竟然没有做出任何反应，依旧我行我素地向前飞行，仿佛丝毫没有察觉到靶机的接近。梁晋才倒吸了一口气，悬着的心更加剧烈地跳动起来，竟像是要跳出胸腔一样。他紧紧攥着拳头，脑子里只有一个念头：快捕捉目标，打中它，打中它！

人们不由得屏住了呼吸，翘首等待着奇迹的出现。梁晋才是多么希望导弹能够在接近靶机的那一刻能够抬起弹头，然后平飞直冲目标，最后引爆战斗部，漂亮干脆地摧毁目标啊！但是，梁晋才和所有人盼望的奇迹没有出现，这枚导弹直接从靶机的下方穿过去了。

导弹没有炸毁靶机，弹机联合上演了一出有缘无份的戏码，却是无声无息、更是无情地炸毁了梁晋才的希望，让病中的他又硬生生地挨了一记重锤，重重的，犹如砸在胸口，痛得无以言表。他只能在痛楚中，眼睁睁地看着导弹背离靶机向天际飞去，在很远很远的地方爆起一团火光。这一瞬间，梁晋才大脑中一片混沌。良久，他才慢慢回过神来：很明显，这是一枚故障弹。

奇迹终究没有出现，梁晋才苦涩地扯了扯嘴角，暗暗对自己说：梁晋才，你不能泄气、不能退缩、不能崩溃！

他不停地告诫自己：要挺住，赶快振作起来，立即打起精神来！还有一发弹要打，还有机会！

按预定计划，试验队准备第二发导弹，开始了第二次飞行试验。第一发导弹的失利，让梁晋才把更高的希望寄托在了第二发上。

半小时准备……

靶机进入……

导弹离弦而出……

导弹快速地奔向目标……

导弹和目标快速接近，越来越近，即将交会……

胜利在望！

在导弹和目标交会的一瞬间，人们的欢呼声已经脱口而出，却又在瞬间戛然而止。大家张大嘴巴，难以置信地看着导弹从靶机旁边擦肩而过，导弹引信居然没有引爆战斗部！

这一发竟是导弹的引爆装置出现了问题，又一次导致了发射失利。

靶机欢快地飞走了，却把大家的心情带进了谷底。整个试验基地陷入一片低气压中，压得人们喘不过气来。梁晋才紧握着拳头，指甲都快嵌到掌心里去了。手痛，头痛，但怎比得过他的心痛？

梁晋才的脸上没了笑容。难受，如深陷沼泽，眼前一阵阵地发黑！焦灼，如置身火海，炙烤得脑袋一阵阵发晕！

梁晋才垂着头，独自一个人，默默地向寝室走去。已经是中午时分了，太阳悬在头顶的天空中，火辣辣地直射着这片戈壁滩，但却没有驱散梁晋才心中的阴霾。

寝室里，梁晋才默默地出神，没人敢打扰他。大家都知道，此刻压力最大、心情最糟的就是总设计师梁晋才。

身体的不适、心理的压力一层层包裹上来，如同茧子一样，密密麻麻地把梁晋才的思维给束缚住了。脑子里一片空白，他不知道下一步该怎么做。

就在他独自发愣的时候，寝室的门被轻轻推开了。梁晋才转过头，是慰问团的人。试验队在基地一待就是几个月，队员们顾不上自己，也顾不上家庭，很是辛苦。所以，上海机电二局组织了一个慰问团，专程赴基地来慰问队员们，今天还正巧赶上了飞行试验。慰问团原本还设计好了表演节目，要和队员们一起庆祝成功的，谁知道连续两发失利，队员们的心情阴云密布。

慰问团团长是位很干练的女同志，她想：付出艰辛和心血后取得成功的人们固然需要慰问，但那些付出了同样的辛苦后还要继续承受失败压力的同志更需要慰问。慰问团不仅仅是来分享成功喜悦的，还要帮他们缓解压力，渡过难关。于是，她让慰问团的每一位成员都行动起来，给试验队加油鼓劲儿。

她知道梁晋才是最难受的那个人，因此特地派人送来了两听水果罐头。梁晋才空白发呆的状态被打断了，他看着桌上的罐头，突然间回过神来，满腔的酸楚化成了泪水，止不住地溢出眼眶，润湿了整个脸庞。

年近六旬的“红旗六十一号”总设计师梁晋才又一次为这个耗尽心血养育却总是在关键时候调皮捣蛋的“孩子”哭了。

哭了一场后，积郁着的心结随着眼泪化为了乌有。梁晋才慢慢恢复了常态，也恢复了思考力。

下一步该怎么办？继续试验，还是停下来等待上级的指示？梁晋才不停地问自己。如果等待上级的指示，就等于把抉择的权力和压力一并提交给了领导，也意味着自己可以稍稍喘口气了。但是，这同样意味着自己对“红旗六十一号”没有足够的信心，对研制队伍日夜攻关的成果没有信心，这是对过去所有心血的一种辜负啊！

梁晋才撑着病躯不停地思考着……

8．抉择！

就在这时，不仅慰问团来了，局领导也来了，就连基地首长也亲临现场。他们看望了所有的试验队队员，鼓励大家不要泄气，不能丧失信心，坚持到底就是胜利。在大家特别沮丧的时候，领导的每一句鼓励都如一剂强心针，给试验队注入了新的动力。

梁晋才也终于下定决心，做出了自己的抉择！

在这种关系到“红旗六十一号”生死存亡的关键时刻，梁晋才把难题留给了自己。

他紧急召集骨干，对导弹进行全面系统的讨论。经过对靶试测量数据周密细致的分析，大家得出了一致的意见：上午的两发弹发生故障，不应该属于产品的系统设计问题。特别是第二发弹的弹道很好，应该继续试验，成功的概率还是很大的。

梁晋才认真听取了每一位专业技术人员发表的意见，经过快速的综合和权衡之后，他以总设计师的身份发出了一个指令：“打！”

一个简简单单的“打”字说出口，梁晋才仿佛用尽了全身的力气，整个人虚脱了一般。他把自己逼到了悬崖边上，一旦试验再失败，这个型号就会夭折，他就要承担决策失误的后果，背负所有的“罪名”。那时，他本人也不得不退出他热爱的航天事业舞台。但是，即使形势是如此严峻，梁晋才也没想过让别人来替他分担这个“罪名”。

一个简简单单的“打”字，短促而果断，一下子提升了试验队的士气，队员们再一次燃起了斗志，马上又回到了自己的岗位上，摩拳擦掌，为新的试验做准备。

下午，戈壁滩上的试验靶场，骄阳似火，温度直线上升，空气都仿佛蒸腾起来了，地表温度已经达到了60℃，鸡蛋埋在沙砾里，一会儿就被烘熟了。整个试验靶场没有遮拦，就在烈日下暴晒着。在这种酷热的天气里，连机器都有点抗不住了，靶机迟迟不能起飞，试验不得不往后延。

这是身体上的煎熬，现场的队员们满头大汗，衣服被汗泅湿，一会儿又被太阳晒干，反反复复……

这更是心理上的煎熬，梁晋才的心都快被烤焦了，队员们如临深渊。如果把这当成一场比赛，那即将来临的靶试将是终点前的冲刺，一旦失败，就是出局的命运！成败在此一举！

现场气氛实在太紧张、太压抑了。不能这样干等着，梁晋才带领着试验队忙碌起来。

他反复思考着定型工作开展以来所做的每项测试、试验所获取的每一组数据，过滤着可能存在的各种遗漏和可能出现的风险。

队员们也豁出去了，顾不得炎热的天气，也顾不得通宵没有睡眠的疲惫，在车辆上爬上爬下，细致地检查每一个设备，核对每一个数据，认真准备着新一轮的靶试，竭尽全力把所有工作做到无可挑剔。

在忙碌中，梁晋才和队员们都心照不宣地避开了一个话题。不去谈及“如果再失败，型号将何去何从？我们该怎么办？”这种问题，但从队员们严肃的表情上，梁晋才明白，虽然他们什么都没说，但心里都是清楚的。队员们也如他一般，承受巨大的压力，神经已经绷到极致。

梁晋才和队员们一起忙碌着，看着这群可亲可爱的战友，他好几次悄悄背过身去。是的，他不想让他们看到自己眼角有泪花溢出，尽管这是因为感动而流下的眼泪。

这是一支不图名利、凝聚力强、团结向上、可以信赖的队伍啊！梁晋才在心里默默祈祷着：千万不要让这群为了型号呕心沥血的兄弟们失望啊，否则，20 多年的付出就真的付诸东流了。

在这关键时刻，梁晋才仿佛又回到了童年，仿佛又听到了母亲的话：“人生在世，心存善念，多行善举，必有善报。”他相信老天爷是公平的。老天爷一定不会白白糟蹋这么多人这么多年的无私奉献。

梁晋才不时地抬起手腕看表，表上的秒针滴答滴答、不紧不慢地转着，却把人的心一圈圈地拧了起来，越拧越紧。

时机还是不合适，等待，继续等待；忙碌，继续忙碌；煎熬，继续煎熬……

这种煎熬一直从下午持续到了晚上八点钟。

八点十分，基地终于发出了靶机起飞的命令！

靶机起飞，第一次进入……在场所有的人都屏住了气。

但是靶机居然偏航，没有进入靶试的航线！

一次宝贵的机会丧失，气氛更加紧张了，整个大地似乎都凝固了。

想想花费多年的心血研制出的产品几秒钟内就要对它做出评价，他觉得自己的心揪作一团，快撑不住了。

靶机第二次进入，一切正常。

“一分钟准备！”

人们的心又一次紧紧地提到了嗓子眼儿，几百双眼睛不约而同地凝视着夜空。

渐渐降临的夜幕中，靶机的光点正在快速逼近。这时一声“发射”的命令响起，导弹随着一声巨响，拖着长长的光焰，升向天空，奔向目标。弹道正常！忽然，导弹像中了邪似的，弹头猛地往下方钻去，就像一个人失去平衡，处于颠倒状态一样。

“这下可完了！”大家忍不住失声惊呼起来。

就在大家的心沉到谷底的时候，高速飞行中的导弹忽然又昂起了头，神气地直直冲向目标。就在与靶机相会的一刹那间，导弹的战斗部被引爆了。深色的天幕上，霎时开出一团耀眼绚烂的火花，极其壮观。

靶机被击落了！

整个试验场地一片沸腾，所有在场人员的脸上绽放出快乐之花。大家高兴得抓狂，纵情地蹦跳，挥舞着双手。瞬间从谷底达到顶峰的刺激和亢奋，让人除了不停地欢呼尖叫，简直说不出什么话来。梁晋才也笑了，老天爷还是眷顾着他的这群兄弟们的，之前的两发失利或许是铺垫，是为了让他们能够更深刻地享受并珍惜这一次来之不易的成功喜悦啊。

队友们抑制不住激动，是梁晋才背负巨大压力下的果断决策为他们赢得了这次成功，梁晋才这个总设计师是他们眼中的英雄。他们蜂拥着、欢呼着，把梁晋才高高抛起，又稳稳接住。有那么一瞬间，梁晋才真觉得自己是在空中飞翔，舒展而自由，开心极了。

在后续的几次试验中，全体试验队员认真对产品进行准备，红旗六十一号导弹也不负众望，剩余的六发导弹试验发发命中，而且一发比一发打得好。

试验终于全部结束，陆上设计定型历经坎坷，取得了八发六中的成绩，终于成功了！

为了这来之不易的成功，尽管夜已深，梁晋才他们还是特意举办了一个庆功聚餐会。

碰巧这一晚基地停电，大家点燃了蜡烛，微微颤动的火苗把一张张笑脸映照得光影斑斓，充满了喜悦的气氛。队员们把平时舍不得吃的罐头都贡献了出来，私藏的酒也拿了出来，会喝的不会喝的都抢着喝上一杯。盛酒的容器更是五花八门，有的试验队员连漱口杯都拿来了。香喷喷的红烧肉用洗脸盆装着，尽显粗犷豪迈。

虽然条件简陋，但气氛热烈。大家尽情地吃喝，尽情地享受着胜利带来的喜悦。不知是谁提议让每个人都说上一句感受最深的话，大家就你一言我一语地嚷开了。梁晋才笑着听着队友们的话，心里暖暖的，多年的艰辛都在此刻融化了。型号副总设计师俞大伟说：“导弹终于打成功了，我感到这一生没有白活。”这真是全体试验队员的心声啊。

最后，轮到总设计师发言了。梁晋才微笑着站起来，刚想说，突然之间却哽咽了，泪水瞬间盈满了眼眶。这段时间的种种煎熬，犹如电影镜头在头脑里快速地闪回，如果没有眼前这群可爱可敬的试验队员一直跟着他，不离不弃，他也走不到今天，看不到此刻的胜利，更品尝不到这种胜利带来的巨大幸福感！

梁晋才平稳了一下情绪，然后向大家深深鞠了一躬，深情地说道：“非常感谢大家！没有你们对我的信任，没有你们对我的支持、帮助和理解，我这个总师这一生恐将一事无成。没有你们这么多年来的辛勤劳动和付出，就没有今天新型号导弹陆上试验的巨大成功！同志们，谢谢你们！衷心感谢！干杯！”

1986年6月，上海149厂举行打靶归来欢迎大会（左四为梁晋才，左三为苏世堃）

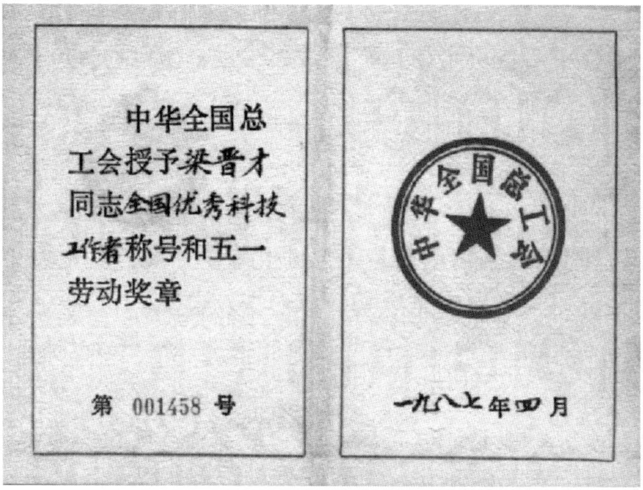

1987年4月，梁晋才被中华全国总工会授予“全国优秀科技工作者”称号，并获“五一劳动奖章”

队友们凝视着梁晋才清瘦憔悴的面庞，听着他的肺腑之言，不禁都热泪盈眶。一切尽在不言中！

“干杯！”

“干杯！”

大家频频举杯，庆祝着这个难忘的时刻。

9. 旧景重现

按照要求，红旗六十一号导弹武器系统除了必须经过陆上靶场飞行试验以外，还必须经过海上试验。只有这两种飞行试验均能顺利通过，才能最后定型。

陆上设计定型试验成功之后，试验队伍回来休整了两三个月。说是休整，实际上大家都没有闲着，更没有休息，而是全力为海上试验做准备。

10月份，梁晋才带领着队伍再一次整理好行装，乘上列车，奔向东北锦西葫芦岛，进行“红旗六十一号”海上设计定型试验。

这次，梁晋才面对的又是一道难关。海上试验本来就比陆上试验困难得多，而且这还是“红旗六十一号”在海上的第一次试验。在试验条件的选取上，这第一发打的不仅是难度较大的低远点，而且选择的目标并不是靶机，而是靶弹。要知道，靶弹的体积比靶机小，速度却比靶机快。

梁晋才一直告诉自己、告诉队伍，一定要打起十二万分的精神来，迎接这个巨大的挑战。他的精神是紧张而亢奋的，但他的身体却又一次不“争气”了。三个月的休整期间，他这个总设计师忙得像陀螺似的团团转，并没有真正休整过，精力一直透支着，身体早就处于亚健康状态了。在一路的颠簸中，梁晋才已经感到了不舒服，一到基地，果然又一次发起了高烧。

梁晋才一心期盼着这次试验能够顺利完成，所以尽管病着，却顾不上看病、经常忘记吃药，凡事依旧亲力亲为，不敢有丝毫的懈怠。

1986 年 11 月 19 日，第一发试验就要开始了。梁晋才早早地来到岸边的第二观察所，神情严峻地伫立在显示屏前。

军舰在万顷无垠的碧海上行驶，两枚银色导弹静静地横卧在舰艇后甲板的发射架上。在太阳的照耀下，蔚蓝的海水泛着粼粼波光，海风拂过，一层层白色的小波浪轻轻地被推起，调皮地拍在船舷边，又碎成千万颗小水珠跳回海里。远处的天空犹如被水洗过，蓝得纯净通透。此时的大海是宁静的，只有军舰驶过的海面，会在舰尾留下一道道白色的虹，快速划破海面，但又很快消失，不留丝毫痕迹。

梁晋才希望这次试验也能够像海面一样风平浪静地顺利完成。但这次试验难度实在很大，他心中沉甸甸的，轻松不起来。加上鼻子不通气，整个人都有点发闷。

靶弹起飞。

“五分钟准备！”靶弹临近试验区上空……

“一分钟准备！”梁晋才的嘴角抿得紧紧的，背绷得直直的……

“发射！”

随着舰上指挥员的一声令下，导弹一声巨响，快速地飞向目标。梁晋才的心，也像导弹一样飞了起来。

还没等接近靶弹，导弹就出人意料地提前引爆了。小小的靶弹在早爆的导弹上方穿过。几分钟后，靶弹才远远地坠落到海里，在海面激起了不大不小的水柱。

看到这一幕，梁晋才和队友们目瞪口呆，拖着病躯、一直硬挺着的梁晋才差点就摔倒了。

但是，因为已经经历过陆上试验的考验，大家的心理承受能力都提高了不少。

加油！还有第二发试验！大家回过神来，开始相互鼓励着。

1986 年 11 月 24 日，第二发试验开始了。仿佛是在验证“祸不单行”这四个字，第二发导弹上天以后，又忽然猛地往下一钻，在天空划出一道圆弧，便一头栽进了大海。

两次靶试均以失败告终。

仿佛旧景重现，海上定型试验的前两发失利，让梁晋才他们重新经历了一遍陆上定型试验前两发失利的痛楚。历史竟然如此残酷地相似。沉重的精神压力，使梁晋才的病情更为加剧，每天咳嗽不止，身心的双重煎熬让他夜夜难安，无法入眠。

不过，梁晋才很快走出了阴影，召集队员们聚在一起，进行紧张的分析。一定要搞清楚失利的原因所在，快速排除故障，尽快做出后续“打”或“不打”的决断。

就在队友们抓紧时间进行故障分析与问题排查的紧要关头，上海方面传来消息，命令暂停试验。

上海航天局局长苏世堃在得知两发试验弹失利的结果后，马上决定，要亲赴基地，根据情况决定是否继续试验。苏世堃局长曾是梁晋才在总体部的同事，与他关系一直很好，做出这个决定，就是为了减轻总设计师梁晋才的思想压力。

这个消息瞬间温暖了梁晋才的心，也温暖了试验队的心。

又是一个深夜，梁晋才组织开完分析会后，已是凌晨。他异常疲惫却依旧毫无睡意，拖着病躯又埋头于数据分析中。经过上千次的分析和查对地面测试数据、遥测数据和基地的光学测量数据，这两发导弹失利的原因已经弄清楚了，基本可以断定，引起早炸的原因是传爆系统故障，导致导弹失控的原因是导引头故障。故障部位确定后，试验现场的设计生产人员立即对所剩导弹采取措施，进行修复、参数调整和复测。经过反复测试和分析，梁晋才心里有了一个明确的结论，他认为继续打还是有成功的把握。但上级暂停试验的命令已经下达，苏世堃局长也还在来基地的途中，按理说，他这个总设计师已经没有权力来拍板做决断了。

由于海上的气候大部分时间是非常恶劣的，因此有利于打靶的时机是非常重要的，不容错过。在工作中，应该尊重领导；但在试验面前，更应该尊重科学和现实。梁晋才暗自下定决心：哪怕被撸掉总设计师这顶“帽子”，也要抓住时机再尝试一次。

怎么办？经过一次次分析，心中有底的队友们热切地望着梁晋才。他懂得他们眼神的含义。

不等了，打！梁晋才果断回应队友们的热切期盼和信任。

梁晋才决定仍然打靶弹，并选择最难打的低近点。这又是一个全新的高难度的挑战，海军基地领导表示赞同，但也有着很多担忧。他们提醒梁晋才：“海上定型的关键就取决于这一发低近点导弹了。假如再次失败，那……”话说半句，意味深长。

响鼓不用重锤敲，梁晋才完全明白没说出口的半句话的分量有多重。失败的结果不言而喻，不仅他个人的前途断绝，而且整个试验将无法再进行下去。

11 月 26 日，天气晴朗，果然是个靶试的好天气！

梁晋才希望好天气预示着好兆头，能够为“红旗六十一号”带来好运气。

军舰在广袤无垠的海面上向靶试区域驶去。各项准备工作做得十分完美，一切顺利。根据前两天缜密的分析结果，梁晋才对试验是有信心的，但是，海上的气候变化无常，就怕万一……梁晋才再镇定，也忍不住有一丝忐忑。

作为型号总设计师，梁晋才是不能上舰的，必须待在岸上以便处理试验中的一些突发事件。这一天，他又是一早来到第二观察所。由于他的感冒时间拖得太久，且愈发严重，梁晋才已经体质虚弱到无法长久站立了。他只能半躺在沙发里，连拿着眼镜的手都在轻轻颤抖。

试验开始了，梁晋才紧盯着屏幕：蔚蓝色的天幕上，一粒银色的小点在移动，靶弹正在全速向军舰方向疾飞。一声令下，导弹从发射架上腾空而起，细小的亮点在逐步逼近。当它出现在导弹的右下方时，只见银色的导弹神奇般地俯冲而下，稍微调整方向，便迎头向目标冲去，犹如苍鹰扑兔。只见火光一闪，导弹瞬间击中靶弹，天穹的一角顿时爆出一团浓烟，气势十足。靶弹被导弹拦腰截为两段，不知所措的靶弹弹头摇摇晃晃地栽进了大海，后半截的碎片像天女散花一样从蓝天上飘洒而下。

顿时，整艘舰上群情鼎沸，舰上的官兵和参试人员齐声欢呼。梁晋才离开沙发站了起来，哆哆嗦嗦地戴上了眼镜，颤颤巍巍地靠近屏幕，想看得再仔细些。没错，屏幕上显示得很清楚，一团浓烟还挂在天幕上没有散去。

成功了！真的成功了！

他深深地呼出一口气，紧揪着的神经一下子放松下来，然后就再也支撑不住疲惫的身体，一屁股坐到了地上。虽然狼狈不堪，但他的脸上却带着笑容，眼角闪着泪光。

此刻，尚在途中即将赶到基地的苏局长对试验结果毫不知情。沉浸在成功喜悦中的试验队员们长期的压力得到了释放，心性也活泼起来，争先恐后地要去迎接苏局长。有些队员还调皮地建议，一定不要提前告诉苏局长这个喜讯，到基地之后再给他一个大大的惊喜。

目送着热情高涨的队员们脚步轻快地去接苏局长，梁晋才的心却忐忑起来。当初果断做出决定的他此时明白过来，虽然这次导弹试验成功了，但功不掩过，发射的命令毕竟是他在没有得到苏局长同意的情况下擅自下达的，这会不会辜负了苏局长的一番好意？这是不是属于无组织无纪律的违纪行为？梁晋才做好了检讨的准备，等着苏局长的到来。

苏局长终于来了，带着一脸的兴奋。原来，大

上海市人民政府决定授予梁晋才同志一九八七年度上海市劳动模范称号

第 000335 号

上海市人民政府

一九八八年五月

1988年5月，梁晋才被授予1987年度“上海市劳动模范”称号

伙儿是想瞒着苏局长，可那种兴奋劲洋溢在每个人的脸上，藏也藏不住。苏局长瞧着有“猫腻”，三两下就盘问出了实情。所以，大伙儿迎回了一位兴高采烈的苏局长。一见面，苏局长就紧紧握住梁晋才的手，乐得合不拢嘴，压根就没有想起来要向梁晋才“兴师问罪”，责问他的“无组织无纪律”。

10. 红旗飘飘

梁晋才没等领导指示“擅自”拍板的行为，不仅没有让苏局长恼火，反而送给了苏局长一个大大的惊喜。苏局长也没有白来，此后的试验真可谓一帆风顺，让他深感不虚此行。

12 月 4 日，导弹顺利地击落靶机！

12 月 6 日，试验队要开创性地进行一次双发齐射试验。这次国防科工委的领导将亲临现场观战。

这一天虽然阳光灿烂，但海面上风很大，掀起了层层海浪，军舰在巨大的海浪中颠簸着。大家的心情却没有受到影响，积极地准备着。很快，进入到“一分钟准备”倒计时，两枚银白色的导弹在发射架上待命出发。随着“发射”的指令响起，一眨眼，两枚导弹底部先后喷薄出浓烈的火焰，从发射架上一前一后鱼贯而出。

蔚蓝色的海面上，湛蓝色的天空中，两枚导弹在太阳下闪烁着漂亮的光芒，欢快地奔向目标，身后拖着两道白色的烟雾，犹如细长的白色丝带在天空中划出美丽的线条。

第一枚导弹成功击中目标，靶机成了碎片。第二枚导弹随即赶上，追逐着靶机的碎片。再次击中！漂亮！两弹齐射试验完美告捷！

但这不是终结，发射试验还要继续进行。

半个小时之后，又一发导弹一击中的，击毁了低远点的靶弹……

仅一个下午，就取得了如此辉煌的战绩。亲临现场观战的几位科工委领导大饱眼福，大开眼界，也不禁为如此出色的靶试结果连声赞叹。一位一贯严肃、惜字如金的领导缓缓说出两个字："神了！"

"红旗六十一号"海上设计定型试验圆满完成。试验结果表明，武器系统工作协调可靠，导弹制导精度、引战配合效率、战斗部的杀伤威力均符合指标，达到定型要求。这标志着"红旗六十一号"最艰难的、也是最关键的最后一个关卡终于通过了！

20 年的艰辛、20 年的磨砺、20 年的付出，研制团队在这一刻得到了让人欣慰的回报。这种幸福感虽然来得迟缓，但劲头儿猛烈，足可以让人兴奋得浑身颤抖。

一向稳重且不善言辞的梁晋才，此刻也沉浸在这巨大的幸福中。在迎接舰船胜利归来的岸边，梁

1986年12月，在葫芦岛靶试成功后，梁晋才在舰艇上留影

晋才代表试验队讲话。他抑制不住激动的心情，声音都在颤抖：“同志们，今天，是我们这个新型号武器系统试验以来最大的一次胜利！衷心感谢长期以来各级领导所给予的鼓励和指导！感谢试验基地全体指战员的大力支持和配合！感谢参加型号研制的全体同志们所付出的辛勤劳动和汗水！定型靶试的成功，为我们型号研制画上了圆满的句号！我们也知道，今后要走的路还很长。请领导和部队放心，我们一定更加努力地工作，尽快拿出合格、优质的产品装备部队，回报我们的国家。让我们再次以热烈的掌声庆贺定型靶试的成功吧！”

所有的人都使劲地鼓掌，脸上洋溢着开怀的笑容，眼眶里含着激动的热泪。

此时的北京，中国海军的最高首脑机关，刘华清司令员正在主持一个军事会议。一位参谋进来，悄悄地向领导耳语了一阵，司令员眉头一扬，当即挥手向参谋做出指示。很快，录像机被搬进了会议室，军事会议议程临时进行了调整，插入了一项新内容：放映红旗六十一号导弹海上靶试的全况。

看着电视上那激动人心的画面，海军的领导们也沉浸在兴奋之中。

至此，“红旗六十一号”陆上设计定型试验和海上设计定型试验已经全部结束，画上了圆满的句号。

梁晋才（右二）与昔日“红旗六十一号”的战友们共叙友情

梁晋才他们返程了，回归的列车上载着一群兴高采烈的人。年近花甲的梁晋才这次彻底放松了，他甚至又捡起了年轻时的爱好，兴趣盎然地在车厢内狭长的通道上跳起了交谊舞。梁晋才在苏联留学期间学会的交谊舞，虽然已经很多年没跳了，舞步也生疏了，但他此时跳舞的心情却是前所未有的轻快。梁晋才欢快地笑着、跳着，队友们打着节拍起哄，车厢里成了一片欢乐的海洋。

是该好好庆祝一下啊！ 20 年了，“红旗六十一号”终于成功定型。前后 20 年的研制工作，培养和锻炼了一支具有防空导弹自行设计、研制、试验能力的过硬队伍。特别是红旗六十一号导弹武器系统的定型，填补了我国舰空导弹武器系统的空白，对增强军队防空能力、进一步发展我国防空导弹研制技术，都具有特别重要的意义。为此，该型号荣获

为表彰在科学技术进步中作出重大贡献者，特颁发此证书，以资鼓励。

获奖项目：HQ－61导弹武器系统

获奖等级：壹等

获奖者：梁晋才

获奖名列：第 壹 名

获奖日期：

红旗六十一号导弹武器系统获航空航天工业部科技进步奖一等奖，梁晋才位列获奖者名单第一名。

1990年12月，红旗六十一号导弹武器系统（含六十一A导弹）获国家科学技术进步奖一等奖

了国家科学技术进步奖一等奖、航空航天工业部科学技术进步奖一等奖等多项殊荣。

梁晋才笑了，他没有辜负“航天人”这个称号，终于让这面具有里程碑意义的“红旗”高高飘起，在蓝天白云下发出夺目的华彩。

11. 第一个心惊胆战的“大单”

1987年，“红旗六十一号”陆用型号和海用型号设计定型完毕，转入了批产阶段，陆军、海军相继订货。装备陆军部队的陆用型号被命名为“红旗六十一号甲地空导弹”，装备海军部队的海用型号被命名为“红旗六十一号舰空导弹”。

梁晋才接到的第一个订单就是陆军的一笔7000万元的“大单”。7000万元！在20世纪80年代末，这是一个让人咋舌的天文数字。为了这个大合同，梁晋才真是豁出去了。为了掌握批产过程中的每一个环节、每一个步骤，他仍像年轻人一样，在各个研制生产的厂所之间来回奔波，协调解决问题。

1992年，终于到了陆上产品交付的时间。交付前，“红旗六十一号甲”还要经历一次严格的“毕业考”——交付批的打靶试验。打靶试验成功，“红旗六十一号甲”才能顺利“毕业”，进入部队服役。

然而，出师不利几乎成了老天爷施加给梁晋才的“魔咒”。在交付批的首次打靶试验中，梁晋才眼睁睁地看着一连三发导弹试验失利。

1990年1月，梁晋才考察“红旗六十一号”模型弹箱式发射陆上飞行试验

“红旗六十一号甲”的“毕业考”考砸了！

连续三发失利，犹如重锤敲打着梁晋才，他不仅心痛，更是感觉到了巨大的压力。此时的他急红了眼，究竟是什么原因造成的？

这是梁晋才接到的第一份订单，而且是天文数字的大单！如果交付失败，仅仅是他个人受到影响，他压根是不会在意的。现在的实际情况是，如果不能交付，就意味着整个上海航天局赚不到这7000万元，意味着已经生产出来的数目众多的导弹会被当成废铜烂铁积压下来，意味着我国的陆军部队将没有新型导弹武器系统装备！这不仅仅是他个人的前程问题，还是重大的经济问题，更是严重的政治问题。不能交付，将导致这份大合同终止，将会对整个上海航天的声誉和利益产生深远的负面影响，甚至会影响到我国国防力量的建设，影响到国际军事格局。这个后果实在太严重了。

在为批产奔波的这些年，梁晋才抱定的信念只有一个：只能成功，不能失败！而现在，三发试验的连续失利，却再一次把他逼到了悬崖上，而且离悬崖边只有一步之遥。

梁晋才仿佛被击垮了，整个人迅速消瘦下去。

正当梁晋才心力交瘁的时候，老朋友苏世堃局长写了一张便签，让人捎给了梁晋才。便签上只有短短几行字：梁总，你不要背负这么重的思想压力。你要相信，你不是一个人，你的背后有整个上海航天。这千斤重担我们不会让你一个人独自挑起，这是整个上海航天局的责任。梁总，放心大胆干吧，我们大家会与你共同承担所有结果！

这几行字，梁晋才反反复复地看了好几遍，看着看着，一颗已经濒临绝望的心渐渐地回暖了。这一张薄薄的便签，似乎带有神奇的魔力，让即将崩溃的梁晋才逐渐冷静下来，恢复了思考的能力。当前，最关键的事情就是要快速弄清问题所在，排除故障，然后为“红旗六十一号甲”再争取一次“补考”的机会，进行新一轮交付批的靶试。只要在“补考”中能够打得漂亮，应该还是能够实现产品交付的。

放下沉重思想包袱的梁晋才，立即又呈现出“拼命三郎”的状态，组织试验队伍，又开始了一轮没日没夜的紧张分析、演示。

“精诚所至，金石为开。”梁晋才和他的团队不服输的打拼，终于争取到了宝贵的“补考”机会。即便如此，尽管所有人都被梁晋才团队的拼搏精神所感动，但还是有不少人产生了悲观情绪。因为有前三发的“红灯”，所以，现在他们担心红旗六十一号甲导弹武器系统在“补考”中又考出一个“不及格”。如果试验再次失败……他们简直不敢往下想，都忍不住为梁晋才团队捏了一把汗。

在人们的心惊胆战中，梁晋才和他的团队没有浪费这个宝贵的机会，圆满完成了打靶试验，在“补考”中考出了一个傲人的成绩，成功“逆袭”！合同可以正常履行了，产品可以顺利交付了。看到红旗六十一号甲导弹武器系统能够成功装备我国的陆军部队，为我国国防事业现代化、为保卫祖国做出贡献，梁晋才万分欣慰。

交付批打靶试验成功后，梁晋才和队友们带着满满的喜悦归来。苏世堃局长亲自到站迎接这支光荣的凯旋之师。这一年，正值苏世堃担任上海航天局局长职务的最后一年。能在任上见证这一重大历史事件，苏局长万分欣慰。

梁晋才和苏世堃是老朋友了，自然也就没有上下级的拘束。在梁晋才万分煎熬的时候，是苏世堃给了他莫大的支持和信任，梁晋才对苏世堃的感激之情深藏心底。现在，这份“大单”终于尘埃落定，梁晋才全身轻松。苏世堃局长即将离任，梁晋才有些淡淡的忧伤，他半是认真半是玩笑地对苏世堃说：“不说别的，就是为了你，我们无论如何也要确保这一单成功。我们就把这份成功当成礼物送给你，为你的任期画上圆满的句号吧！”苏世堃爽朗地笑了，

荣誉状

梁晋才 同志在担任 红旗六十一号舰空导弹、红旗六十一号甲地空导弹总设计师工作中，为国防科技事业作出了突出贡献，特发此状，予以表彰。

国防科学技术工业委员会

一九八八年十月十六日

1988年10月，梁晋才获得国防科学技术工业委员会荣誉证书

这份礼物他收下了，他自然懂得老朋友的这份心意，更清楚老朋友为此付出了多少心血。

12. 不走寻常路

1989 年，南海局势发生变化，导致我国的军事态势变得日趋紧张起来。为了备战，需要全面提高现有型号导弹武器系统的使用性能，使之更适应作战需要。在“红旗六十一号”定型后，上级要求对红旗六十一号导弹武器系统进行较大的改进，在减小体积的基础上，进一步提高其总体的性能，扩大空域。

国家的急需，就是航天人的神圣使命。为国防力量的日益强盛，不断研制出现代化装备，也是所有航天人一生的追求。

作为“红旗六十一号”的总设计师，梁晋才一方面关注着“红旗六十一号甲”批产的事项，另一方面，则当仁不让地承担起了“红旗六十一号”舰面设备的改型工作。

梁晋才从来就不是一个居功自傲、好大喜功的人，在这项改型工作中，已

1989年，梁晋才担任“红旗六十一号丙”总设计师

经62岁的他，之所以“当仁不让”地担任了红旗六十一号导弹武器系统改进型的总设计师，是有其特殊原因的。

“红旗六十一号”改进型就是“红旗六十一号丙”，虽说是建立在“红旗六十一号”基础上的，却并不是一个简单意义上的局部改进，而是由内而外进行的全面改进。

第一，将“红旗六十一号”的外形从“十叉型”改进为“叉叉型”。所谓“十叉型”就是弹翼呈十字形配置在弹身中部，尾翼和弹翼相差45度，成十字交叉形配置在弹体尾部；所谓“叉叉型”，尾翼和弹翼在同一平面上，这样可以有效减小体积。这一项改变将直接导致导弹的质心发生转移，气动布局也必须随之变化。

第二，导引头改用固态源，以此提高可生产性。

第三，取消驾驶仪的自由陀螺，以此缩短作战反应时间。

第四，取消原来那种脱落机构形式，采用剪切方式，使发射箱小型化，以此提高舰艇的装载能力。

第五，改用六联装发射装置，以此提高迅速作战能力。

第六，指挥仪改用加固微机，以此提高可靠性。

……

各方面的改进多了，几乎相当于一个新导弹型号的研制，技术难度之大可想而知。在这巨大的困难面前，梁晋才不愿意退缩，不愿意当一个急流勇退的“聪明人”，不愿意顶着“红旗六十一号”的光环从此安享晚年。通过在航天事业舞台上的长期磨砺，他不仅技术水平上升到了专家级的高段位，而且品性修养也达到了淡泊名利的新境界。虽然巨大的困难意味着失败的几率增加，而失败可能会让他从荣誉的巅峰位置跌落到尘埃中，但梁晋才不在乎。他觉得，在困难面前，如果他不能冲在前面，就对不住那群跟着他一起拼搏的兄弟，就会良心不安。

更何况，对于“红旗六十一号丙”这个型号，上级只给了3年的研制时间和700万元的研制费用。这种时间要求，这种经费条件，和其他型号导弹武器系统相比，简直有些苛刻了。所以，在这种条件下承接研制任务，完全就是一种冒险。因此，要想成为“红旗六十一号丙”的总设计师，不仅需要有极高的专业技术底蕴，更需要具备“不成功便成仁”的决心，敢为天下先的勇气，以及果断决策、拍板的魄力。

梁晋才就是在这重重约束下，当上“红旗六十一号丙”总设计师的。他考虑过难度问题，考虑过个人的得失问题，但这些问题和国家的需要相比，是那么渺小，梁晋才几乎没有什么犹豫，就全身心地投入到新的研制工作中去了。

什么样的总设计师就会带出什么样的研制队伍。梁晋才很信任这个团队，因为团队中的每个成员都是跟着他一路摸爬滚打、一起笑过一起哭过的队友，同甘共苦的经历，让这个团队拥有了坚定的信念和强劲的战斗力。这个团队也从来没有辜负过梁晋才的信任，从不抱怨，从不胆怯，一次次地攻坚克难、冲锋陷阵，摘下了一个又一个的胜利果实。这次，就算梁晋才又挑了块长满了倒刺的硬硬的骨头来啃，研制队伍中也没人抱怨，因为大家对梁晋才也抱有同样的信任，相信梁总一定能在重重束缚下闯出一片新的天地。

刚刚承接下任务的梁晋才在办公室里，背着手，踱着步，来回慢慢走着，仿佛在思考着什么。尽管此时他看起来很沉稳，一副胸有成竹的样子，但谁都不知道，他的大脑始终处于高速运转的状态，思考着各种方案：时间实在太短，经费实在太少，要想按照进度要求完成任务，困难很大。

经过剥茧抽丝般地思考和分析，一个大胆的想法逐渐变得清晰起来：既然该型号是在特殊的研制条件下进行的，那就索性突破常规。

梁晋才决定，除了发射一发模型弹外，直接跨越两个常规必须经历的独立回路和闭合回路的研制阶段，再用两发战斗遥测弹进行鉴定性飞行试验，使实弹飞行试验次数减到最低限度，所需的导弹数量降到最少。这种研制形式可以实现改型与定型的同步到位，既可以缩短研制周期，又可以节约研制经费。而这种方式最大的风险是：任何一个环节都不能出现差错或者反复，因为他们输不起，也耗不起极为有限的时间和金钱。

梁晋才把自己的决定和军方进行了详细的沟通，最终得到了军方的认可。

于是，在梁晋才的带领下，“红旗六十一号丙”走上了一条特殊的研制道路，也由此创造了一段导弹武器系统研制史上的奇迹。

13.“红旗六十一号丙”的“三级跳”

梁晋才的拍板很是决绝，掷地有声。但是，这种跨越式研制在防空导弹研制史上从未有过。做出这样的决定，就等于又一次把他自己逼上了只许成功、不许失败的悬崖边上。但他还是有相当信心的，他认为跨越周期只是表现在形式上，并不是违背研制规律，只要计划周全缜密、流程细致合理，应该是可行的。

梁晋才召集研制队伍，从总体到每一个分系统，仔细地研究确定每一个可行的技术方案。梁晋才要求这个改进型，最大限度地借鉴过去多年型号研制的经验，利用试验证明成功的部分，以缩减研制过程；而所有采用新技术的方案，则必须经过严格的试验程序，一步都不能省。梁晋才挑明了告诉大家：这个型号有着各种限制因素，每一步都必须走稳、走好，而且，在模型弹和战斗弹的飞行试验中，不会再有任何“补考”的机会，因此只能一次成功。“不成功，即告终”，这就是这个型号面临的严峻挑战。

梁晋才亲自主持总体的方案论证，和大家一起对型号的继承性、先进性、可行性、研制周期以及经费等各方面进行了综合分析，制定了周密细致的计划流程，为的就是能够全面考虑和妥善处理这几方面的关系。

60多岁的梁晋才充满了昂扬的激情，亲自参与研制过程中所有的关键技术和关键项目研究。在是否采用新的气动布局时，梁晋才经过反复斟酌、慎重分析，最终，他还是大胆决定采用新的气动布局，并创新性地应用静不稳定弹体的控制技术，以提高导弹的机动能力和作战空域。为了节约经费，对新的气动外形只能进行少量的气动吹风试验，梁晋才和队友们充分利用老外形的吹风数据，经过对比和逻辑分析，准确评估新外形吹风数据的可信度。

由于跨越了两个试验阶段，为了确保质量，梁晋才引入并充分利用了仿真手段，对导弹武器系统的独立回路和闭合回路，进行了大量的半实物仿真试验。对每一次的仿真数据，他都仔细查看，透彻分析，一旦有了异常，他一定夜以继日地查出原因，排除问题，才能放心。

在争分夺秒的紧张研制中，三年的时间在不知不觉中流逝，转眼到了“红旗六十一号丙”接受终极考验的时候。

1993年，“红旗六十一号丙”终于在“三级跳”后，迎来了它的鉴定性飞行试验。由于这个型号的研制经费实在太少，到这个阶段，梁晋才已经没有多少钱来支付基地试验的费用了。所以，梁晋才这个总设计师，只能厚着脸皮去找试验基地的老总讨价还价。试验基地的老总是梁晋才相交多年的老朋友，对梁晋才的处境十分了解，他既担心梁晋才突破常规的做法，但同时又异常欣赏梁晋才的勇气和魄力。最终，他还是力挺了梁晋才一把，一边骂骂咧咧地“嫌弃”着少得根本不足以支撑试验的费用，一边又对试验提供了最大的支持。对他来说，这是建立在对梁晋才信任基础上的一次“赌博”：一旦成功了，一切都好说；如果失败，则可能被一起兜进去。

结果证明，梁晋才是值得信任的。在这次“红旗六十一号丙”的鉴定性飞行试验中，两发两中，试验获得圆满成功。

让基地老总特别高兴的是，他的这次“赌博”不仅没有输，还赢得了一份特大惊喜。在飞行试验时，在对军方的需求进行斟酌和分析后，梁晋才大胆选用了国内尚未使用过的超小型飞行靶标，也就是拖靶。

梁晋才决定打拖靶这件事，在试验队内部有过激烈争论。一种观点是：该型号在研制过程中跨越了研制阶段，缩短了研制周期，已经存在了很大的风险，如果还要尝试着打各型号都从未打过的拖靶，属于难上加难，险上加险，简直是自找苦吃，所以还是应该沿用原有的靶机，确保成功概率。另一种观点是支持梁晋才的：采用新的拖靶虽然风险较大，但一旦成功，意义重大，不仅可以大大节约经费，操作上易于实施，同时也为今后开辟了一条新途径。

梁晋才也考虑过这些因素，他把自己的想法和经过周密分析的结果给队员们交了底，最终得到了大多数人的认可。这个决定虽然有很大风险，但绝不是盲目的冒险，它有科学的逻辑的判断。在巨大的风险中蕴藏着巨大的机遇。为了长远的考虑，梁晋才和他的试验队还是决定放手一搏，就打新型超小型飞行靶标！

试验那一天，梁晋才在舰上指挥室里，貌似平静的外表下，一颗心隐隐约约有些忐忑。而大海似乎也感受到了他内心的紧张，海风呼呼地刮个不停，掀起了巨大的海浪，舰颠簸得厉害。所有参与试验的人都感到了压力，这种压力如同海浪一样汹涌澎湃。

当时海情已经达到了6级，侧风达到了每秒17米，飞机难以起飞。只能等！在一分一秒的煎熬等待中，环境略有好转，到下午3点，飞行员强行起飞，并慢慢地放出一根5千米长的钢丝绳拖着拖靶飞来了。拖靶的形体很小，为了让雷达能够监测到拖靶，还专门对这个拖靶进行了特殊设计，增加了一个回波增强器，使得雷达能够捕捉到。

紧张的时刻终于来到了，发射进入10秒钟倒计时，可靶标航路仍未满足发射条件。

太紧张了，就这几秒钟内，梁晋才竟然出了一身汗。

“3、2、1，发射！”

在最后3秒钟内，引航员以最大的努力终于使靶标勉强达到射击条件。导弹也牢牢抓住了这转瞬即逝的有利时机，很快地捕捉到目标，一举将靶标击碎，漂亮！

“红旗六十一号丙”的“三级跳”成功了，首次采用新型超小型飞行靶标成功了！梁晋才和基地老总都长舒一口气，所有的人脸上都现出了由衷的笑容。

红旗六十一号丙导弹研制的成功，又一次为梁晋才团队赢得了中国航天工业总公司科技进步奖一等奖、国家科学技术进步奖三等奖等荣誉。

“红旗六十一号丙”的研制周期之短、经费之少，是我国导弹武器系统研制史上少有的，它开创了一个特殊条件下的研制范例，充满了传奇色彩。但这个“奇迹”的创造者梁晋才却反复强调，这个型号的研制虽然跨越了多个阶段，但也只是形式上的跨越。事实上，在整个研制过程中，大家丝毫不敢抱有侥幸心理，始终坚持科学的态度，严之又严、慎之又慎，甚至投入了更多的精力，做了更多的仿真试验，以保证整个过程是遵循和符合客观事物发展规律的。而且，能在短期内取得如此突出的成绩，更是与整支研制队伍所付出的努力拼搏密不可分的，这是大家日日夜夜艰苦奋战的成果。

成功之夜，从来以严谨称道的梁晋才思绪万千：历经坎坷的无尽辛酸，拨云见日后的巨大喜悦，试验成功后的骄傲自豪，以及对研制队伍所有成员的浓浓感激，融合在一起，翻腾在心间，使他久久不能入眠。他索性披衣而起，临窗而望。一向缺少诗情画意的梁晋才，突然诗兴大发，找来纸笔，疾笔写下了他此刻的万丈豪情：

人生一世坎坷多，
犹如小舟渡浪波。
逆境练就人意志，
休管他人论如何！

14. 部队，始终是第一客户

作为红旗六十一号导弹武器系统的总设计师，梁晋才非常高兴能够看到这套武器系统顺利交付，进入部队服役。

但仅仅完成产品交付，不是梁晋才的终极目标。要让红旗六十一号导弹武器系统有效装备部队，还必须让部队这个用户能够既全面又准确地掌握导弹武器系统的原理和使用方法。于是，在军方接装产品的那段时间里，梁晋才也没闲着，带领着试验队的技术人员，深入到使用部队，开设了一系列系统的培训课程，从理论知识到实际操作训练，讲解得十分详细。梁晋才在对部队进行培训时，心情十分愉悦，因为他可以借机重温一把“老师瘾”，再次成为大家的“梁老师”。

梁晋才给部队上的第一堂课，主要是全面讲解导弹武器系统和各分系统的工作原理。为了这堂课，梁晋才做了精心的准备。他在灯下认真备课，斟酌着

梁晋才在认真备课

讲义中的每一个词、每一句话，思考着怎样讲才能让大家更好地理解和掌握。谁都不知道，为了这堂课，为了当好“梁老师”这个久违的角色，梁晋才这位年过花甲的老人到底花了多少时间。但他是满足的。因为在备课、讲课的过程中，他觉得自己仿佛又回到了年轻的时候。

和“梁总设计师”往常严苛的科研作风不同的是，“梁老师”讲课的风格是轻松活泼的，一堂课讲得深入浅出，言语生动风趣，让大家觉得课程毫无枯燥之感，每个人都听得津津有味，受益匪浅。

梁晋才打了个“头炮”，其他课程则由试验队的专业技术人员担纲主讲。有梁晋才做榜样，其他老师自然也是精心备课，细致授课。老师们为人和善，专业水平都很高，而且有着多年的实践经验，无论是专业技术还是实际操作，都讲得很透彻。老师们用心，学员们也用功，一个个听课认真，理解力强，上手也快。这种水乳交融式的培训效果极好，受到了军方的高度认可。

在培训期间，梁晋才和队员们吃住都在基地。这支试验队跟了梁晋才多年，他们已经习惯了跟着梁晋才吃苦，毫不在意自己斑白的头发和透支的健康，毫不在意基地艰苦的生活条件，反而觉得吃住都和那些年轻的士兵一样，说明自己也很年轻，至少心还不老。

交付结束后，培训也结束了，但梁晋才和部队的联系却没有终结，反而越来越密切。客户就是上帝，梁晋才认为，部队是导弹武器系统的第一客户，而最大程度地满足客户的需求，是所有商家的共同原则。特别是部队这个客户，因其特殊的身份，它的每一项需求都和国防建设密切相关，就更应该想办法满足。因此，梁晋才在完成产品交付后，还经常到部队了解导弹武器系统的使用情况，给予技术指导。使用部队感受到了这位老人的诚意，也切实看到了他发挥的技术推动作用，索性就聘请梁晋才担任防空旅的顾问，利用航天专家的专业力量，帮助他们培养信息技术部队。很快，防空旅的技术水平得到了明显提高，在全军中脱颖而出，受到了高度重视。

作为防空旅的技术顾问，梁晋才可不愿当个“不顾不问”的挂名顾问。按理说，防空旅应该对红旗六十一号导弹武器系统进行经常性的实弹打靶，以此加强对部队的训练，提高作战能力。但事实上，由于靶机价格昂贵，靶标数量难以保障，每次打靶成本高昂，沉重的经济压力让部队承受不起。这进退两难的问题让部队很头疼，为了解决这个经济上的问题，部队向梁晋才请教，能否利用气球靶替代靶机，以此降低成本。

梁晋才认真思考了这件事情，从理论上讲，当前研制的地（舰）空导弹武器系统还存在薄弱点，就是难以攻击低速目标和空中静态目标，而气球靶恰恰就属于空中静态目标，理论上并不构成导弹发射的条件。真的要打气球靶，难度会很大。

但此时的梁晋才心中存着“客户至上”的理念，他告诉自己，不能只想到自己，一定要站在部队的立场上，通过换位思考，认真体会客户的感受，真正了解客户的需求。如果自己是部队，当然是希望能够有效降低成本，用最小的投入取得最大的收获，从而实现经常性实弹打靶这个目标。

梁晋才知道，任何创新都是有风险的，都可能面临失败，但是，如果成功了，就可以有效解决部队地空导弹实弹射击靶标保障难、经费高的难题。为了客户，为了将来，冒这个风险是值得的！梁晋才思考良久，最终决定放手一搏，大胆尝试一下，当这个“吃螃蟹”的第一人。

他把技术人员召集在一起，把军方的需求当成一个重要课题进行研究。在深入分析讨论后，梁晋才认为，结合导弹制导系统的特点，可以对导弹的导引头回路参数进行微小的调整，然后利用导弹发射后的速度所产生的多普勒频率，对静态目标施加影响，并对目标进行空中截获。

梁晋才他们一遍遍地论证着新方案的可能性，首先对导弹在制导和引信方面采取了调整措施，使其能够满足射击气球靶的要求，同时还设计了一种特殊的复合气球靶，可供导引头和引信共同使用。

2002年，梁晋才（左三）再回防空旅

实弹打靶试验证明，梁晋才的新方案切实可行，效果很好。军方相当满意，“梁顾问”一出手，就解决了他们头疼已久的实质性问题。梁晋才也相当欣慰，这个“螃蟹”吃得艰难，但却很“美味”，而且开了地空导弹武器打静态目标的先河，让他充满了成就感。

15. 转战军贸

自从进入航天，从“红旗六十一号”研制到定型，再到交付部队以及指导部队打靶，梁晋才走过了一个完完整整的型号研制过程，而这个过程他用了整整 24 年的时间。在这段漫长的坎坷旅途中，梁晋才历经无数风浪，几番起伏动荡，可无论遇到怎样的险阻和挫折，他都咬着牙挺过来了。梁晋才觉得自己的整段航天经历就像《西游记》歌词中描述的一样“踏平坎坷成大道，斗罢艰险又出发，一番番春秋冬夏，一场场酸甜苦辣，敢问路在何方，路在脚下”。梁晋才坚持着一份简单而纯朴的执着，彰显着自己对航天的忠诚。

这段充满着艰辛和激情的岁月，把梁晋才从一个书卷气十足的青年书生历练成了一名指挥若定的导弹专家，一头乌发也变成了银丝。现在，梁晋才觉得自己到了该退下来的时候了。长江后浪推前浪，他应该把航天这片广阔的事业舞台让给年轻人，让更多的年轻人能够施展才华。

1994 年年末，梁晋才已经 67 岁了。就在梁晋才认为自己可以功成身退的时候，上级又给他部署了一项特殊的任务——“946”对外军贸项目。对外军贸？这对梁晋才来说，又是一个全新的业务领域。如果承接下来，就意味着要在 67 岁的年纪接受一项高难度的新挑战，又得承受一次高风险带来的巨大压力。

接还是不接？

梁晋才稍稍思考了一下，随即就答应了。数十年的航天历程中，他从未在艰巨任务面前说过“不”字，知难而退绝对不是他的作风，拒绝挑战更不是他的风格！

“946”对外军贸项目确定于1994年6月30日，主要是要将猎鹰六十号（N）舰空导弹武器系统产品装载到巴基斯坦海军T-21型导弹护卫舰上，用于拦截中低空飞行目标。合同主要标的包括三套猎鹰六十号（N）舰面系统、成套装备的猎鹰六十号（N）导弹（含装填训练弹和测试训练弹）、成套的舰面系统维护设备及导弹技术保障设备。

上海航天局正是“946”项目的研制生产方。这可是上海航天局的首张军贸订单，此前从无军贸经验的上海航天局接下这一订单，自然是冒了很大的风险。

猎鹰六十号（N）舰空导弹武器系统是“红旗六号”的改进型军贸产品。红旗六号导弹武器系统是上海航天局研制的中低空中近程地空导弹武器系统，前后经历了“红旗六十三号”“红旗六十四号”两代。“红旗六十三号”研制方案在“红旗六十一号”的基础上，结合实际采用了静不稳定弹体、折叠式全动弹翼、单室双推力固体发动机、箱式发射等新技术。由于种种原因，1985年10月，“红旗六十三号”研制走到了尽头。1988年，国务院、中央军委正式批准“红旗六十四号”的研制方案，并将其命名为“红旗六号”。“红旗六号”虽然是一种新的型号，但与“红旗六十三号”相比，仍有很强的继承性。1994年，经过上海航天局多年的努力，“红旗六号”自用型虽然尚未定型，但外贸产品已经定型，因此同年以“猎鹰六十号”的名称对外公开，而后在与国外同类导弹的竞争中中标，并由此获得了巴基斯坦海军给出的这张军贸订单。

当时上海航天局下属某个研究所经济发展窘迫，几乎陷入了困境。只有接下这个任务，才有翻身的可能。如果这个单子做成功，不仅能救活这个研究所，还能借此机会培养和锻炼出一批骨干员工。所以，对于这个订单，上海航天局给予了高度重视，而且众志成城，志在必得。

1994 年 7 月，上海航天局根据与巴方签订的供货合同的要求，又分别与下属相关的四个研究所以及上海电气自动化研究所、上海沪东造船厂等单位签订了《关于巴 T-21 型护卫舰加装猎鹰六十号（N）导弹武器系统工程》合同、舰体改装等合同。

虽然对导弹武器系统来说，舰上发射原理和陆上是相通的，要将陆用的“红旗六号”改型为舰上装备，把握也比较大，但其中毕竟存在着一定的不确定性。更何况，中国当时还未步入航天大国的行列，巴基斯坦对于这个合作项目也存有疑虑。因此，巴方相当重视和谨慎，在签订合同之前，还派了五六名高级军官组成的代表团到中国进行考察，带队的是名少将。

考察活动组织得比较顺利，因为保密的原因，代表团被安排进了北京的一家宾馆，第二天乘坐专机先到空一基地，然后又坐火车到了空二基地。下午试验队就在空二基地组织了一次打靶，用“红旗六号”打“长空一号”靶机。打靶非常顺利，一击成功，巴方十分满意。双方庆祝之后，很快回北京签署了正式合同。

为了了解相应的接口关系，巴方代表团又转战上海进行技术等方面的咨询。就是在这场咨询活动中，梁晋才作为导弹专家参加了接待活动，并负责向巴方进行解说，具体阐述红旗六号导弹武器系统的各项性能，同时对巴方提出的各

1994年，梁晋才（右一）等接待巴基斯坦访问团

种问题进行解答。梁晋才条理清晰的讲解和深厚的专业技术背景，得到了巴方的高度认可和充分信任。这份认可和信任，使得这张沉甸甸的“单子”落到了梁晋才的肩上，成了梁晋才必须挑起的“担子”。

因为上级要求“猎鹰六十号（N）”与“红旗六号”自用型并行研制，并实现相互独立、自成系统、相互结合、联合作战的要求，使产品以一种设计状态尽可能满足两者的需要，因此需要组建一支“猎鹰六十号（N）”型号研制队伍。

那谁来当这个型号的总设计师呢？由于这是国际军贸任务，具备特殊性，这名总师不仅应该是导弹武器系统专业领域的权威专家，还必须懂得国际贸易中的规矩礼仪，具备较强的外交沟通协调能力。

在对整个上海航天局的人才进行了一圈细密的物色后，梁晋才又被“扫描”进了上级的视线。梁晋才经历过一个完整的型号研制过程，对红旗六十一号导弹武器系统最熟悉，对在此基础上发展起来的“红旗六号”也有涉及，在专业技术上颇有建树，特别是他在接待巴基斯坦代表团中的表现可圈可点，折服了巴方人员，让梁晋才出马，应该是合适的。不过，梁晋才毕竟年近70，再让他承担这么重的任务，似乎有点不近人情。但在对所有的人选进行考察分析，经过再三斟酌后，上级领导仍觉得梁晋才是不二人选。于是，1995年9月，中国航天工业总公司正式聘任梁晋才为“猎鹰六十号（N）”型号的总设计师。

梁晋才就是在这样的形势下接下这项任务的，压力之大可以想象。但68

岁的梁晋才没有任何畏惧，义无反顾地担任了猎鹰六十号（N）导弹武器系统的总指挥兼总设计师，不仅如此，他还兼任了“946”军贸项目的经理，开始了他的军贸之旅。

16. 改型之难

梁晋才精心挑选并迅速组建了一支精英团队。成员中有一直跟随着他、与他并肩作战的老战友——曾任“红旗六十一号”副总设计师的俞大伟。俞大伟也是一位为了航天忘我的同志，十足拼劲丝毫不亚于梁晋才，1989 年被评为全国劳动模范。梁晋才对他极为信任，这次梁晋才担任猎鹰六十号（N）导弹武器系统的总设计师，俞大伟还是继续和他搭档，担任了副总设计师一职。其他还有上海航天局科研二处的处长钟锡宝，心细如发、周全缜密是他的特点；翻译黄蓓，虽然年轻，却十分肯钻研，吃得了苦……甚至，连随团医生和厨师也是经过挑选的。

梁晋才告诉每一个团队成员，他们的任务就是根据合同约定，向巴方海军提供技术支持，完成猎鹰六十号（N）导弹武器系统的改型设计以及产品的生产、交付和装舰。

由于对外军贸的特殊性，梁晋才深知，作为总师和总指挥要关注的是技术；而作为项目经理，则更要关注两国的国情、军情以及外交政策、风俗习惯等方面的差异性。梁晋才组织团队认真分析了此次任务的性质，对设备和文件的齐套性要求、处理问题的方式、人际间的交往方式以及和谈判对手的沟通技巧等方面都做了充分的预案。由于项目团队此次去巴基斯坦，不仅仅是发挥个人的技术能力，还要体现出中国航天的强大实力，更要展示出中国人民的精神面貌，因此，梁晋才要求所有成员在任何情况下，都必须做到冷静、镇定、耐心、细致、坚韧，既要坚持原则、坚守底线，又要针对不同情况灵活处理，要解决问题，而不能激化矛盾。根据每个成员的特点，梁晋才还进行了分工，成员们逐一领命。

带着使命、带着责任、带着重托和信任，满头白发的梁晋才又一次精神抖擞地站在了军贸这个新的起点上，带着他的精英团队出发！

梁晋才他们首先到了巴基斯坦的首都伊斯兰堡，之后没有多逗留就到了海港城卡拉奇。这里停泊着巴基斯坦海军的舰船，梁晋才他们要登舰进行实地考察，要熟悉 T-21 导弹护卫舰的构造、勘验武器系统舰面的接口，并根据考察结果完成舰体改装方案。但当他们登上护卫舰、粗略浏览一遍后，几乎傻了眼。

猎鹰六十号（N）导弹的基本型号“红旗六号”是陆用地空导弹系统，之前在国内没有装过舰，没有现成的经验可依。此前，各方虽然对改型装舰进行过分析，也比较乐观，却没想到要装备的三艘护卫舰居然是旧舰，舰上已有的一些设备盘踞了部分地盘，电路错综复杂，其中却没有“猎鹰”所需的发射架、发控、雷达、跟踪照射雷达等等，这意味着所有的舰面设备都需要重新改装。这就好比在一张纸上画画，如果是一张白纸，反而比较容易发挥，但如果纸上已经有了文字、线条、图案，就完全打乱了你原本脑海中已经成形的构图。此时，要在这样的图纸上再描绘出一幅命题的新画，难度自然会高出很多。

梁晋才他们现在要做的，就是在这样一张图纸上进行“绘图”。改装一艘舰要比新造一艘舰更为复杂，巴方海军要求既要符合猎鹰六十号（N）装舰的各种需求，又不能破坏这艘舰原来设备的构造和用途。

虽然事情一下子变得异常复杂起来，但梁晋才出发前曾经告诫过团队，遇到任何情况都要冷静、镇定，这个原则发挥了重要作用，梁晋才他们没有让巴基斯坦海军看出他们最初的慌乱，很快就有序地开展了更细致、更深入的考察，为安装设备测量并积累各种数据，电源要装在哪里，平台要安在哪个舱室，就连布线这样的“小事”，他们也进行了周密的思考，要拆除哪些老线路才能不影响原舰载设备的作用，新线路要怎样布局才能符合“猎鹰”的要求，等等。任何一个微小的细节他们都不放过，要逐一讨论、统一意见后再进行设计。他们每天都泡在舰上，实在累了，才到舰上的军官活动室休息一下。每天晚上，根据当天的考察情况绘出图纸，第二天再和巴方进行深入细致的讨论，交换意见，通过反复探讨和调整，不断完善方案。

在这项新挑战中，梁晋才凡事都亲力亲为，完全忘记了自己的年龄。舰上的空间非常狭小、闷热，楼梯又高又陡，没有良好的体力还真不行。梁晋才却不要任何“优待”，顶着一头白发，坚持在舰上爬上爬下，和团队成员一起，走遍了舰上的每一个舱室，每一份图纸、每一个数据都要亲自审核把关。

晚上，这位老人也不肯闲着，他认真查阅所有相关的技术文件，甚至在夜深人静的时候，还在练习专业英语口语，为的是能够用英语准确、流利地进行表述，减少与巴方沟通上的误解或反复，以尽快得到巴方的确认。

1996 年 4 月，梁晋才和队员们终于编制完成了《T-21 型护卫舰加装猎鹰六十号（N）导弹武器系统舰面系统舰体改装方案》。

根据方案，猎鹰六十号（N）导弹武器系统主要包括三大部分：舰面设备、带发射箱的导弹以及技术支援设备。其中舰面设备在保留和继承“红旗六号”线路技术基础上，进行适当的改进和重新研制。跟踪雷达保留原有体制和方式，为适应舰用要求，结构上采用标准机柜，适当完善超低空跟踪性能，采用捷联平台补偿舰运动的影响，增加跟踪雷达操作控制的单人显控台等。照射雷达保留原照射发射机的体制，高频馈电与跟踪雷达共用；增加直波射前调谐所需的连续波小信号的耦合输出等，结构上采用标准机柜重新设计。火控指挥仪在部分继承的基础上重新进行一体化设计和研制，增加舰运动带来的数据修正、发射控制和辅助决策模型、系统状态的统一管理和系统故障的综合显示处理等。发控设备采用红旗六号的发射控制线路技术并进行六联装发射控制的设计改进。重新设计六联装发射装置和电源转换装置。为适应舰面设备的安装，还要对T-21型护卫舰进行舰体改装加固。

在与巴基斯坦军方进行多次项目管理会晤后，巴方最终确认了“猎鹰六十号（N）”舰面设备在T-21型护卫舰上的安装计划以及对巴方海军人员的技术培训计划等内容，总算可以转入研制生产阶段了。

17.“美金不好赚哪……”

梁晋才切身体会到，在这个军贸项目中，每一分钱都是血汗钱、辛苦钱，实在是得之不易。“美金不好赚哪……”梁晋才感慨道。

1996年6月，各分系统设备研制单位根据武器系统和导弹总体下发的研制任务书，经过两年的研制和配套生产，各单机先后齐套、总装、调试，并分别按照试验大纲的要求完成各类地面试验和出厂验收试验。同时，武器系统总体和分系统设备单位也分别完成各类设计文件和研制试验文件的编写，特别是根据对外出口的要求，初步完成武器系统和各设备的随机文件的编制、翻译，其中包括武器系统和各舰面设备以及导弹等产品的《操作手册》《维护手册》与《安全手册》，以及技术培训大纲和培训教材等。1996年5月30日至9月下旬，中方按照培训大纲和教材的要求，对巴方海军数十名管理人员和技术人员在上海

1996年，梁晋才（左一）向巴方人员介绍相关产品

进行了技术培训。

1996年7月，第一套“猎鹰六十号（N）”舰面设备各单机进行出厂验收后，在上海大场机场停机坪进行系统对接和联调。9月下旬，由巴方海军代表参加验收试验，并顺利地通过工厂验收。按照合同要求，该套舰面设备于1996年11月下旬从上海发往巴基斯坦。

而在巴基斯坦的装舰过程，简直就是一场对意志的考验和磨砺。

1997年4月，由中方组建的第一支专业技术施工队伍，在巴方海军船厂对T-21型首舰进行了舰体改装、设备安装和调试。装舰的程序很复杂，规定得又很严格，一道道环节按部就班，容不得一丝差错。为了确保精准安装，梁晋才他们还特意邀请了沪东造船厂的工程师一起参与安装，因为相对来说，在舰船方面，他们更为专业，也更有发言权。

到了七八月份，正值巴基斯坦的盛夏，天气酷热，气象预报温度有40℃，那舰面上的温度就远远不止40℃了。而大部分安装工作必须在舰面上完成，不要说空调，连个阴凉的地方都没有。从中国派来的技术人员、工人师傅就在这样的条件下，每天在火辣辣的太阳底下安装设备，一干就是一整天，每个人的皮肤都被晒得黝黑油亮。大家汗流浃背，像是刚从水里捞出来的一样，连衣服上都印出了盐花。

在异国他乡如此艰辛的条件下辛苦工作，大家却没有任何怨言。勤劳、努力、任劳任怨，这是巴方对中方人员的普遍印象。为了减少在巴基斯坦逗留的时间，工人师傅们还经常加班安装，就是为了抢进度。因为在国外多停留一天，就意味着多一天的开销。

项目组负责后勤管理的钟锡宝也非常尽责，他是上海航天局科研二处的处长，在这里，他却认真、仔细地做着“管家”的活儿，每天一大早就起来，开始照顾大家的生活起居，事无巨细，总是安排得妥妥帖帖的。而晚上，也总是等到每一个人都休息了，他才会放心。因此，他几乎成了团队中最晚入眠的人，但他从来没有叫苦抱怨过。

就在装舰过程中，还出现过一个不大不小的插曲，差点就让这个合同没办法执行下去。在双方确认过的设计图纸中，发射架是要装在舰桥上的，而所谓舰桥就是靠近舰长指挥室的一个平台。在安装发射架前，舰长却突然提出了反对意见，而且态度十分强硬。他认为，发射架一旦支起来，会严重影响到他的视线，进而影响到他的判断和指挥，影响到航行，因此不能安装在舰桥上，必须换地方。由于这个方案之前是得到过巴方确认的，所以不仅发射塔的设计和生产是按照这个方案进行的，其他所有设备都是根据设计图纸生产的，只能安装在既定位置上。现在如果再做出改变，牵一发而动全身，就会影响到其他设备的安装。而所有设备如果挪位，则之前生产的尺寸就不适用了，必须重新生产，这样一来，将会导致整个项目发生变化。所以，梁晋才坚持维持原来的设计，不能做出改动。但舰长的反对态度也是异常坚决，使项目陷入了胶着的僵局。

按梁晋才往日的脾气性格，既然拍了板，大胆去做就是了，可这是对外军贸，具有国际影响，意义深远。梁晋才不停地深呼吸，一个劲儿地提醒自己，要“冷静、镇定、耐心、细致、坚韧”。所以，他耐着性子，又花了好几个月与巴方进行讨论说明，同时组织大家做木模，画图纸，仔细分析航行时的状态，以证明航行时发射架不会影响到指挥视线。有理有据的论证，最终让舰长信服了，做出了让步，巴方接受了原来的方案，项目得以继续实施。

即使在装舰过程中，总设计师梁晋才依然像考察时那样，在舰上爬上爬下，无论是谁让他中途歇一歇，他都不肯停下。有时候，为了解决某个技术问题，他甚至还要在中巴两国之间来回奔波。回到中国后，组织后方技术人员对装舰过程中出现的问题进行更加全面和细致的分析，直至完全弄清楚。然后再从中国到巴基斯坦，和巴方进行沟通解释，并解决问题。梁晋才一般上午从北京坐飞机出发，到巴基斯坦时是北京时间晚上十点，当地时间七点左右。稍微吃上一口晚饭，就开始和巴方协调技术问题了。有时候飞机晚点了，巴方就会直接到机场，把梁晋才接到指挥部进行洽谈。

终于装完舰了，之后还要进行一系列的航行试验、系泊试验。试验需要把舰船开到一个地方停下来。因为舰船在水里不是静止的，而是摇摆的，需要雷达在舰船摇摆的状态下，还能够始终准确地瞄准北斗，这其实是很难实现的。由于巴基斯坦的护卫舰舰面上原来就配置了从瑞典引进的搜索雷达，巴方希望搜索雷达能够继续使用，所以主要是通过搜索雷达的旋转以捕捉目标，然后将目标方位信号传递到中方装备的雷达上，再由中方的雷达进行瞄准。由于搜索雷达是瑞典的技术和装备，和中方的设备之间存在接口的问题，所以，梁晋才他们还要和瑞典的技术人员进行技术洽谈，如：你方输送什么信号、我方如何进行接收转换、如何进行判断、如何完成反馈。这些都是数位关系，用以完成接口关系协议。这也是一个十分繁琐和复杂的过程。好在整个过程中，梁晋才和他的团队一直以一种高默契度配合着，以高强度、快节奏运作着，最终解决了所有的接口关系，顺利完成了各类试验。

经过武器系统系泊试验与航行试验，第一套“猎鹰六十号（N）”舰面系统的各项指标和工作性能均符合合同技术规格书的要求，1998 年 3 月，通过巴方海军的验收。第二套和第三套“猎鹰六十号（N）”舰面设备相继在上海的大场机场完成单机调试和系

1997年4月，梁晋才主持“猎鹰六十号（N）”舰面系统（第二套）出厂评审

1998年，梁晋才（右）在巴基斯坦海军船厂

1998年，在巴基斯坦海军总部，梁晋才（右）向巴方海军军官赠送礼品

统联调，通过陆上验收试验，也分别于1997年5月和10月发往巴方。由于舰上其他设备如DA08雷达不能如期到位，第二艘护卫舰“猎鹰六十号（N）”舰面系统的系泊试验和海上航行验收试验推迟至1998年10月上旬完成，第三艘护卫舰“猎鹰六十号（N）”舰面系统则于1999年10月至12月完成系泊试验和海上航行验收试验。

在每一次向外方交付的过程中，梁晋才都会在现场帮助解决问题，有时与外方谈判协调处理双方争议的问题。在大家的共同努力下，最终三套系统顺利交付，圆满完成合同规定的舰体改装和舰面系统设备加装任务。最后，中方还帮助巴方建立了一个导弹测试厂房。

18. 打靶交付

“946”项目合同中还要求为每艘护卫舰配套数十发猎鹰六十号（N）导弹（含装填训练弹和测试训练弹）。

1994年至1997年，梁晋才组织相关人员全面开展了猎鹰六十号（N）导弹总体、弹上设备设计、配套生产和试验工作。猎鹰六十号（N）导弹的技术状态与红旗六号导弹的技术状态基本一致。为满足扩大空域的需要，对制导舱和控制舱的技术状态做了必要的变更，对扩大空域进行配套补充设计和计算，其中包括：扩大空域的弹道设计计算，控制系统稳定性分析，制导系统导引精度分析，单发杀伤概率计算以及扩大空域后射击决策限定模型设计等。为保证导弹的产品质量，在整个导弹的研制和生产过程中，进行了充分的地面试验。

作为总设计师，梁晋才主导设计的猎鹰六十号（N）导弹武器系统舰载型，其主要作战使命是能够形成密集的防空火力，拦截入侵的高机动、掠海飞行的战斗机、轰炸机、攻击直升机等空中目标和反舰导弹。导弹为圆柱体弹身，××气动布局，全长3.89米，弹径208毫米，重220千克，最大机动过载35*g*，单级固体火箭发动机，最大飞行速度3马赫，作战高度30～12000米。采用内装钢珠的预制破片战斗部，可杀伤较大范围内的目标。拦截目标的最大飞行速度可达600米/秒，最大机动过载7*g*。

该导弹使用捷变频雷达半主动制导方式，能全天候作战，系统反应时间为9秒。它采用了微处理器职能模块技术，是一种具有人工干预能力的指令控制系统，这一技术达到了世界先进水平，是一般中低空地空导弹所不具备的。“猎鹰”的抗干扰能力很强，即便在复杂电磁环境中难以测出目标斜距时，仍能有效投入使用，其制导精度也很高，单发杀伤概率为 60% ~ 70%。不仅如此，它还有对付多目标的能力，可同时处理 40 批目标，跟踪其中最具威胁的 12 批，并攻击 3 批目标。

可以说，与发达国家的同类导弹相比，“猎鹰”毫不逊色，具有飞行速度快、威力大、抗干扰能力强、拦截范围广等特点。拥有良好性能和优点的“猎鹰”，其作战效能比世界上应用较广的法国“响尾蛇”近程地空导弹，以及台湾装备的美制“小檞树”地空导弹都要高出一截。

1995 年 11 月，在空军试验训练基地二区进行猎鹰六十号（N）导弹扩大空域陆上验证性飞行试验，导弹直接命中机动靶机，试验成功。

1997 年 9 月，按照合同要求，完成了猎鹰六十号（N）导弹（含测试训练弹和机械对接模型弹）的总装、综测、例试和出厂交付验收，随导弹技术阵地设备一起发往巴方，并于 9 月底，在巴方海军技术阵地完成产品交接。

1999 年 9 月中旬，中巴双方在巴基斯坦卡拉奇举行第五次项目管理会晤，商议和确认有关靶试和执行合同后阶段工作的有关事宜。在完成对巴方海军人员进行为期四周的技术与操作培训，协助巴方海军人员完成三艘舰的“猎鹰六十号（N）”舰面系统和所有导弹的测试和检查，完成舰面系统与荷兰公司拖靶的海上跟飞试验后，定于 2001 年 3 月 12 日用第三艘舰在巴方试验海空域进行两发导弹拦截拖靶的实弹靶试。这是中方签订的军贸合同产品在国外进行的舰空型导弹首次靶试，也是中国舰空导弹首次攻击国外提供的超小型拖靶。

为了这次关键的靶试，梁晋才增加了和巴基斯坦军方的协调和联系，不顾年事已高，一直在中国和巴基斯坦之间飞来飞去。几年的往来，梁晋才和巴基斯坦海军官兵之间建立起了深厚的友谊，彼此已经变得非常熟稔和亲近，反而用不着客套了。有一次梁晋才飞抵巴基斯坦后刚下飞机，人还没出机场，就被巴基斯坦海军无情地“截”住了，被直接拉到海军指挥部会议室，与海军有关

2001年3月，靶试前检查靶标

人员开会讨论问题。梁晋才开玩笑说：“现在已经是北京时间半夜两三点了，你们老巴也太不厚道了。”玩笑归玩笑，一讨论起技术问题，梁晋才马上又精神抖擞起来。巴方对梁晋才十分信任，也只有听到梁晋才的分析认可，他们才肯进行确认。

2001 年 3 月 12 日，就要正式打靶了，这是“猎鹰六十号 (N)”的验收试验，也是红旗六号导弹系统改为海用后的首次试验，因此，试验队的压力很大。

试验队队员前一天就得出发，与巴方海军一起随舰出海，在船上待一天一夜。在梁晋才坚持要跟着大家一起上舰时，一向服从指挥的队友们终于忍不住了，向梁总提出了强烈的“抗议”：不许他随队上舰！

舰上的条件非常简陋艰苦，遇到风浪时，不习惯船上生活的人，还要承受晕船的痛苦。而这时梁晋才已经 74 岁了，平时往来于中巴已经很辛苦，队员们都心疼他，就联合起来一起阻止他上舰，劝梁晋才留在岸边的指挥中心，通过指挥系统与舰上人员保持联系，对整个试验进行遥控指挥。

可固执的梁晋才认为，自己作为总设计师，就应该在第一线，特别是在这种关键时刻，更应该与队友们在一起。梁晋才“单挑”所有的队员，就是不肯让步。最后，还是巴基斯坦海军出面，提供了一个折中的方法，解决了这场“内讧”：梁晋才无需提前一天上舰，就可以免去海浪颠簸之苦；试验当天，由海军派出小型直升机，将梁晋才送到舰上，让梁晋才直接进行一线指挥，这样有什么问题，也可以现场解决。

第二天一早，梁晋才和海军司令部的军官一起，乘坐直升机前往舰上。这次试验总共要打两发试验弹。一切准备就绪，发射！谁知，第一发试验弹出师不利，没打好。舰上的氛围一下子紧张起来了，试验队顿时感到了“压力山大”。这时，主心骨梁晋才站了出来，他冷静地安抚着队员，迅速组织队员们进行分析，分析之后，觉得把握还是很大，所以，决定下午继续打第二发。

第二发靶试开始了，大家的心都高悬着。还好，导弹起飞和受控飞行一切正常，导弹与目标遭遇时，引信适时启爆了战斗部，成功！试验成功的一刹那，梁晋才和大家紧紧地拥抱在一起，热泪盈眶，激动之情溢于言表。靶试结果按靶试大纲对小目标的评定标准，双方确认实弹射击试验成功。

以此为标志，“猎鹰六十号（N）”军贸合同圆满完成。作为总指挥兼总设计师的梁晋才，为这个军贸项目的圆满完成立下了汗马功劳。

19. 和“老巴”的情谊

从谈判伊始到整个军贸结束，持续了将近 7 年。由于需要长期驻守在巴基斯坦，中方人员的吃住都是一个比较现实的问题。

在住的方面，中方驻卡拉奇办事处出面解决了这个问题。办事处为中方驻守人员安排了住处，那是一栋单独的楼房，比起宾馆来，更适合、也更方便技术人员集中讨论问题。

对于向来对吃很有讲究的中国人来说，长期在国外生活，最不习惯的就是饮食了。特别是巴基斯坦信仰伊斯兰教，在当地不能吃猪肉，也不能喝酒。为了尊重当地的信仰和风俗，中方人员只能买些牛肉、蔬菜，食谱相对来说比较单调。梁晋才作为总设计师，不仅要关注技术问题，还要提升队伍士气，所以，他会经常下厨露一手，用西红柿、土豆、牛肉做成俄罗斯风味浓郁的罗宋汤，犒劳试验队。

生活中的一切问题，在梁晋才眼里都属于小事情，对他来说，最关键的还是要完成军贸任务。

梁晋才深知，对外贸易中的协调不是一件简单的事情，沟通也是一门学问，既不能太强硬，也不能过于软弱，一定要把握好这个度。

当时由于项目执行的需要，中巴双方经常需要召开项目管理会议，在进行舰体改造、导弹武器系统安装调试、系统验收等工作中，跟巴方有很多技术上、管理上的沟通和协调。一般情况下，中巴双方间的交流需要专职翻译进行沟通，但由于双方的翻译人员也是刚接触导弹武器系统的新手，很多技术上的深度交流就需要好几个回合才能解释透彻，颇费周折。梁晋才留学苏联，俄语非常地道，相对来说，英语就没有俄语那么流利了。为了能跟巴方人员直接对话，梁晋才每天晚上挑灯夜战，阅读大量技术文献，勤练专业英语口语。后来，无论是开会或者交流协调技术问题，往往翻译还没理解反应过来，梁晋才就已经直接跟巴方人员对话了。他那口纯正的英式发音和地道的表达方法，令巴方人员刮目相看，这大大促进了双方的顺畅沟通和合同的顺利进行。

在技术层面上，梁晋才特别“较真”，对每一个细节问题都抠得很深，不研究透彻绝不放过。也就是这种“较真”的态度，给巴基斯坦军方留下了极为深刻的印象。到最后，某个问题只要通过了梁晋才的审核把关，就等于通过了巴方的审核，因为，巴方认为，梁晋才比他们审得更加严格仔细，他们对梁晋才极其放心。

因为信任，所以彼此之间就可以交心，从相熟变成相知。而人与人一旦热络起来，首先就体现在称呼上，相互之间打招呼就没有之前那么多约束了。巴基斯坦军方开始称呼梁晋才为“老梁”，称呼俞大伟为“老俞”，一个简单的“老”字既代表了亲近，也代表了尊重。梁晋才他们自然也不客套，一律把巴方称为“老巴”。

由于沟通越来越顺畅，所以“946”项目进展到最后，基本上比较顺利了，梁晋才一年只需要去巴基斯坦两次，协调一些技术性的问题就可以了。“老巴”有时候遇到问题，而梁晋才又在国内，“老巴”就会直接发信件给他。梁晋才也会在第一时间对信件中提到的问题进行分析，快速回信。信件在两国之间来来往往，如同一根纽带，不仅传递着两边的技术信息，还把梁晋才的责任感和“老巴”的信任度牢牢地拧在了一起。梁晋才从未觉得这是一件麻烦事，反而乐此不疲，他觉得这不仅有助于提高他的技术水平，而且还锻炼了英文公函的能力。

梁晋才在这单任务中收获了巴基斯坦军方的充分信任和深厚友谊，不仅出色地完成了上海航天局的首单军贸任务，还为之后补充导弹的军贸任务奠定了良好的基础。

2002 年 7 月，巴方海军和中方又签订猎鹰六十号（N）导弹补充订货合同。上海航天局于 2003 年 12 月完成该补充订货批的生产和交付验收，并按期装箱发运。

从设计角度来说，猎鹰六十号（N）导弹武器系统的使用寿命为五年，五年后经大修还允许延期使用。但由于在对外军贸中的经验不足，未充分考虑到巴基斯坦当地环境条件对猎鹰六十号（N）导弹武器系统及配套设备的影响，在之后数年中，设备上的金属被海面上的水汽以及海水中的盐份腐蚀得很厉害，特别是插头、铆钉，等等。当两种不同的金属铆在一起，被海水浸泡后，还会发生电解反应，机柜里也经常会发生冷凝现象，等等。

2004 年 6 月和 8 月，上海航天局专家团两次与巴方海军船厂代表就“猎鹰六十号（N）”舰面系统整套大修事项举行会谈。

经与巴方海军多次协调，2006 年 5 月，中巴双方正式签订 3 套猎鹰六十号（N）导弹武器系统舰面设备大修合同。后经大修勘验，对舰面系统大修方案做了进一步修改和完善，并经巴方海军同意修改合同。

2008 年 6 月，“猎鹰六十号（N）”舰面设备大修合同正式生效。

为确保 3 套系统大修设备赴巴装舰一次成功，2008 年 8 月下旬至 10 月上旬，在上海松江试验场进行了“猎鹰六十号（N）”舰面系统大修设备国内陆上系统对接试验，验证了“猎鹰六十号(N)”舰面设备大修后的对外接口的正确性、武器系统各舰面设备系统工作的协调性和正确性。

2009 年 3 月下旬，上海航天局技术人员赴巴对三艘舰的舰面设备进行现场大修。每条舰的设备大修分为更换修理、分机调试、系统调试、验收交付试验四个阶段进行。在中巴双方的共同努力下，大修工作进展顺利。

2010 年 3 月 15 日，上海航天局试验队进行舰面设备大修后的靶试考核，仅发射一发导弹就击中靶标，靶试获得成功，验证了“猎鹰六十号（N）”舰面设备大修的有效性。至此，三艘舰的“猎鹰六十号（N）”舰面设备大修合同全面完成。

通过大修，中巴双方也吸取了经验教训。巴基斯坦虽然本身技术基础比较薄弱，但眼光却很高，看得也很长远，他们希望在中方的帮助下，自身具备维修能力。中方一则为了维系中巴友谊，二则为了提高声誉，经过慎重考虑，满足了巴方海军的要求，设计并提供“爆炸图”作为维修文件。图上每一个零组件的标准都标注得很精确，安装位置也绘制得很清楚，符合“可靠性、可达性、可维修性”要求，以便巴方对照图纸自行进行修理。

梁晋才

梁晋才院士传记

Academician Liang Jincai's Biography

第五章

抱朴守拙绘夕阳

幸福：幸福很简单，回首往事，能淡定地说起曾经的苦痛和荣耀；能在耄耋之年，牵着老伴的手，在小区里散散步，在饭桌旁聊家常；能够亲眼见证中国航天事业后继有人、充满生机地蓬勃发展，这就是幸福！

我在航天战线上奋斗了几十年，经历了风风雨雨，走过了几多坎坷，既有失利的痛苦，也有成功的欢欣。如今我虽已是耄耋之年，但对事业的热爱和追求却未改初衷，我从未因自己选择了航天而后悔。

虽然我在型号研制工作中做出了一些成绩，但党和国家给了我十分崇高的荣誉。对此，我要十分珍惜这些荣誉。面对新世纪错综复杂、瞬息万变的国际形势，关键在于把我们自己的事情办好，不断增强国防实力。

在我有生之年，我将尽自己的能力和水平，把战术武器研制再提高一个水平，再上一个新台阶，为提高国家的综合实力，为武器装备的现代化，为完成祖国统一大业而尽一个老航天科技工作者的力量。

只有这样，才能报答党对我的培养和恩情。

只有这样，才能显示一个知识分子对党的一片赤诚。

——梁晋才

1. 一生赤诚，终结硕果

自从踏上航天这个广阔的舞台，梁晋才的心就开始被这项神圣的事业所牵

证书

梁晋才同志：

为了表彰您为发展我国科学研究事业做出的突出贡献，特决定从一九九一年七月起发给政府特殊津贴并颁发证书。

国务院

政府特殊津贴第(91)203411号

一九九一年七月一日

1991年7月，梁晋才获得国务院政府特殊津贴

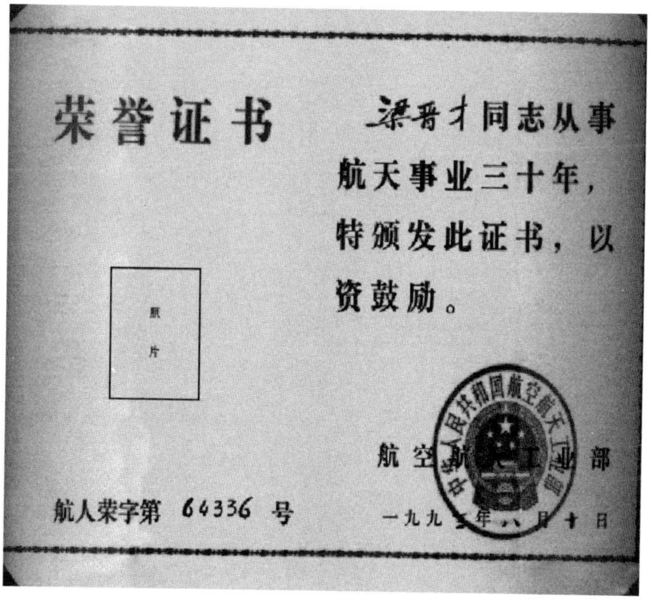

荣誉证书

梁晋才同志从事航天事业三十年，特颁发此证书，以资鼓励。

照片

航空航天工业部

航人荣字第 64336 号

一九九三年八月十日

1993年8月，梁晋才获得航空航天工业部的荣誉证书

引，最终被牢牢地系在了防空导弹研制这个领域，几乎所有的喜怒哀乐都与其相关。为了防空导弹的发展，他曾经煎熬焦灼过，整夜整夜地失眠；他曾经黯然神伤过，默默吞咽失败的苦涩；他曾经喜极而泣过，就在导弹漂亮击中目标的那个壮美瞬间；他曾经纵情欢笑过，因为尝尽艰苦后终于采撷到了那来之不易的胜利……

梁晋才始终坚持着自己对航天的美丽梦想，用一颗拳拳报国的赤子之心和满腔热血，数十年如一日地拼搏，终于，他在自己的专业领域建树无数，一路走来，硕果累累。

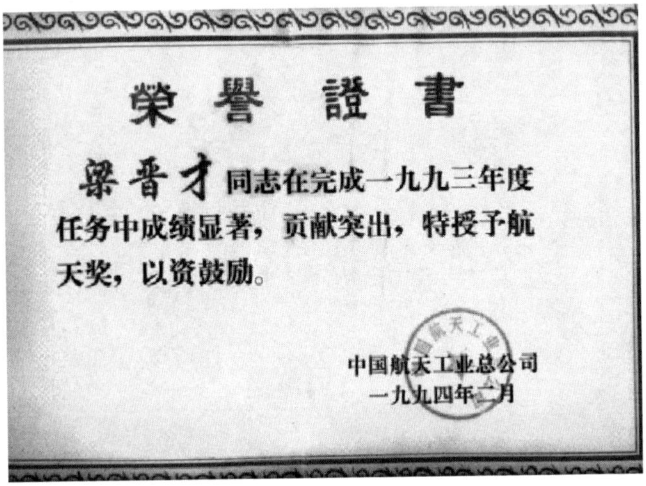

1994年2月，梁晋才被中国航天工业总公司授予航天奖

虽然被各种荣誉的光环笼罩着，但盛名下的梁晋才并没有因此而飘飘然，更没有因此而止步。他一直保持着清醒的头脑，经常告诉自己：这些荣誉绝不属于个人，如果说有贡献，应当首先归功于和自己并肩作战、共同奋斗多年的同志们。

事实上，梁晋才一贯的低调朴实并没有让他的人生履历失去华彩，他虚怀若谷的风度为他赢得了更多的尊重。

1997年，梁晋才已至古稀之年。都说岁月是把无情的刀，可奇怪的是，这把刀并没有把梁晋才刻画成一位龙钟的老人，相反，梁晋才的精神反倒比以前更加矍铄，整个人身上洋溢着熠熠的神采。虽然已经不再年轻，但他的一颗心却依然是年轻而火热的，他的眼神依旧清亮有神，神情更加从容坚定。这样的梁晋才是耀眼的，有着极大的魅力和感染力。他是领导眼中值得信任的防空导弹总体和自动控制领域的高级专家，是并肩作战过的同事们口中亲切称呼的“梁总”，更是航天新人心目中最值得敬仰学习的楷模。没人觉得他已经老了，应该退休了，所以，70岁的梁晋才凭其精湛高深的专业造诣，依旧活跃在导弹型号研制战线上，并在这一年当选为中国工程院院士。

或许，能够从事自己钟爱的事业本身就是一种幸福，而把大半辈子都献给了航天，为了中国国防事业始终全身心工作着的梁晋才，就一直被这种幸福浸润着。他内心也多么希望就这样一直忙碌着、幸福着。

2. 国庆阅兵典礼上的万千感慨

1999年10月1日，是中华人民共和国成立50周年纪念日。在这特殊的日子里，中国将在北京天安门前举行盛大的阅兵仪式，向全世界展现中国的崛起和强大。而对梁晋才个人来说，这一天有着更为特殊的意义：他呕心沥血研制的红旗六十一号导弹武器系统，将会首次出现在阅兵仪式上，组成导弹方队经过天安门。就在这一天，红旗六十一号导弹武器系统不仅要接受中央领导的检阅，更要接受全国人民的瞩目，甚至接受全世界的目光洗礼。这是多么巨大的荣耀啊！

作为"红旗六十一号"的总设计师，梁晋才受邀参加了这次大典。这一天，也成了他终生难忘的日子。直至现在，每每提起这个特殊的日子，梁晋才依旧心潮澎湃。那一天、那个时刻的一幕幕情景，是如此清晰而深刻地珍藏在脑海里，回忆起来，一切都历历在目。

天安门的观礼台上，已经72岁的梁晋才安安静静地站在观摩的人群中。他把脊背挺得直直的，面容沉稳如水，目光注视着眼前经过的一列列方队。终于，当载着"红旗六十一号"的导弹车方队慢慢驶来时，梁晋才失去了昔日的冷静，激动的心情瞬间瓦解了他的沉稳。他的眼神立刻热切了起来，他能感觉到自己的心脏律动频率加速，怦怦的，像打着小鼓。鼓掌的节奏也情不自禁地加快了，力度也变大了，整个人都亢奋了起来。

看，那一枚枚导弹整整齐齐地排列着，神气地昂着头，沉静而威武，气势十足。此时的导弹虽然不是参加发射任务，也没有命中目标时壮丽绚烂的那一刻，但就在这份无声无息中，却蕴涵着势不可当的强大气场，向全世界彰显着中国不容小觑的军事力量！

导弹方队从他眼前慢慢驶过，又慢慢地经过天安门城楼，接受中央领导的

1999年，国庆阅兵典礼上，红旗六十一号导弹方阵

检阅。梁晋才的目光一直追随着这个方队，舍不得移开。直到方队淡出视线，梁晋才才回过神来。然而，经历过大风大浪的梁晋才，在回过神后的这一刻，却没能克制住自己的情绪，鼻尖一酸，眼眶一热，泪水瞬间模糊了视线。是啊，那可是他亲手哺育的“孩子”，如今长大成才，英姿飒爽，梁晋才怎能不心潮澎湃呢?

典礼结束后，梁晋才仍然有着万千的感慨，越想越是兴奋和激动。夜深了，他依旧不能成眠，于是起身写下了下面的文字，朴实而真挚地表达了一位院士的心声：

虽然方队经过的时间是短暂的，但是它在历史长流中给我们留下了不可泯灭的印象。它折射出的重大意义是别人难以感受到的。这是对我们多年来工作的肯定，抚慰着我们这些人多年来为这个型号所走过太多风雨、遭遇过太多坎坷的心灵。

过去一幕幕的往事，不断地在我的脑海里翻腾。我们研制复杂的武器系统，必须有高度集中的意志、团结协作的精神和敢挑重担的勇气，以及出现问题寻找自身问题的高尚风格。我和大家就是在这种精神指导下完成各项任务的。

这几十年，在型号战线上，我和我的队友们一起摸、爬、滚、打，如果说我数十年的日子没有虚度，也做出了点成绩的话，也是因为有了队友们的努力和付出，才成就了现在的我。我感触最深的是，一个人一生不可能什么事都很顺利，总会遇到困难，特别是在型号的研制过程中遇到的沟沟坎坎，其艰难是设想不到的。如果让我一个人撑，我是撑不住的。当我想到那种不怕困难、锐意进取、勇于战斗的精神实质已经完全融入到我们这个集体的每个人的血液中，在他们那种随处可见、极为朴实、没有任何虚夸的行动里和眼里写满了坚强，就会感受到有一股力量在支撑着我去战胜困难。

这支队伍为了加强国防，把全部的精力都倾注在工作中，常常是为了攻克一个难题，昼夜奋战，顾不上身体，很少关心家庭。为了型号，加班加点是家常便饭。那时，前往戈壁滩进行导弹飞行试验，一天的补贴只有几毛钱，队员们一去就是几个月，毫无怨言。那时，没有专列，试验队员必须自己买票坐火车进基地。买到卧铺票的还好；买不到，一张硬座坐一路；有时，甚至连硬座票也没买到，那只能站着，最多找个角落靠一靠。他们默默无闻地付出了太多太多，一心所求的不是个人回报，而是型号试验的成功。让中国的军事装备得到提高和加强，就是我们这批人最大的心愿，也是支撑着我们的简单理想和坚定信念，可以让我们如此坚韧不拔地走下去。

如今，40年过去了，和我一起共同奋斗的这一代人几乎都已退了下来，默默地离开了钟爱一生的航天舞台。他们中有的已进入了垂暮之年，有的已患病逝世，我很是怀念他们。

我能有幸在国庆50周年这样隆重的盛典中，站到观礼台上观礼，是国家给予我的巨大奖励，是可以让很多人羡慕的荣耀。但是，我清醒地认识到，这项荣誉不是给予我一个人的，而是给予我身后整支研制队伍的。我的队友们虽然没有亲临现场，但我相信，他们会在电视机前和我一起分享这个荣誉。因为，这个荣誉，他们受之，是当之无愧的。

无论战术导弹技术突飞猛进到什么程度，我们都不会忘记他们为型号研制所做出的努力，就是因为他们的尽心尽力，才奠定了战术导弹的发展基础，他们用自己的忠诚、智慧、毅力、心血做出的功绩，是永远不会泯灭的。

现在，新的一代已经接班，我们也可以放心地老去了。我们这些人可以告慰自己的是，我们为我国的国防事业已经尽了最大努力，没有虚度年华。

现在应该是年轻人大展宏图的时代了。时代虽然不一样了，但是，“两弹一星”精神和载人航天精神却是代代相承的，精神层面的东西，在任何时代都不能丢弃，航天人依旧应该是热血的、真诚的、崇高的。

作为一名老航天人，我更加希望我们这一代年轻的航天人，认真思考当今时代的深刻含义，准确定位好自己的人生。要充分认识自己在航天事业中所肩负的责任和使命，要在型号研制工作中，坚定理想信念，奋力拼搏。

3. 从台前到幕后

梁晋才还是从一线退了下来，不是他不想做了，也不是他终于服老了。看到新一代航天人正在成长起来，他知道是到了把这个绚烂而广阔的事业舞台让给年轻人的时候了。他很愿意看到朝气蓬勃的新一代航天人能在这里大展宏图，创造出更加辉煌的业绩来。所以，他潇洒转身，告别了这个让他倾注了无数心血的舞台，心甘情愿地退到了幕后。

当初，站在航天事业舞台上的梁晋才一直埋头于工作中，一直在一线扮演着冲锋陷阵的角色。在别人眼里，他的航天之旅充满了惊险、惊奇、惊喜，几乎每次都是到了决定型号生死存亡的紧要关头，就上演一出峰回路转的戏码。在千钧一发之际，梁晋才犹如一个英雄，带着团队背水一战，最终起死回生，创造出一个崭新局面，闯荡出一片全新天地。这个过程中的坎坷和波折，简直可以写成一部小说了。但如此跌宕起伏的经历，梁晋才却没有时间和精力好好回顾和整理。因为，在那段漫长的岁月里，他的眼睛始终紧盯着前面的目标，脑子里想的、手里干的，都是如何去实现那个目标。

如今不在一线了，步子可以放缓些了，时间上也从容了许多，梁晋才想着，或许可以把走过的路好好梳理一遍，提炼一些经验，如果有价值的话，也可以给现在的年轻人参考一下。

梁晋才自认为是一个比较理性的人，更何况梳理的又是已经过去的一段经历，应该可以做到客观、理智。但梁晋才没有料到，这段漫长的经历已经深深地烙印在他的心田里，铭刻在他的脑海里，融入到他的血液里，对他的影响极大。平时不去触碰还好，一旦打开这道记忆的闸门，那时那刻的场景和感受，便如洪水般倾泻而出，让他重临其境。梁晋才在梳理的过程中，时而畅快，时而皱眉，有好几次还忍不住唏嘘和感慨。他暗暗自嘲：或许自己真的老了，所以才会变得这么感性。

感慨归感慨，梁晋才还是花心思把自己的技术报告以及研究成果逐一整理了出来。他把自己所有的专业知识都毫无保留地写成了《防空导弹武器系统总体设计与试验》《防空导弹引信设计与仿真技术》两本技术专著，并由中国宇航出版社出版发行。

梁晋才不仅认真地梳理着成功的经验，还毫不避讳地挖掘着自己的不足。对自己一向严苛的他，不想用辉煌的功绩来掩盖瑕疵。他认为，只有暴露自己的问题，才能让后来者少走弯路。于是在自述中，他写下了对自己的不满："这几十年来，我深深感到遗憾的是，自己对创新理念不够重视，那种创造激情及想象力的气质，没有体现在我的全部工作中。我现在意识到，在竞争的时代，要用最快的形式，加快超越的步伐。一个民族，只有锐意进取，才能长久保持它的独特魅力。一个国家，只有不断追求创新，才能不断加强它持续发展的动力。"

创新！这是一个让人振奋和激动的词。虽然，事实上，梁晋才已经用自己的聪明才智在中国防空导弹发展历史上创造了很多个"第一次"的纪录，但他总觉得还远远不够，还不完美。为此，他的心中留下了一丝丝的遗憾。

梁晋才希望新一代航天人不要有这样的遗憾，要勇敢大胆地去尝试新技术。于是，他把热切的目光投向了年轻的航天人，每次参加学术或技术交流等会议，他都会扫视一圈会场，然后向主持人提议："一定要让年轻人多说说。"

十多年前，有位刚刚踏入航天队伍的年轻小伙子就在一次技术研讨会上被梁晋才点了名。小伙子硕士研究生毕业，上岗没多久，跟着单位里的技术专家（也就是他的师傅）来参加这个会议。师傅对他的要求也简单，就是听一听，长长见识。他基本上算是个"打酱油"的角色，所以很识趣地坐在了会议室一个比较偏的位置，不想惹人注意。

可是，正当他低着头忙着在本子上做记录的时候，一个声音响了起来：“那边的那位小伙子，你也来说说嘛。”小伙子抬起头，环视了一下四周，才发现大家都看着他，会场中间一位白发老者正慈祥地朝他微笑。小伙子简直不敢相信，在这个著名专家、知名学者满堂坐的场合里，居然让自己这样一个无名小卒发言？老者冲他点点头：“说吧，年轻人。不要怕，胆子要大一点！”然后又转过头去对主持人说：“一定要给年轻人机会，让他们多说说自己的想法，他们的思想没有框框，会有新的思路。”小伙子知道这位满头白发的慈祥长者是梁晋才院士，但他没想到大名鼎鼎的梁院士会注意到自己这个小辈。

十多年后的今天，当初初出茅庐的小伙子已经成为上海航天局一个研究所的领导班子成员，也是某专业领域的技术专家、研究员。他说，他已经忘了那次会上自己具体说了些什么，但还记得当时的心情，三分忐忑，三分亢奋，剩下的就全是感动了。在他磕磕巴巴发言时，梁院士一直看着他，微微点着头，让他很受鼓舞，信心大增。那时，他就暗自下定决心：一定要在这个岗位上做出点成绩来。现在，梁院士可能不会记得他，可他却一直记得梁院士，记得梁院士亲切的微笑和鼓励，记得那句：“不要怕，胆子要大一点！”

2000年2月，梁晋才（右）在八院工作会上领取责任令

4．“到了回报社会的时候”

“振兴航天，人生能有几回搏！”退到幕后的梁晋才，的确有太多的理由让自己停下来，好好安享晚年生活，但他没有颐养天年。在旁人眼里那丝微不足道的遗憾，他却渴望能有个机会去弥补。所以，当组织赋予他新的定位、新的身份、交给他新的任务时，梁晋才毫不犹豫地接受了。“干了一辈子航天，心性就是这样，改不了啦。”梁晋才很了解自己，领导也很了解梁晋才：“交给梁总的事情，总能让人很放心！”

如今的梁晋才，即使在幕后，却依然忙碌。

梁晋才是上海航天局导弹领域的老专家，他这个老专家当得十分认真。他从来不会倚老卖老，仗着自己拥有足够硬的资本颐指气使。相反，德高望重的他，依旧谦虚亲和，事必躬亲。参加各类技术会议时，他都会认真听、认真记、慎重发表意见；基地试验遇到麻烦需要他去指导解决时，他总是立

2007年，梁晋才主持某型号审查会

即赶过去，协助试验队和军方快速解决问题，从不以年事已高经不起来回奔波的辛苦为由推脱。而且，这个老专家还像当学生一样，保持着良好的学习习惯，工作之余，他也不肯让自己闲着。他会在图书馆、在网上认真检索和收集国内外防空导弹方面的资料，不管中文的还是英文的，都会认真研读和思考，并认真整理成学习笔记。因为有了这样的习惯，梁晋才很庆幸自己没有在科技高速发展的今天落伍，还能继续为航天出把力。他研究上海航天的战略发展，曾多次为上海航天局防空导弹的远景发展规划出思路、把方向，发挥余热。

梁晋才曾是航空航天工业部重大课题的技术顾问，他这个部级顾问当得非常尽职。梁晋才知道社会上对“顾问”是有偏见的，说是“顾问”，实际上“不顾不问”，只是挂个头衔而已。梁晋才用实际行动破除了这种偏见。他不仅关注课题的进展，有了难点，还不顾自己一把年纪，经常跑到课题相关的基层单位，亲自参与课题组的攻关，与成员共同讨论，一起分析，提思路，出点子，真正做到了“又顾又问”。课题组无论遇到什么情况，都会在第一时间请“梁顾问”来搭搭脉，把把关，有了“梁顾问”的肯定，就会更有底气。就这样，“梁顾问”不知不觉地成了课题组的灵魂人物。

梁晋才是上海航天局研究生学位评定委员会副主席，博士生导师，他这个导师当得相当到位。在培养自己的研究生时，他精心指导，传道授业解惑，对学生的学业管理十分严格，对他们的学习生活又十分关心，得到了学生的一致

2001年8月，梁晋才（左一）向研究生颁发毕业证书

尊重。梁晋才不仅对自己培养的学生负责，为了履行好学位评定委员会副主席这一职责，无论在什么情况下，他都会对每一位学生提交的答辩论文进行审核，提出修正意见，从不敷衍了事。一方面，他是站在组织的立场进行把关，筛选航天人才；另一方面，他是真心想帮助这些青年学生。因为他知道，对这些朝气蓬勃的青年来说，他们正站在一个重要的人生转折点上，审核修改论文虽然不是一件大事，但也能让他们感受到自己被关注着、被重视着。他们即将进入的是一个团结、严谨、积极、奋进的航天团队。梁晋才希望他们能够接过老一辈的接力棒，踏上新的航天征途，为航天做出新的贡献。

梁晋才是上海青少年航天科技导师团团长，这个“团长”当得“毫无腔调”。“团长”好歹也是个“官”，可这个“官”却把自己放在了极低的位置，只要有需求，他总是有求必应，随叫随到。为了向青少年宣贯航天精神，普及航天知识，即使再忙，梁晋才也会抽出时间认真备课，不敢有丝毫懈怠。因为青少年是航天的未来，是中国的未来，为他们指引正确的方向，他深感责任重大。

5. 一条老伤腿

梁晋才虽然年事已高，但身体一直不错，无论何时，他的腰板一直挺得直直的，步履稳健，显得很有精神。但是，到了雨天或秋冬季节交替的时候，他虽然脸上神色不变，依旧带着淡淡的笑容，但仔细观察，就会发现他迈步的时候，隐隐约约显得有点不自然。梁晋才自己不说，熟悉他的人却知道，他的腿曾经骨折过，带有旧伤，变天的时候就会发作，会疼，会让他无法再用轻松的神态掩饰住。

如今在上海航天局509研究所工作的王华博士是梁晋才的学生，他对梁晋才的感情很深厚，因为在他博士研究生毕业的关键时刻，梁晋才就是拖着一条伤腿、拄着拐杖参加他的论文答辩会的。

王华第一次与梁晋才接触是1993年硕士毕业论文答辩的时候，当时梁晋才担任评审组组长。王华原本一直很紧张，但见到儒雅、慈祥的梁晋才时，突然就放松了。没见面时，他以为这位控制系统专家、导弹型号总设计师是一位高大威猛、严肃凌厉、声音洪亮的人物，没想到梁总是这样和蔼亲切，丝毫没有高高在上的感觉。卸除了紧张情绪的王华，很出色地完成了答辩，答辩过程中还得到了梁晋才的指点。

王华第二次遇到梁晋才是在上海航天局机关。这一次，他们这一群刚毕业不久的年轻人和航天局下属厂所的工程师们聚集在狭小的会议室内。大家都是投稿参加第五届泛太平洋地区国际空间年会的，局里组织稿件的预审，请梁晋才进行审核把关。会议室条件十分简陋，很窄小，挤满了人。但这种环境丝毫没有影响到梁晋才，他仔细翻阅会议论文，认真听作者讲述，然后逐个点评。王华在一旁钦佩地看着梁晋才，这位梁先生话不多，但每一句都言简意赅，切中要害。王华想，要是自己能跟随梁先生工作，一定可以学到不少东西，可惜他不认识自己。

梦想终有成真的时刻。

2002年，王华经过努力，考取了梁晋才的博士研究生，终于成为他尊敬的梁先生的弟子，王华兴奋极了。他在跟随梁晋才学习的四年中快速成长。

梁晋才对年轻人是亲切的，但亲切并不意味着放任。相反，他对自己弟子的要求极其严格。

博士生要经历学习、开题、研究和论文写作四个阶段。通过这四个阶段的培养，让博士生能够具备获取、综合、运用专业技术的自主能力。

梁晋才告诉王华，学习阶段是基础，是关键，所以必须一步一个脚印，不要试图走捷径。梁晋才要求王华必须重视基础理论学习，加深对研究领域的了解。所以在前两年，王华阅读了大量的国内外相关论文，搜集了相当多的资料和信息，对自己所研究的领域已经解决了什么问题，还有哪些问题没有解决等情况了如指掌，王华还对一些重要文章进行数学推导和上机计算，加深了理解和掌握。

梁晋才对弟子的开题报告十分重视，他认为开好题等于论文做好了一半。对这个阶段，梁晋才抓得很紧，他要求弟子定期向他汇报学习进展情况，并针对他们的开题报告专门组织讨论和修改。然后，他根据多年的工程经验，站在领域发展前沿的高度进行把握，亲自为弟子讲解哪里还有不足，哪里需要改进。

在论文写作阶段，梁晋才则要求弟子要注重创新意识和创新能力，要讲清在理论或技术上的改进。梁晋才认为，论文是研究工作的提炼和深化，同时反映作者的技术水平和文字水平。到了这个阶段，梁晋才对弟子的要求几近苛刻，要求论文中的每一个中英文语句都要表述通顺，含义明确清楚，甚至连标点符号也不能出错。在替弟子们审核论文时，凡是表述不妥的，他都逐一向弟子们指出，并亲自进行修改。弟子们都被他这种一丝不苟的严谨作风所折服。

2006 年，王华就要博士研究生毕业了，面临着论文答辩的最关键时刻。而之前不久，梁晋才刚刚摔了一跤，79 岁的老人毕竟比不得年轻人了，这一跤竟然把腿摔断了，梁晋才不得不住院治疗。王华论文答辩的日子定下来了，可梁晋才的腿伤还没有痊愈。梁晋才说，他既然是王华的导师，就必须为王华负责，现在这场答辩会是证明王华四年努力的关键，他必须到场支持弟子。无论医生，还是家人、同事，都没能阻止他出席王华的答辩会。王华是在西北工业大学完成答辩的，当拄着拐杖的梁晋才风尘仆仆地出现在现场时，王华被深深地感动了。王华的家人也异常感激，他们不顾梁晋才的阻拦，大办了一场谢师宴，所有的亲戚朋友均出场对梁晋才表达了深深的谢意。

王华顺利毕业了，梁晋才满意地笑了。可他的腿伤恢复得并不理想，年纪大了，加上来回奔波，还是落下了病根，在变天的时候，就会折磨他一下。

6.“院士就是个普通人”

成为院士之后的梁晋才经常受邀出席一些专业性会议。会上，当主持人介绍梁晋才时，总会冠上一大堆头衔，这让习惯了低调的梁晋才有点受不了。有一次，梁晋才实在忍不住了，在会上提醒主持人："我不是领导，我只是一名普通的技术人员，请不要用'尊敬的领导'来称呼我，谢谢！"

"成了院士，只是证明自己的工作业绩得到了较高的认可，并不是成了领导。我最不会当的就是领导了。"梁晋才笑着说，"而且，我之所以能当上院士，是因为正巧赶上了一个好的机遇。如果我没有在航天局工作，或许也成不了院士。还有相当多有水平的人没有成为院士，但他们的实际能力和贡献未必就比院士差。所以，就算是院士，也不能把自己看得过高，只不过是比人家机遇好而已。至于机遇，连诺贝尔奖获得者杨振宁也说过，他能获奖是因为有了可遇而不可求的机遇。要得到这个机遇，与许多因素相关，如所处的环境、自己的素质和才干、研究的课题、遇到的人，等等。"

"院士就是个普通人。"梁晋才说。虽然他完全可以享受到超越普通人的待遇，但他从来没把自己放在特殊的位置上。

梁晋才是个普通人，如今的他，不用遵守上海航天局的坐班制度，但他依旧把自己当成一名普通员工，每天准时上下班。他笑着说，局里给他准备了一间办公室，他可不能浪费了。事实上，他也并没有闲着，局科技委组织的专业性会议很多，每次会议都会邀请他参加。梁晋才可不愿意当个老"花瓶"，只坐在那边坐镇、摆样子。只要参加会议，他都会认真消化会议资料，提出自己的专业性建议。他最愿意参加的是型号技术问题分析会或故障排查会，在这里，他和大家一起分析关键技术，一起排查故障原因，每当这种时候，他就会完全沉浸在型号中，忘了自己的年龄，感觉又回到了当年与战友们并肩作战的日子，他的一腔热血又开始沸腾。他深厚的专业技术功底，几十年积累的经验，也让他能很快确定排查问题的方向和思路。在他的指导下，大家能很系统、冷静、高效地完成故障的定位和排除。可以说，有了梁院士的指点，大家心里就会更有底气。现在，现任的导弹型号总师也很尊重这位前总师，经常上门求教。

2007年11月，梁晋才主持某型号评审会

梁晋才是个普通人，他还热心当小朋友们的“梁爷爷”。梁晋才办公室的电话铃声经常响起，各类会议、演讲、学术活动的电话邀请一个个地打进来。就连一些小学的科普活动，都会邀请这位资深院士前去参加，原因就是梁院士很好说话，一点架子都没有，而且讲课很亲民，就连中小学生都听得懂，很感兴趣。对于这些社会活动，只要时间上能够安排得过来，梁晋才都会参加。有时候实在分身乏术，他都会说明原因，并向主办方致歉。但无论怎样忙，对中小学生的科普活动，梁晋才是一定会参加的。

梁晋才喜欢看到小朋友们的笑脸，他要在他们心中播下航天的种子，说不定这些孩子们中的一部分就能成长为未来的航天栋梁。小朋友也喜欢这位笑容可亲的“梁爷爷”，都听说“梁爷爷”来头很大，本领很高，但小朋友眼中的“梁爷爷”很和蔼，从来不摆谱，好说话。特别是他做科普宣讲的时候，讲得既通俗易懂，又十分有趣，孩子们经常被逗得笑个不停，而且在笑声中增长了知识。小朋友们不

2004年，梁晋才勉励“小航天人”

知道的是，为了把深奥的航天专业技术知识转化成他们这个年纪能够理解和接受的词汇，他们的“梁爷爷”每次讲课前，都要带着老花镜在网上搜集各种关于航天方面的科技信息、奇闻趣事以及航天人的事迹，再花好多天的时间精心准备、编写讲义，所以，才能一边讲故事，一边普及航天知识。

2005年的先进性教育活动如火如荼，这一年，梁晋才已是78岁高龄。可他认为自己既然是一名普通党员，就应该参加活动，不应该因为年龄或其他原因搞特殊。所以，他态度极其端正地参加了这项活动。有一次，上海航天局在上海交大礼堂召开动员会和上党课，梁晋才居然从早到晚坚持听课，一坐就是9个多小时，笔记做了厚厚一叠。春节期间，当外面的鞭炮热热闹闹响起的时候，梁晋才却把自己关在屋里做着先进性教育的题目，100多道题，他愣是自己查资料一一完成。

7. 玩转智能手机的“老顽童”

市面上有一种老年人手机，屏幕上的数字显示很大，但功能却设计得很单一，只能接打电话、收发短信。梁晋才虽然年纪大了，却并不愿意使用这种老年人手机。

有一天，他显得特兴奋，因为他换了一个 HTC 的大屏幕智能手机，里面自带的功能很多，可以实时看新闻、可以进行中英文翻译，这些都让他觉得很新鲜，很好玩儿。面对新鲜的玩意儿，梁晋才的好奇心大起，非琢磨个透彻不可。所以，在那段时间里，有谁到他办公室，谈完正事，他就会拿出手机，一副虚心求教的样子："快教教我，这是个什么功能，怎么用啊？"当掌握一个使用技巧时，梁晋才会高兴地说，这个好玩儿，这个好玩儿！眉飞色舞的样子让人忍俊不禁，谁都没想到，向来沉稳的梁院士居然也有如孩童般顽皮的时刻。

没多久，梁晋才就成了一位智能手机"达人"，各项功能玩转自如。当有人递上名片，他就拿出手机对着名片熟练地扫描一下，说："放心，这个应用是我新下载的，很好用，我已经存好了你的信息啦。"

和梁晋才交流过的人都觉得，这位老人家知识面实在太广博了，政治、经济、民生，甚至娱乐八卦，几乎无一不晓。一些网络、微博上的热点事件、新造名词经常脱口而出，使得谈话氛围异常轻松。有一次，在电梯里，梁晋才遇到一熟人，脱口就问了一声："你幸福吗？"当时，这句话还没成为大家热议的话题，所以被问的人愣了一下，然后说："我不信佛啊……"这个回答把梁晋才逗得哈哈大笑。这样的例子还有很多。这使得大家不得不感叹，这位老人家可真是紧跟时代脚步，"潮"得很哪！

8. 洗手做汤羹

梁晋才一辈子奉献航天，在事业舞台上撷取无数风光，走下台来，却依旧过着朴实无华的生活。他和贾玉桂相濡以沫数十年，几乎没有红过脸、吵过架。这么多年，他在航天领域驰骋，对家庭是有忽略的，对妻子和女儿是有亏欠的，

2005年，梁晋才与贾玉桂在三亚“天涯”景点留影

可贾玉桂并没有责怪过他，反而一直支撑着这个家，让他没有后顾之忧，更安心地工作。

多年的操劳，使得贾玉桂的身体大不如以前了。贾玉桂经常生病，有时候甚至只能卧床休养，家里的家务活自然落到了梁晋才身上。梁晋才除了出差，平时是不用加班的，所以他每天下班一回到家，就会自觉地系上围裙忙个不停，淘米做菜、做家务，样样全来，成了一个地道的“家庭煮夫”，一点资深院士的架子也没有。可是，梁晋才虽然极其擅长型号研制，却并不擅长做家务，有时候做得很马虎。贾玉桂在病中，身体不佳，心情和脾气也会变差。她一向是个细致的人，做事情总努力往最好的方向去做，现在自己使不上劲，但眼睛里看着梁晋才家务做得不到位，心里面就不舒服，就会忍不住数落一番。梁晋才自然不会和妻子争吵，这么多年，贾玉桂为他付出了很多，梁晋才虽然不善于表达，但心中却是有数的。当贾玉桂冲着梁晋才发脾气时，梁晋才都会哄上一哄，实在哄不了，他就会摆出一副“认罪”的姿态，直到贾玉桂出了气，心情平和下来。他说，以前这些事情都是贾老师做的，贾老师做得就是好，家里整理得干干净净、井井有条，自己被贾老师照顾得也很好，家里的事都不用自己操心。现在贾老师身体不好，自然该轮到自己来照顾她，自己再不擅长，也要努力去做。贾老师是自己最亲的人，能够亲手为老伴做饭，自己感觉很开心，很幸福。

梁晋才和贾玉桂合影

梁晋才与家人合影

当贾玉桂身体好些时，为了让老伴散散心，梁晋才会陪着她出去旅游，看看山水。不过，在梁晋才眼里，再巍峨的山，再清冽的水，也比不上贾玉桂脸上的笑容。能看到老伴舒心的样子，才是他最真实的心愿。

自然，贾玉桂也很心疼梁晋才。梁晋才毕竟 80 多岁了，这些年得了腰椎间盘突出症，有时候会发作，痛得动不了。于是，老两口请了个保姆，帮着打扫打扫屋子、做做饭，倒也省心了不少。只是，梁晋才不用做家务后，又恢复了读书看报的习惯，经常窝在沙发里，一坐就是一两个小时。每每这个时候，贾玉桂就提醒他："老梁，你起来走一走，活动活动，老坐着对你的腰腿都不好。听到没？"梁晋才嘴上说着"知道了，知道了"，眼睛却仍盯着手中的书，半天没动静。直到贾玉桂急了，他才依依不舍地放下书，摘下眼镜，背着手在客厅里转圈圈，边转悠边嘀咕：“马列主义老太太是为了我好，马列主义老太太的话是一定要听的，不听是不对的。”“马列主义老太太”是梁晋才给贾玉桂起的外号，每当贾玉桂一生气一着急，梁晋才就会称呼她为“马列主义老太太”，把贾玉桂逗得哭笑不得。

9. 不是结束

梁晋才的人生格言是：一个人的价值，应当看他贡献了什么，而不应当看他取得了什么。

所以，为了自己的人生有更高的价值，只要生命不止，梁晋才就会一直付出，为了航天，也为了亲人和朋友。

梁晋才是一位抱朴守拙的老人，数十年来，初衷不改，信念不变，奉献不断。我们相信，这位怀揣着远大航天梦的老人，将坚持自己的理想，用他那支精彩的人生画笔，绘出一轮最绚丽动人的夕阳。

梁晋才大事年表

1927 年

12 月 17 日，出生于北京西城区西四牌楼兴隆里，原籍广东省南海县。

1934 年　7 岁

9 月，就读于北京扶轮小学。

1937 年　10 岁

9 月，就读于天津志达小学。

1938 年　11 岁

9 月，就读于天津广东小学。

1940 年　13 岁

9 月，就读于天津新学中学。

1946 年　19 岁

8 月，考入北洋大学北平分部电讯系。

1947 年　20 岁

北洋大学北平分部并入国立北京大学工学院，梁晋才成为北京大学学生。

1950 年　23 岁

8 月，任北京铁道学院电讯系助教，后任讲师。

1952 年　25 岁

7 月，加入中国新民主主义青年团。

8 月，院系调整，转入哈尔滨铁道学院电讯系，任讲师。

1953年　26岁

8月，院系调整，回到北京铁道学院电讯系，任讲师。

1954年　27岁

在学院苏联专家办公室工作，任讲师、苏联专家技术翻译。

1955年　28岁

与贾玉桂女士结婚。

1956年　29岁

8月，被选送到北京俄语学院留苏预备部学习俄语。

9月，加入中国共产党。

1957年　30岁

9月，转为中国共产党正式党员。

11月，赴苏联莫斯科鲍曼高等技术学校，攻读自动控制专业研究生。

1961年　34岁

获鲍曼高等技术学校自动控制专业副博士学位。

8月，回国，在北京外国语学院进行短期学习。

9月，回北京铁道学院电讯系任讲师。

1962年　35岁

6月，调任国防部第五研究院第二分院第四支队第一分队副主任，后任主任。

1965年　38岁

1月，任七机部第二研究院22所副所长。

1968年　41岁

被下放到上海仪表厂模样车间劳动。

1971年　44岁

9月，调上海机电二局新江机器厂第一研究室，负责红旗四号导弹武器系统的抓总工作。

1973年　46岁

任上海新江机器厂革命委员会常委。

1977年　50岁

任上海机电二局第二设计室主任，负责筹建战术导弹总体部。

1978年　51岁

8月，任“红旗六十一号”副总设计师。

1979年　52岁

作为工业部门代表，参加海军代表访问团，出访英法两国。

1980年　53岁

1月，任上海机电二局8201总体设计研究所所长、战术导弹总体部主任。

1983年　56岁

2月，担任“红旗六十一号”总设计师。

8月，调任上海航天局科技委副主任。

1986年　59岁

获得国家级“有突出贡献中青年专家”称号。

1987年　60岁

4月，被中华全国总工会授予“全国优秀科技工作者”称号，并获“五一劳动奖章”。

1988年　61岁

5月，被上海市人民政府授予“上海市劳动模范”称号。

10月，因在红旗六十一号舰空导弹、红旗六十一号甲地空导弹总设计师工作中做出了突出贡献，获得国防科学技术工业委员会荣誉证书。

1989年　62岁

10月，被北京航空航天大学聘为兼职教授。

担任“红旗六十一号丙”总设计师。

红旗六十一号导弹武器系统获航空航天工业部科技进步奖一等奖，梁晋才位列获奖者名单第一名。

1990年　63岁

12月，因红旗六十一号导弹武器系统（含六十一A导弹），获国家科学技术进步奖一等奖。

1991年　64岁

7月，获得国务院政府特殊津贴。

1993年　66岁

12月，任上海航天局技术顾问。

1994年　67岁

2月，被中国航天工业总公司授予航天奖。

1995年　68岁

9月，任猎鹰六十号（N）导弹武器系统总设计师。

12月，红旗六十一号丙导弹系统获中国航天工业总公司科技进步奖一等奖，梁晋才位列获奖者名单第一名。

1996年　69岁

因在红旗六十一号丙导弹系统研制中做出了重大贡献，梁晋才获得国家科学技术进步奖三等奖。

1997年　70岁

11月，当选为中国工程院院士。

2002年　75岁

任中国航天科技集团公司科学技术委员会顾问。

后 记

笔者虽然也算是一名航天人，但一直从事管理工作，能参与到《中国航天院士传记丛书》的编写工作中，能如此近距离地了解一名航天专家的成长历程，这种机遇很是难得。

笔者在接受《梁晋才院士传记》撰写任务的时候，心里还是有些忐忑的。但在首次采访过梁院士后，就发现这种忐忑是多余的。如今的梁院士是一位年过八旬的长者，却依旧保持着一颗年轻甚至是率真的心，思维非常活跃，逻辑非常清晰，但又不失幽默，谈话中时不时蹦出点网络“潮语”，让人忍俊不禁。梁院士一点架子也没有，这种特殊的亲和力，迅速消除了笔者的拘谨。

梁院士经常说他是中国航天队伍里的一名普通小兵。随着进一步的深入了解，笔者发现这名普通“小兵”有着很多不普通的经历。他是第一代中国航天人的一员，亲历了中国航天事业从无到有、从小到大、从弱到强的伟大历程，也为之付出了毕生心血。

过往的种种艰辛、几番波折、几多荣耀，梁院士说得云淡风轻，笔者却听得惊心动魄。应该说，梁院士的人生画卷是精彩纷呈的，但笔者笔拙，无法描绘出所有。笔者走访了梁院士的家人、朋友、同事，请教了许多航天领域的专家，查阅了大量的航天史料，多角度地收集资料，相互印证，谨慎落笔，就是为了尽力向读者展现出一个真实的梁晋才，一个哭过、笑过、迷茫过、奋斗过、失败过、成功过的梁晋才。即便如此，文中仍难免会有谬误之处，敬请熟知者指正！

最后，感谢航天八院科技委秘书处宋为民、尹延凯、周剑雄的大力帮助，是他们的精心协调和安排，让笔者能够顺利完成各类采访并收集到很多资料、图片；感谢苏世堃、俞大伟、余祖铸、钟锡保、吴志敏等一大批熟悉梁院士的老同事，热心为笔者提供许多素材，并细心指出文中的错处；感谢《上海航天》报社的陈沁、游本凤等人对笔者行文措辞的悉心指导；感谢一切理解和支持！

张慧燕

2015年5月